Otto J. Seiler

OSTASIENFAHRT

Linienschiffahrt der Hapag-Lloyd AG
im Wandel der Zeiten

Verlag E. S. Mittler & Sohn GmbH
Herford

BUNDESREPUBLIK DEUTSCHLAND
DER BUNDESKANZLER

Bonn, im April 1986

G e l e i t w o r t

Die größte Reederei der Bundesrepublik Deutschland, die Hapag-Lloyd AG, begeht in diesem Jahr ein bedeutsames Doppeljubiläum, nämlich den 100-jährigen Geburtstag zweier ihrer großen Linienverbindungen von den deutschen und westeuropäischen Häfen nach Ostasien und Australien.

Bei der Eröffnung dieser Linien am 30. Juni bzw. 14. Juli 1886 in Bremerhaven stand die damalige deutsche Regierung unter Reichskanzler Otto von Bismarck Pate. Sie war es, die auf Wunsch der deutschen Industrie sowie deutscher Außenhandelskaufleute mit befristeter staatlicher Hilfe die Errichtung direkter regelmäßiger Reichspostdampferlinien nach Ostasien und Australien veranlaßte. Damit sollten für den deutschen Außenhandel günstige Verkehrsverbindungen zu diesen bedeutenden Märkten geschaffen werden.

In einem Ausschreibungsverfahren erhielt damals der Norddeutsche Lloyd den Zuschlag. Schon ein Jahr nach der Vertragsunterzeichnung durch den Reichskanzler konnten in Abständen von 14 Tagen beide Dienste unter lebhafter öffentlicher Anteilnahme eröffnet werden. Die daran geknüpften Erwartungen wurden dann in den Folgejahren nicht nur erfüllt, sondern zum Teil beträchtlich übertroffen.

Die beiden von der Hapag-Lloyd AG aus Anlaß dieser Jubiläen herausgegebenen Dokumentationen vermitteln ein umfassendes Bild von der eindrucksvollen wirtschaftlichen, politischen und kulturellen Entwicklung dieser beiden großen "Fahrten". Sie haben sich als wichtige Brücken in den immer enger werdenden Beziehungen zu unseren Außenhandelspartnern im pazifischen Raum erwiesen.

Der Blick zurück verdeutlicht zugleich die Pionierleistungen, die Handel und Seeverkehr im Verlauf dieser 100 Jahre vollbracht haben. Zwei verlorene Weltkriege haben zweimal einen völligen Neubeginn notwendig gemacht. Gleichwohl konnten die Beziehungen zu den wichtigen Regionen des Fernen Ostens immer wieder angeknüpft, vertieft und ausgebaut werden.

Heute geht es vor allem darum, die Offenheit des Welthandels zu stärken und die Freiheit der internationalen Schiffahrt auf den Weltmeeren zu sichern. Gerade für die Bundesrepublik Deutschland, die als zweitgrößte Handelsnation der Welt immerhin rd. ein Drittel ihrer Produkte und Dienstleistungen an Kunden aus anderen Ländern verkauft, hat der ungehinderte Zugang zu den Märkten der Welt herausragende Bedeutung.

Die Bundesregierung sieht es daher als vordringliche Aufgabe an, allen Behinderungen des weltweiten Handelsverkehrs entschlossen entgegenzutreten und seine Freizügigkeit im Rahmen internationaler Organisationen und Verhandlungen zu gewährleisten. Dabei lassen wir uns nicht nur von eigenen Interessen leiten, sondern auch von der Erfahrung, daß der Ausbau der Wirtschaftsbeziehungen allen beteiligten Ländern greifbare Vorteile bietet.

Um die Interessen des deutschen Außenhandels auf ausländischen Märkten wirkungsvoll vertreten zu können, sind wir auf eine leistungsfähige deutsche Seeschiffahrt angewiesen. Die Bundesregierung unterstützt deswegen die hierzu notwendigen Anstrengungen der Unternehmen, die sich in einem harten, teilweise auch durch protektionistische Praktiken verzerrten, internationalen Wettbewerb behaupten müssen.

100 Jahre Linienverkehr nach Ostasien und Australien - dies ist nicht nur ein Anlaß zurückzuschauen. Dieses Jubiläum ist zugleich eine Herausforderung, auch in Zukunft im pazifischen Raum präsent zu sein und sich aktiv am Wirtschaftsleben dieser Region zu beteiligen.

Ich wünsche dieser Dokumentation aufgeschlossene Leser und den Liniendiensten nach Ostasien und Australien Glück, Erfolg und allzeit gute Fahrt!

ITINERARIO,

Voyage ofte Schipvaert / van Jan Huygen van Linschoten naer Oost ofte Portugaels In-
dien inhoudende een corte beschrijvinghe der selver Landen ende Zee-custen/ met aen-
wijsinge van alle de voornaemde principale Havens/Revieren/hoecken ende plaetsen/ tot noch
toe vande Portugesen ontdeckt ende bekent: Waer by ghevoecht zijn / niet alleen die Conter-
feytsels vande habijten/drachten ende wesen/so vande Portugesen aldaer residerende/ als van
de ingeboornen Indianen/ ende huere Tempels/Afgoden/Huysinge/met die voornaemste
Boomen/Vruchten/Kruyden/Specerijen/ende diergelijcke materialen/ als ooc die
manieren des selfden Volckes/so in hunnen Godts-diensten / als in Politie
eñ Huisf-houdinghe: maer ooc een corte verhalinge van de Coophan-
delingen hoe eñ waer die ghedreven eñ ghevonden worden/
met die ghedenckweerdichste geschiedenissen/
voorghevallen den tijt zijnder
residentie aldaer.

Alles beschreven ende by een vergadert, door den selfden, seer nut, oorbaer,
ende oock vermakelijcken voor alle curieuse ende Lief-
hebbers van vreemdigheden.

t'AMSTELREDAM.

By Cornelis Claesz. op't VVater, in't Schrijf-boeck, by de oude Brugghe.
Anno CIƆ. IƆ. XCVI.

Inhalt

CIP-Titelaufnahme
der Deutschen Bibliothek

Seiler, Otto J.:
Linienschiffahrt der Hapag-Lloyd AG
im Wandel der Zeiten/
Otto J. Seiler — Herford: Mittler
Ostasienfahrt — 1988
ISBN 3-8132-0271-2

ISBN 3 8132 0271 2; Warengruppe Nr. 41

Schutzumschlag-, Einband- und
Innentitelgestaltung:
Regina Meinecke, Hamburg,
unter Verwendung von Archivmaterial
der Hapag-Lloyd AG
Produktion: Heinz Kameier
Gesamtherstellung:
Münstermann-Druck KG, Hannover
Printed in Germany

Bildausschnitt aus einem Bericht von Jan
Huygen van Linschoten über eine Schiffsreise,
Amsterdam 1596. Der Holländer Linschoten
weilte 1583–1589 in Goa, Portugiesisch-Indien
und gilt als Wegbereiter der Holländisch-Ost-
indischen Kompagnie. Abdruck vom Original
mit freundl. Genehmigung der Commerzbibliothek, Hamburg

Allegorische Darstellung Asiens;
aus Atlas Blaeu, Amsterdam 1665.
Abdruck aus dem Originalwerk mit
freundl. Genehmigung der Commerzbibliothek, Hamburg. Der
Holländer W. J. Blaeu war maßgeblich an der Entwicklung der
modernen Kartographie beteiligt,
neben dem Deutschen Martin
Behaim und besonders G. Merca-
tor u. a.

Einleitung

Dieser Band behandelt die Geschichte nur eines von siebzehn Fahrtgebieten der Hapag-Lloyd AG. Die Schiffe dieses Unternehmens bedienen in regelmäßigen Liniendiensten weltweit mehr als 140 Häfen direkt. Auf diese Häfen entfallen territorial etwa achtzig Prozent des überseeischen Außenhandels der Bundesrepublik Deutschland. Die Flotte der Hapag-Lloyd AG umfaßt gegenwärtig 20 eigene und eine größere Anzahl gecharterter Schiffe. Im Ostasiendienst sind allein rund ein Drittel der Reederei-eigenen Tonnage mit einer Containerkapazität von ca. 15.000 TEU (20-Fuß-Standard-Container) im Einsatz. Dieser Dienst ist daher eine der tragenden Säulen der Hapag-Lloyd Linienschifffahrt und des Konzernumsatzes. Mit einer Distanz von 12.800 Seemeilen zwischen Hamburg und Yokohama ist der Ostasiendienst zugleich auch der mit Abstand ausgedehnteste Langstreckenverkehr und damit hinsichtlich Aufwand und Kapitalumlauf entsprechenden Risiken unterworfen.

Im Mittelpunkt der einhundertjährigen Geschichte dieser „Fahrt" stand und steht der deutsche und ein guter Teil des europäischen Ostasienhandels. Seetransport orientiert sich wie alle anderen Verkehrsarten an der Nachfrage; die Leistungsfähigkeit des Ostasiendienstes war daher stets auf das Engste mit der Entwicklung des Verkehrsaufkommens seiner Außenhandelspartner, sowohl in Europa als auch in Ostasien bzw. Südostasien, verbunden.

Welche Aufgaben, aber auch welche Stürme und Rückschläge während dieser Zeit zu meistern waren, darüber legt diese Schrift Zeugnis ab. Ohne den außergewöhnlichen Leistungswillen von vier aufeinanderfolgenden Generationen in den beiden Gründergesellschaften, die zudem eine lange Zeit in hartem Wettbewerb miteinander standen, hätte diese Geschichte nicht geschrieben werden können. Wir sind über die Schilderung der Firmengeschichte hinausgegangen. Wir haben mit einiger Ausführlichkeit das politische und wirtschaftliche Umfeld beschrieben, in dem Schiffahrt betrieben wurde und von dem die Schifffahrt in hohem Maße abhängig war und natürlich heute noch ist. Nur in Kenntnis dieses Umfeldes ist sie richtig zu bewerten; die Historie belegt das in vielfältiger Weise.

Die Firmengeschichte der Hapag-Lloyd AG und die Historie ihrer Ostasienfahrt ist geprägt durch das Vertrauen und die Unterstützung ihrer Kunden in Europa und Übersee, das zwei Weltkriege und mehrere Wirtschaftskrisen überdauert hat. Allen Geschäftsfreunden möchte Hapag-Lloyd mit dieser Dokumentation danken und ihre Reverenz erweisen.

In der Regel werden Jubiläensschriften, je nach dem wie ansprechend sie aufgemacht sind, mehr oder weniger flüchtig durchgeblättert, um dann mit dem Vorsatz „später" ungelesen auf dem Stapel sonstiger Druck-Erzeugnisse zu landen; denn wer interessiert sich außer einem kleinen Kreis von Wissenschaftlern schon für Firmengeschichte? Dabei kann uns Geschichte sehr viel vermitteln, nicht zuletzt auch, unsere Gegenwartsprobleme besser zu verstehen und den historischen Gesamtzusammenhang umfassender beurteilen zu können.

Mit diesem Anspruch haben wir es gewagt, Ihre kostbare Zeit mit dieser Jubiläumsschrift zu belasten und uns bei ihrer Abfassung bemüht, Ihr Interesse für das Thema über das reine Bildmaterial hinaus zu wecken. Wir haben versucht, unser Fahrtenjubiläum in den Gesamtzusammenhang der wechselvollen und teilweise dramatischen Ost-West-Beziehungen des zurückliegenden Jahrhunderts zu stellen. Wir wollten damit auch dem durch Rudyard Kipling weltliterarischen Rang verliehenem Vorurteil von „East is East and West is West and never the twain shall meet" ein wenig durch Fakten und daran anknüpfende Rückschlüsse entgegenwirken. Wenn uns dies gelungen sein sollte, hätte sich die Mühe gelohnt.

Wir wünschen Ihnen viel Freude bei der Lektüre.

Die Zeit des Kolonialismus (1498–1815) – die Ozeanische Epoche: Die Deutschen verlieren den Anschluß an den Weltseeverkehr – die großen Handelsmonopole der Seemächte

Mit der Landung des Portugiesen Vasco da Gama im Hafen von Calicut an der Malabarküste im Südwesten Vorderindiens am 27. Mai 1498 begann ein neues Zeitalter in der Menschheitsgeschichte. Er knüpfte damit die erste direkte Verbindung des Abendlandes mit dem östlichen Kulturkreis – nur wenige Jahre nach der nicht minder spektakulären Entdeckung Amerikas durch Columbus und die spanischen Konquistadoren. Sie alle waren mit dem gleichen Ziel aufgebrochen, nämlich einen Seeweg nach Indien und dem Fernen Osten zu finden.

Die historische Tat des Portugiesen war die Verwirklichung eines Jahrhunderte alten Traumes und das Ergebnis fünfundsiebzigjähriger harter Pionierarbeit seines seefahrenden Volkes entlang der westafrikanischen Küste. Diese Renaissance-Menschen hatten sich die Erkenntnisse eines Kepler und Galilei zunutze gemacht, um dem Außenhandelsmonopol der Araber und Venezianer ein Ende zu setzen und all die begehrten Dinge des Orients vor Ort abzuholen, die ihnen durch die Blockade der alten Handelswege durch die Araber so lange vorenthalten worden waren. An der Spitze rangierten die Spezereien und Gewürze des Ostens. „Die Menschen nahmen alle Gefahren der Seefahrt auf sich, kämpften und starben für Pfeffer", heißt es bei einem neueren Schriftsteller.[1]

Nach Richelieus Worten handelte es sich in der Frühphase des europäischen Überseeverkehrs um ‚commerce de force', denn im 16. und 17. Jahrhundert unterschied sich der Handel kaum von der Seeräuberei, und auch die Piraterie wurde zumeist stillschweigend geduldet, wenn nicht sogar mit stiller Beteiligung des Staates betrieben. In den Gewinn- und Verlustrechnungen der großen privilegierten Handelsgesellschaften wurden sie denn auch unverschlüsselt als „Gewinn und Verlust aus Kaperei und Seeraub" ausgewiesen.

Diese ‚merchant adventurers' (kaufmännischen Abenteurer) wie Albuquerque, Raleigh und Frobisher, aber auch Piet Hein waren „kraftstrotzende, abenteuerlustige, sieggewohnte, brutale Eroberer ganz großer Abmessung" (Sombart).[2]

Von der Ozeanischen Epoche, in der die Westmächte ihre riesigen überseeischen Kolonialreiche gründeten und ausbauten und insbesondere der Neuen Welt ihren dauerhaften kulturellen und politischen Stempel aufdrückten, blieb Deutschland bis zur Bismarckschen Reichsgründung so gut wie ausgeschlossen. Die Deutschen hatten seit dreihundert Jahren den Anschluß an den Weltseeverkehr verloren und sich auf Zubringerdienste in der Nord- und Ostsee beschränkt. Grund für diese Abkehr von der See war nicht so sehr die ungünstige geographische Lage, als vielmehr die politische Zerrissenheit und Ohnmacht des Deutschen Reiches und die daraus resultierende mangelnde staatliche Unterstützung jeglicher überseeischer Außenhandelsaktivitäten.[3]

Lediglich Holland hatte sich nach vierzigjährigem Freiheitskampf gegen seine spanischen Unterdrücker noch rechtzeitig aus dem Reichsverband gelöst, um alsbald das überseeische Erbe der Portugiesen anzutreten und auch einen Teil der spanischen Silberflotten durch Kaperung in seine Häfen umzuleiten. Dank ihrer Tüchtigkeit entwickelten sich die Holländer in kürzester Zeit zur führenden Schiffahrtsnation. In der 2. Hälfte des 17. Jahrhunderts fuhren von den 20.000 europäischen Seeschiffen 16.000 unter holländischer Flagge![4]

Aber auch Hollands territoriale Basis sollte sich auf die Dauer als zu schmal erweisen, um den Machtkampf gegen die großen Seemächte durchzustehen. Wiederholt wurde das Land von französischen Streitkräften überrollt und in drei aufeinanderfolgenden Seekriegen (1652–1674) von den Briten wirtschaftlich und militärisch derart geschwächt, daß es sich ähnlich wie fünfzehn Jahre später Portugal ab 1680 der britischen Seeherrschaft beugen mußte. Neben der Abtretung wertvollen Kolonialbesitzes verloren die Niederländer einen Großteil ihres lukrativen Zwischenhandels an die Briten.[5]

Ein weiterer Grund für Hollands vorzeitigen Niedergang als führende Schiffahrtsnation war die Vernachlässigung ihrer Flotte in Friedenszeiten – ein Versäumnis, das selbst die Tüchtigkeit und Genialität eines Admiral de Ruyter nicht mehr auszugleichen vermochte, als er gegen die weit überlegenen vereinigten britisch-französischen Flotten antreten mußte.[6]

Die beiden Hansestädte Hamburg und Bremen verstanden es, sich die Rivalität zwischen den Seemächten zunutze zu machen. Sie betrieben eine über Jahrhunderte währende höchst profitable Neutralitätspolitik, die zeitweise durch den Einsatz von

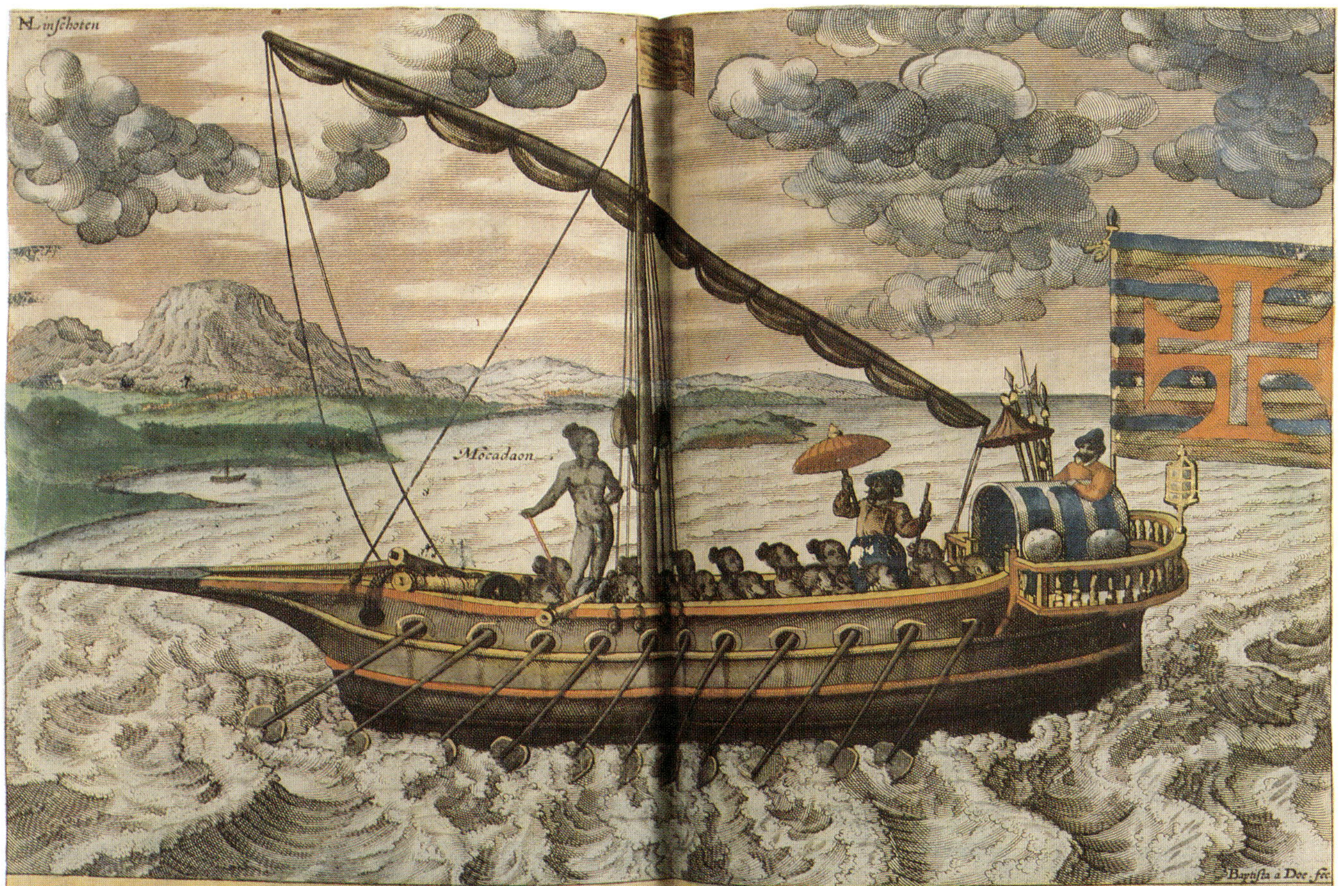

Mecadaon

Baptista à Doe. fec.

Naves celoces seu biremes, quibus Bello et transportandis mercibus utuntur Lusitani, et eorum hostes Malabares.

Fusten welcke die Portugeesen en haer vianden die Malabaren gebruycken ter oorloch, en om coopmanschap te voeren

46 en 47

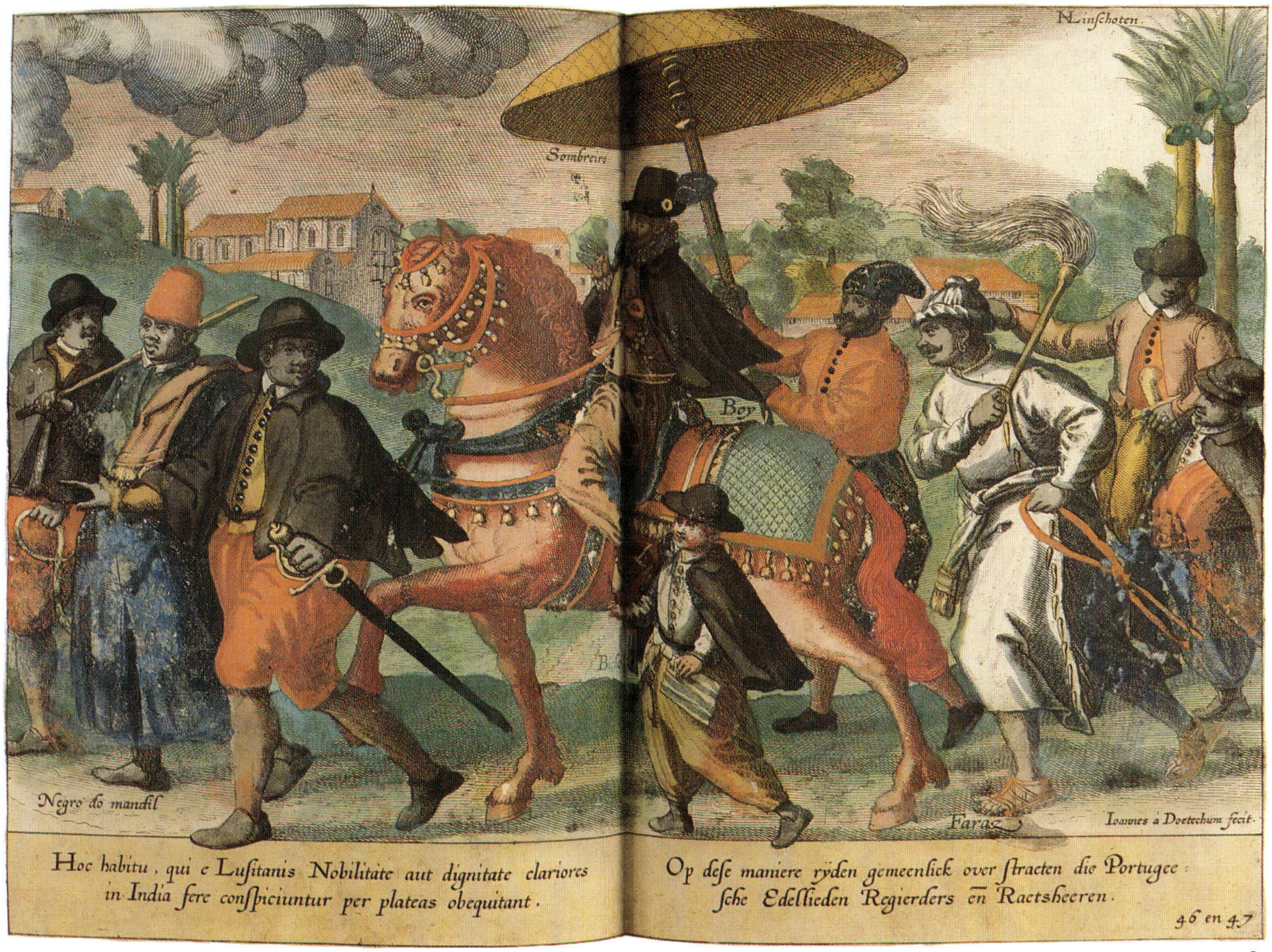

Sombreiro

Boy

Negro do mandil

Faraz

Ioannes à Doetechum fecit.

Hoc habitu, qui e Lusitanis Nobilitate aut dignitate clariores in India fere conspiciuntur per plateas obequitant.

Op dese maniere ryden gemeenlick over straeten die Portugee- sche Edellieden Regierders en Raetsheeren.

46 en 47

9

Ioa. à Doe. fc.

Naves e China et Iava velis ex arundine
contextis et anchoris ligneis.

Schepen van China en̄ Iava met rietten
seylen en̄ houten anckers

32 en 33

Bapt. à Doet: fec:

Lectuli, et ratio, quibus Chinæ proceres primarij (Mandorinos vocant)
gestantur, cymbæq3, quibus ad oblectationem per fluvios vehuntur.

Maniere als haer die Mandoryns van China welcke het princepael gover-
nement hebben laten draegen en̄ op die revieren vermeyen vaeren.

32 en 33

10

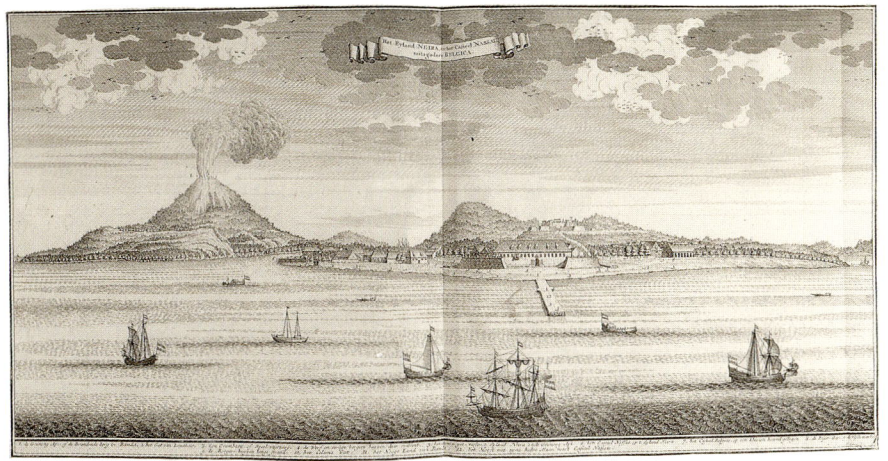

Banda auf der Insel Neira, Kupferstich aus dem 17. Jahrhundert aus den Beständen der Commerzbibliothek, Hamburg

Malacca um 1700, Commerzbibliothek, Hamburg

Aufmarsch der englischen (äußerer Ring) und holländischen Flotten im zweiten holländisch-britischen Seekrieg zur 4-Tage-Seeschlacht am 11. 6. 1666

◁◁
Bericht über eine Schiffsreise von Jan Huygen van Linschoten, Amsterdam 1595

Oben: Portugiesisches Kauffahrteischiff vor der Malabar-Küste zur Zeit Vasgo da Gamas

Unten: Portugiesischer Ratsherr auf Reisen in Indien

◁
Aus van Linschotens Bericht über eine Schiffsreise, Amsterdam 1595

Oberes Bild: Chinesische Dschunke in der Javasee Ende des 16. Jahrhunderts

Unteres Bild: die Art, wie die damaligen Würdenträger Chinas, die Mandarine, zu Lande und zu Wasser zu reisen pflegten

Konvoischiffen sogar die Form der „bewaffneten Neutralität" annahm. Aber auch Neutralität wird nur so lange honoriert, wie Macht vorhanden ist, sie im Konfliktfalle zu schützen. Die britische Blockade der Elbe 1803/1806 und die Besetzung der beiden Städte durch napoleonische Truppen in den Jahren 1806/14 haben dies deutlich gemacht.[7]

So blieb deutsche Seeschiffahrt und deutscher Außenhandel in bescheidenem Rahmen die Domäne der Nordseehäfen und konzentrierte sich auf die Initiative weniger tatkräftiger Handelshäuser. Sie schickten ihre Waren zumeist auf eigenen Schiffen und für eigene Rechnung (ohne Hermes-Deckung!) auf die Reise und überließen es ihren Kapitänen, sie mit Gewinn in den Bestimmungshäfen zu veräußern und mit dem Erlös lukrative Rückfrachten einzukaufen. Welch riskantes Abenteuer Seefahrt ohne staatlichen Schutz noch zu Beginn des vorigen Jahrhunderts war und wieviele ihrer Schiffe fremden Kapern oder Piraten zum Opfer fielen, davon zeugen noch heute unsere Schiffahrtsmuseen und die Handelskammerarchive ihrer Heimathäfen.[8]

Von dieser Art des Direkthandels waren die Hansestädte und mit ihnen das Deutsche Reich durch die Navigationsakte der Seemächte, die den Transport zwischen Mutterland und Kolonien per Gesetz der eigenen Flagge vorbehielten und jeden Zwischenhandel untersagten, jahrhundertelang ausgeschlossen.[9]

Im Unterschied zu den katholischen Kolonialmächten übertrugen die protestantischen Seemächte die Entwicklung der überseeischen Stützpunkte und die Ausübung ihres Außenhandelsmonopols interessierten Kaufleuten, die sich zu großen privilegierten Handelsgesellschaften als Vorläufer der späteren Aktiengesellschaften zusammenschlossen.

Diesen Gesellschaften wurden mittels eines Freibriefes (englisch: Charter) für die ihnen zugewiesenen überseeischen Regionen weitgehende staatliche Souveränitätsrechte übertragen. So erhielt die berühmte 1602 gegründete Holländisch-Ostindische Kompagnie, die von 17 Direktoren geleitet wurde, das ausschließliche Recht, in allen Ländern zwischen dem Kap der Guten Hoffnung und der Magellan-Straße Handel zu treiben, in diesem Bereich Krieg zu führen und Frieden zu schließen, Land zu annektieren und Festungen zu errichten. Sie verfügte nicht nur über

das erforderliche Kapital, sondern hinter ihr stand auch Hollands gefürchtete Seemacht.[10]

Auch für die Kaufleute waren diese Zusammenschlüsse die unternehmerische Voraussetzung, um die hohen Risiken der langen gefahrvollen Seereisen finanziell durchstehen zu können. Zudem erforderte ihr Eindringen in die portugiesisch-spanischen Interessensphären die kriegsmäßige Ausrüstung ihrer Flotten, zumal auch in den neuen Handelsgebieten teilweise noch anarchische oder despotische Verhältnisse häufig eine Befriedung notwendig machten.

Für die Regierungen bot diese Souveränitätsübertragung den Vorteil, nicht selbst im unternehmerischen Risiko zu sein und auch bei ernsten politischen Konflikten sich notfalls heraushalten zu können, ohne deswegen der Kontrolle verlustig zu gehen. Fast zweihundert Jahre waren diese Gesellschaften daher die nationalen Träger des westeuropäischen Überseeverkehrs und Außenhandels, denn die nationalwirtschaftliche Zielsetzung duldete keine Außenseiter. Die Gebundenheit nach innen und außen war Trumpf.[11]

Erst die Unabhängigkeitserklärungen der USA (1783), der lateinamerikanischen Staaten (1810–1830) sowie die von Großbritannien für ihre überlegene Industrieproduktion benötigten neuen Absatzmärkte verhalfen in den vierziger Jahren des 19. Jahrhunderts dem Freihandel zum Durchbruch und eröffneten auch den Deutschen die Chance, Überseeverkehre in eigener Regie zu betreiben.[12]

Selbst das Mittelmeer war den Hamburger und Bremer Schiffen jahrhundertelang so gut wie verschlossen. Die sog. Barbareskenstaaten, d.h. Marokko, Algier, Tunis und Tripolis, trieben fast ununterbrochen fröhliche Seeräuberei. Zwar zahlten die Hansestädte ihren Potentaten zeitweilig Tribut. Aber noch 1824 und 1827 nahmen tripolitanische Kaper, die damals sogar im Atlantik ihr Unwesen trieben, die Hamburger Schiffe „Luise" und „Flora" an der portugiesischen Küste weg. Erst die Eroberung Algiers durch die Franzosen im Jahre 1830 schaffte hier Wandel, und laut Mathies konnte im Februar 1832 die „Rezia" von Peter Hinrich Mohrmann als erstes Schiff unter Hamburger Flagge durch die Meerenge von Gibraltar nach Marseille versegeln. 1839 wurde das

erste Hamburger Schiff nach dem östlichen Mittelmeer expediert.[13]

In jener Epoche, die so eindrucksvoll von dem Amerikaner Mahan in seinem 1895 erschienenen Werk „Vom Einfluß der Seemacht auf die Geschichte" beschrieben wurde, erkannte man den ungehinderten Seeverkehr immer deutlicher als eine unabdingbare Voraussetzung für die Machtstellung, den Wohlstand und die Sicherheit der Völker.[14] 1834 schrieb der Gründer des Deutschen Zollvereins, Friedrich List:
„Wer an der See keinen Anteil hat, ist ausgeschlossen von den guten Dingen und Ehren dieser Welt – der ist des lieben Herrgotts Stiefkind."[15]

Wir würden der unvergleichlichen Dynamik und welthistorischen Bedeutung dieses Zeitalters nicht gerecht, wollten wir es ausschließlich aus der heutigen Perspektive beurteilen. Jede Zeit kann immer nur aus ihrer jeweiligen Situation verstanden und gewürdigt werden, wenn wir uns nicht dem Vorwurf der Geschichtsklitterung aussetzen wollen. Auch der sogenannte ‚Zeitgeist' tendiert häufig zu einer Sichtverengung und Dogmatisierung und damit zu einer Mißdeutung von Ursache und Wirkung historischer Zusammenhänge.[16]

Notification,
den,
zwischen
der Regierung zu Algier
und
der Stadt Hamburg,
errichteten
Frieden betreffend.

Hamburg,
gedruckt bey Conrad König, E. Hochedl. und Hochw. Rahts Buchdrucker.
1751.

Demnach zwischen der Regierung zu Algier, und der Stadt Hamburg, unterm 22 Febr. a. c. ein beständiger Friedens- und Commercien-Tractat zum Stande gekommen ist, welchem zufolge dieser Stadt Bürger, Inwohner und Unterthanen, die sich der Stadt mit Eid und Pflichten ver-

verwandt gemacht haben, nunmehro ihre Handlung und Schifffahrt mit aller Sicherheit nach der Mittelländischen See richten können, auch deretwegen vors erste, ausser den hiesigen gewöhnlichen See-Pässen, keiner anderen bedürfen, und denn nächstens alles dasjenige, welches, in Ansehung der künfftigen Pässe, erforderlich seyn wird, mittelst einer gedruckten Verordnung, bestimmet werden soll, als wird solches hiedurch zu iedermanns Wissenschaft bekannt gemacht. Actum & decretum in Senatu Hamburgensi, publicatumque sub Sigillo. Veneris, d. 30 Julii 1751.

▷
Routenbeschreibung des Seeweges von der portugiesischen Enklave Macao nach dem japanischen Hafen Nagasaki auf S. 86 aus dem Bericht des Holländers Jan Huygen van Linschoten, Amsterdam 1596; Commerzbibliothek, Hamburg

13

Die Geschichte des Ostasienverkehrs im 19. Jahrhundert bis zur Eröffnung des Reichspostdampfer- dienstes (1816–1885)

Die alten Kulturnationen und Kaiser- reiche des Ostens China und Japan hatten sich in den Jahrhunderten der europäischen Kolonisation und Aus- breitung bis in die erste Hälfte des 19. Jahrhunderts gegenüber den aufdringlichen Avancen des Westens wie spröde Liebhaber verhalten und ihre Häfen den ausländischen Schif- fen verschlossen. Ausnahmen bilde- ten lediglich die portugiesische En- klave Macao sowie ab 1757 Kanton für den britischen Handel.[17]

Noch 1795 wurde König Georg III., der durch seinen britischen Gesand- ten Lord Macartney Peking um die Aufnahme diplomatischer Beziehun- gen und den Abschluß eines Freund- schafts- und Handelsvertrages er- suchte, vom Kaiser K'ien Lung (1711–1799) durch Handschreiben geantwortet:

„Unsere Lebensformen und unser Gesetzbuch unterscheiden sich so völlig von den Euren, daß Ihr niemals unsere Gewohnheiten und Sitten auf Euren fremden Boden verpflanzen könntet. Wir besitzen alle Dinge. Ich lege keinen Wert auf fremde spitzfin- dige Gegenstände und habe keinen Bedarf für die Erzeugnisse Eures Landes."[18]

Die abendländischen Kaufleute wa- ren in Kanton auf ein kleines Areal in ihrer Bewegungsfreiheit beschränkt, durften die Stadt selbst nicht betre- ten und ihre Geschäfte nur über die chinesische Gilde der Hong-Kauf- leute führen, die ihrerseits gegen eine hohe Steuer vom Staat das Pri- vileg erhielten, mit den Fremden Handel zu treiben.[19]

Unter den chinesischen Waren, die damals nach Europa gelangten, standen Tee, Seide, Porzellan und kandierte Früchte (Ingwer) an erster Stelle, im Austausch gegen engli- sche Manufakturen und seit der 2. Hälfte des 18. Jahrhunderts in wach- sendem Umfang auch Opium aus In- dien. Das Monopol für den britischen Chinahandel besaß bis 1834 die Bri- tish East India Company. Ihre Schiffe in der Größe von 500 bis 800 Tonnen und 150 Mann Besatzung waren wie Kriegsschiffe mit Kanonen bestückt und Offiziere und Besatzung durften in begrenztem Umfang zumeist recht profitablen Handel auf eigene Rechnung treiben. Es waren Elite- Einheiten, deren Ausbildungsstan- dard den der Royal Navy noch über- traf.[20]

Die gewaltsame Öffnung der Häfen Chinas und Japans (1840–1860)

Als aus Mangel an geeigneten Ex- portgütern die Engländer den Anbau und Export indischen Opiums nach China in den dreißiger Jahren des 19. Jahrhunderts zu forcieren began- nen, um ihren wachsenden Import- bedarf bezahlen zu können (Tee war inzwischen in Großbritannien zum Nationalgetränk geworden), reagier- ten die chinesischen Behörden aus Sorge um die Gesundheit ihrer Be- völkerung mit einem totalen Import- verbot dieser Droge. Als man dieses durch um so lebhafteren Schmuggel auch über andere chinesische Häfen zu umgehen suchte, wurde 1840 in einer Razzia auf kaiserlichen Befehl die gesamte in Kanton gelandete heiße Ware (20.000 Kisten im Wert von 4 Mio. Pfund Sterl.) beschlag- nahmt und vom kaiserlichen Gouver- neur öffentlich auf dem Marktplatz verbrannt. Den Kaufleuten wurden im Wiederholungsfalle drakonische Strafen angedroht. Der chinesische Beamte wußte sich im Recht, nur fehlten ihm die Kanonen, um es durchzusetzen. China mußte dann in Verlaufe zweier Kriege erleben, daß die britische Seemacht diesen illegalen Handel deckte und nur auf den Anlaß wartete, um die chinesi- schen Häfen gewaltsam dem inter- nationalen Verkehr zu öffnen. Im da- durch ausgelösten sog. „Opium- krieg" (1840–1842) ging es England jedoch auch um die freie Handelsbe- tätigung und die Beendigung der im- mer unerträglicher gewordenen Ver- hältnisse, unter denen die Ausländer in Kanton leben mußten.[21]

Mit dem Friedensvertrag von Nan- king vom 29. August 1842, der fünf Häfen den Fremden für ihren Handel öffnete – außer Kanton waren es Amoy, Futschou, Ningpo und Shang- hai –, begann für China die Einglie- derung in die moderne Weltwirt- schaft. Die Hong-Gilde, die bisher das Handelsmonopol ausübte, wurde aufgelöst und in den Vertrags- häfen durften die Fremden mit jeder- mann Handel treiben. Hongkong wurde 1841 britisch. Diese nur etwa 90 km² große Insel gelangte als briti- scher Brückenkopf für den Handel mit China alsbald zu großer wirt- schaftlicher und politischer Bedeu- tung.[22]

Auch Japan hatte als Reaktion auf das teilweise arrogante Auftreten der Weißen auf Anordnung der Shogune,

ende aengheteeckent door den Piloot ofte Stuerman van't selfde Schip ende vaert.

Tijt wanneer dat tschip S. Crus uyt Macau ghe-loopen is.

Den 5. Julius / anno 1585. wesende des vrydaeghs smorgens / gingen wy 'tseyl/(te weten/ vande punt die tegẽ 't Clooster van S. Francisco over leyt af)met resolutie om te loopen te loefwaert vã een rondt Eylandeken ofte Clippe/gheleghen o.z.o. daer vaer van af:maer om dat de wint scharp was/ en constent niet volbrenghen/ in voeghen dat wy't dragende hielden/ om door het Canael ofte 'tgat van Lanton te loopen/ ghelijck als wy deden. De diepten die wy al-hier vonden/ waren van 5.tot 6.vademẽ toe/ en dit was wicht by't ronde Eylandeken dat tZeewaert van't Eylandt Lanton af leyt/eñ van daer voort aen / soo beghint het dieper te worden tot 18.ende 20.vadẽ toe; Wy hadden dese dieptẽ/tot dat wy buytẽ 't Eyland A Ilha do Leme,(dat is 't Eyland van't Roer)warẽ.

Diepten in't Canael van Lanton.

Plaetse van het Canael van Lanton.

Diepten tot buytẽ A Ilha do Leme.

Ghedaente alsmen by't Canael van Lantõ comt.

Dit Canael vã Lanton heeft in't aencomẽ van dien eẽ bocht/ alwaer de wint seer scherp was/so dat wy ons qualick consten wachten van een Eylandt / gheleghen aende slincker hant van't Canael / ten waer dat de wateren eñ stroomẽ so groote cracht niet gehadt hadden / die't schip dwers over te loefwaert daer van af dreven/sonder dat souden wy grooten arbeyt eñ moeyten ghepasseert hebben om't Canael door te comen / eyntlicken dat wy teghens den nacht mochten wesen ontrent 4. myle van't Eylandt Ilha do Leme af voort aen. De cours die wy desen nacht deden/was oost/ eñ o.ten z.aen / om dieswille dat wy een scherpe wint hadden/ hebbende de diepten vã 20.tot 26.vadem modder gront; Met dẽ dagheraet quamen wy by naest recht voor uyt te sien het Eylandeken Ilha branco, ofte de witte Clippe / eñ door die voorseyde diepten/ maeckten onse gissinghe/daer een groote half mijl van af te passeren.

Het Eylandeken Ilhea branco ofte witte Clip.

Den 6. Julius des saterdaeghs / en consten de hooghte vande Son niet nemen/ om datse ons recht over 'thooft was ; hadden eenen z. o.ende z. z. o. wint / met seer goet weder des daeghs: maer des snachts wast wat koelder; Deden onsen cours o.n.o/o/ende o.ten n.aen/ nae dat de wint wayde; Wy vonden des middaeghs van 25. tot 27. vadem diepten / met swart cleijn sandt op de gront. Dit was altoos in't ghesicht van't landt / ende met den dagheraet saghen wy 't land van Lamon, het welcke een lanck eñ vlack landt is/ in ghelijckenisse van een tafel ofte vlack velt/hebbende aende zyde van't oost noord oosten een dunne punt landts tZeewaert uyt steken / eñ aende zyde van't west zuydt westen / loopt oock een ander dunne punt tZeewaert in / ende daer dicht by / te weten / aen't dickste van dien/ sietmen 'tfatsoen van een witte plaet / welcke is het Eylandt van Lamon,ende tZeewaert daer van af/ heeftmen drie Clippen / gheleghen aen het eynde vande Riffe van Lamon; alhier worpen wy 'tloot uyt ende vonden 27. vadem diepten / hebbende wit cleijn ende sommigh swart sant/ met kleyne schulpkens onder een ghemenght/wesende van't landt af ontrent 7.ofte 8.mylen.

Hier de Sonne recht bovẽ 'thooft.

Creghen hier landt van Lamon int ghesicht/ is lanck ende vlack.

Ontrent 7.oft 8.mylen vant landt Lamon 27. vadẽ diep eñ wit oock swart sant.

Den sevenden des Sondaeghs / hadden wy stilte / ende altemet een weynigh : maer niets te veel wints van uyten zuydt oosten/ ende zuyd zuyd oost/ doende onsen cours oost noord oost / noord oost / ende noord oost ten oosten aen / op de diepten van 24.tot 26. vadem. Soo haest als wy het Eylandt van Lamon ghepasseert waren / kreghen terstont wit/cleijn ende dun sant op de grõt/ met sommighe schulpkens ghemenght ; Wy waren des smorghens ontrent 7. mylen van't landt af / te weten / van het landt van Chincheo, ende saghen van ghelijcken het Eylandeken/ 'twelcke een ghelijckenisse heeft van't Eylandt / ghenaemt Ilha dos Lymoins, dat is/ 't Eylandt vande Lymoenen / gheleghen by Malacca , ende wat voorder aen / saghen een dun landt / met eenen spitsighen top boven op / welck men seyt te wesen A Varella do Chinchon,(dat is/ die kenteijckẽ ofte Rootse van Chinchon;) Dit was den achtsten vande maent des Maensdaeghs ; Des snachts daer aen kreghen wy stilte / waer mede de wint nae het noorden liep/comende wat coelder aen/altemets met vlaghen reghens:maer met de zuyd ooste wint/ en hadden noyt regẽ; kreghen des snachts twee donderslaghen vã de selfde zyde van't zuijd oosten / met weerlichten van uyten z.o.ende noorden.

Sy sien hier het land van Chincheo/ welck wel ghelijckt Ilha dos Limons.

Den 9.des dijnsdaeghs / hadden wy de hooghte vande Son op 23½.graden/hebbẽde de wint des snachts ghehadt oost ende o.z.o. met een goede koelte ; laghen alle de nacht en dreven sonder seylen / worpende altemets het loot uyt / op dẽ diepte van 20.tot 24.vadem toe / eñ creghen eens 18.vadem/ waer van de gront wit cleijn sant was / met sommighe schulpkens onder een ghemenght. Des smorghens met den dagheraet / kreghen wy eenen noorden wint / waer mede wy ons wendẽ op den boech van't oosten/(hebbende alleen tfocseijl ende de besaen op) tot teghens den avont; Op de voorseyde diepten namen daer nae de seylen in/om stil te dryven; Des anderẽ daegs sagen wy landt/te weten / dat van den voorleden dagh/ ende lach ons in't noorden / ende ter halver streeck van noorden ten westen.

Hebben hier de hooghde op 23. en half gradẽ/ 18. 20. 24. vadem waters.

Hebben alhier stilte.

Den 11.des donderdaeghs / en namen de hooghte vande Son niet / om oorsaecke / dat wy laghen en dreven sonder seylen/ met eenen oosten eñ o.z.o.wint / eñ hadden de Zee-barẽ van uyten z.o. laghen met het schip ghewent nae't n.o . Dit was des snachts : maer des daeghs hadden wy eenẽ n.o.ende n.n.o.wint/ in voeghen dat wy als nu op den eenen / als dan op den anderen boech liepen / nae dat de wint ende tweer ons plaets gaf/ op de diepten van 20. tot 24.vadem toe / van wit cleijn sant / hebbende sommighe worpen op 18.vademen; Wy hadden die voorleden nacht veel weerlichten van uytẽ westen ende zuyen/ wesende den 13. vande nieuwe Maen / hadden des daeghs te voren de hooghte vande Son op 23½.graden ruijm/het landt dat wy sagen costmen qualick onderschepdẽ/evenwel docht ons te wesen / het landt dat wy die vorighe daghen ghesien hadden.

Hebben alhier vele weerlichten uyt den westen ende zuyden.

Den 12. des vrydaeghs / en hebben de hooghte vande Son niet ghenomen / om dieswille dat wy noch laghen en dreven sonder seylen / met eenen oost zuydt ooste wint/ te weten / des snachts / wesende des daeghs noord oost/ op de dieptẽ van 20.tot 24.vadẽ/ met sommighe worpen op 18.vadem / waer van de gront cleijn/ dun/wit sant was/zijnde de gront vande vier en twintich vadem wat grover sandt / met sommighe schulpkens ghemenght. Als het begonst te dagẽ/so warẽ wy nae ons gissinge 5,ofte 6,mylen van't landt af/

wy had-

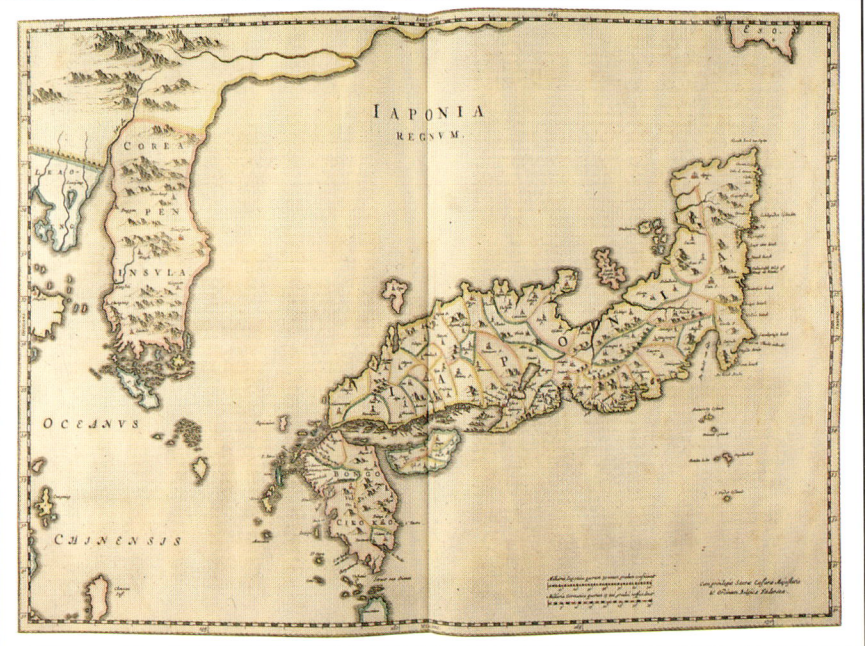

Karte von Japan und Korea aus Atlas Blaeu,
Amsterdam 1665. Abdruck mit freundl.
Genehmigung der Commerzbibliothek, Hamburg

Landschaft bei Nagasaki nach der Skizze eines
französischen Marineoffizieres um 1860,
Illustrirte Zeitung, Leipzig 1862

Die japanische Hafenstadt Hakodate nach der
Skizze eines französischen Marineoffiziers,
Illustrirte Zeitung, Leipzig 1862

den Trägern der Militärgewalt vom Hause Tokugawa, schon 1638 alle Auslandskontakte für 220 Jahre abgebrochen, um sie erst 1854 nach dem Erscheinen eines amerikanischen Geschwaders unter dem Kommando des Commodore Perry in der Bucht von Yedo und seiner geduldigen und geschickten Verhandlungsführung wieder aufzunehmen.[23] Lediglich den Holländern war es gelungen, die Handelskontakte mit den Japanern durch eine eigene Faktorei auf der Insel Deshima in der Bucht von Nagasaki kontinuierlich aufrechtzuerhalten, wodurch sich die Japaner ein Fenster zum Westen offenhielten.

Holländisch wurde während der Isolation die japanische Diplomatensprache und als Gäste des Landes genossen die Niederländer seit 1616 vollen Schutz gegen fremde Wettbewerber. So waren die Japaner über die Vorgänge in Ostasien stets auf dem laufenden, einschließlich der demütigenden Begleitumstände, die zur gewaltsamen Öffnung der chinesischen Häfen führten, und sie waren entschlossen, eine ähnliche Einschränkung ihrer territorialen Souveränität nicht hinzunehmen.[24]

Was die Japaner jedoch besonders beunruhigte, war das Erscheinen der Russen an ihrer Gegenküste, insbesondere ihre möglichen Ambitionen auf die Inbesitznahme Koreas seit den fünfziger Jahren, wodurch sie ihre eigenen Sicherheitsinteressen bedroht sahen. Dieses dürfte mit ausschlaggebend für die Einwilligung in die Öffnung japanischer Häfen in ihrem ersten Vertrag mit den Amerikanern am 31. März 1854 gewesen sein. Nur wenige Monate später insistierten auch die Engländer, die ebenfalls mit einem Geschwader aufkreuzten, sowie Russen, Franzosen und Niederländer auf entsprechende Freizügigkeit und Handelsrechte. So wurden die drei Häfen Nagasaki, Yokohama und Hakodate durch Verträge diesen Westmächten für einen beschränkten Handelsverkehr geöffnet.[25]

Die Frühphase des deutsch-asiatischen Außenhandels

Der deutsche Anteil an der Erschließung des südost- und ostasiatischen Raumes war in der Zeit, die den großen Entdeckungen folgte, nur gering gewesen. Die Hansestädte haben bis gegen Ende des 18. Jahrhunderts zu keiner Zeit versucht, in den Küstenländern des Indischen und des Pazifischen Raumes Fuß zu fassen. Es waren im Laufe der Jahrhunderte jedoch eine Reihe bedeutender deutscher Missionare, Ärzte, Soldaten und Wissenschaftler in die Länder des Fernen Ostens gereist und haben dort zum Wohle dieser Länder gewirkt und sich durch ihre Arbeit einen Namen gemacht. Sie sind dort z. T. auch zu hohen Ämtern und Ehren aufgestiegen.[26]

Nach dem vergeblichen Versuch Österreichs, durch die 1723 gegründete Kaiserlich Ostindische Kompagnie mit Sitz in Ostende durch Errichtung von deutschen Niederlassungen in Indien Fuß zu fassen – sie wurde von Kaiser Karl VI. mit ähnlichen Privilegien ausgestattet wie die anderen europäischen Chartergesellschaften, mußte diese Pläne auf Druck der Seemächte mangels eigener Seestreitkräfte alsbald jedoch wieder aufgeben –, blieb es dem anderen deutschen Staat, der über eigene Küsten verfügte, dem Königreich Preußen, vorbehalten, Wegbereiter einer deutschen Hochseeschiffahrt zu werden.[27]

1750 gründete Friedrich der Große in Emden, der Hauptstadt des 1744 erworbenen Ostfriesland, die Königliche Preußische Asiatische Kompagnie und ließ bereits im Februar 1752 die Fregatte „König von Preußen" als erstes deutsches Schiff nach China expedieren. Sie kehrte nach 14 Monaten reich beladen zurück, und der Verkauf der Ladung warf einen erheblichen Gewinn ab. Das ermutigte die Gesellschaft, fünf weitere Schiffe nach China zu entsenden, jedoch mußte das Unternehmen aus mangelnder Rentabilität schon wenige Jahre später seinen Betrieb einstellen.

Der preußische Staat verfügte damals noch nicht über ausreichende Etatmittel, um Überseehandel im großen Stil zu betreiben. Friedrich II. wollte lieber das beste Landheer in Europa halten als die schlechteste Flotte unter den Seemächten, wie er in seinem politischen Testament von 1776 schrieb, zudem die Kosten einer Fregatte schon denen eines Infanterieregiments gleichkämen.[28]

Die Preußische Seehandlung (1822–1849)

Erst der ebenfalls von Friedrich II. 1772 gegründeten Preußischen Seehandlung, die insbesondere als Staatsbank zu erheblicher Bedeutung aufstieg, war dauerhafter Erfolg beschieden. 1784 brachten zwei ihrer Schiffe die außerordentlich große Menge von 3,33 Mio. lbs chinesischen Tee nach Preußen. Zwar wurde auch ihre nach Übersee operierende Flotte von 14 Schiffen schon ein Jahr nach dem Tode des Königs größtenteils veräußert, aber ab 1822 begann die Seehandlung ein weiteres Mal im Reedereigeschäft aktiv zu werden, als sie nacheinander neun Schiffe von 180 bis 700 Reg.Tons in Fahrt brachte.[29]

Dank der Initiative ihres neuen Leiters und späteren Staatsministers Rother hatte die Gesellschaft bis 1849 dann durchschnittlich immer vier Schiffe in Fahrt, und sie haben auf ihren 133 Rundreisen an vielen Plätzen in Übersee erstmalig eine deutsche Flagge gezeigt. Als erstes Schiff schickte er das Vollschiff „Mentor", 337 Reg.T., trotz seines friedlichen Zwecks wohlbewaffnet mit 6 Kanonen, 2 Drehbrassen und Handfeuerwaffen, um die Welt. Es war mit schlesischem und westfälischem Leinen, rheinländischen Eisen- und Glaswaren, Baumwollfabrikaten, Branntwein, Getreide, Mehl und Holz wie eine schwimmende Mustermesse beladen und lief u. a. auch Kanton an. Die Reise ab Bremerhaven dauerte von 1822 bis 1824. Schon kurz nach Madeira begegnete die „Mentor" einem maurischen Kaper, der aufgrund ihrer Armierung jedoch keinen Angriff wagte. Supercargo auf der „Mentor" war der Sohn des Rechnungsrates der Seehandlung und spätere Gründer des bekannten Hamburger Handelshauses William O'swald. Beim Einlaufen in Swinemünde empfing Friedrich Wilhelm III. die Heimkehrer persönlich zusammen mit dem Kronprinzenpaar.[30]

Den krönenden Abschluß der Überseeaktivitäten der Seehandlung bildete die Gesandtenreise des Grafen Friedrich zu Eulenburg, der von 1860 bis 1862 mit einem preußischen Geschwader, der „Arkona", „Thetis", „Elbe" und dem im Taifun vom 2. September 1860 untergegangenen Schoner „Frauenlob", den Fernen Osten besuchte und Freundschafts- und Handelsverträge mit Japan, China und Siam heimbrachte.[31]

Das Königreich Preußen schließt teilweise auch im Namen der Länder der Norddeutschen Zollunion und der Hansestädte die ersten Freundschafts-, Handels- und Schiffahrtsverträge mit China, Japan und dem Königreich Siam ab

Theodor Bohner schrieb hierüber: „Wie wichtig die preußische Staatsführung diese Verträge nahm, beweist die spätere Berufung Eulenburgs durch Bismarck zum Innenminister im Kabinett der Konfliktszeit. In jedem der Länder hatte Eulenburg besondere Weitsicht und Tatkraft bewiesen. In China hatte er den heimlichen Widerstand des englischen und des französischen Gesandten zu überwinden, die Preußen gern auf einen bloßen Handelsvertrag beschränkt hätten und ihm die friedliche Durchsetzung des Gesandtschaftsrechtes, also der Anerkennung von Staat zu Staat, mißgönnten, das sie erst im langwierigen Krieg hatten erreichen können. Eulenburg ließ sich von seiner Haltung nicht abdrängen: Preußen mußte als Großmacht die gleichen Rechte wie die anderen erhalten oder verzichten. Am 19. August 1861, zwei Tage vor seinem Tode, unterzeichnete der chinesische Kaiser den Vertrag. Noch in der Trauerzeit wurden dann am 2. September die amtlichen Unterschriften vollzogen und mit dem blauen Trauersiegel statt des gewöhnlichen roten gesiegelt, während die unterzeichnenden hohen Mandarinen schmucklose weiße Baumwollhemden und kleine Reisstrohhüte mit schwarzem Trauerknopf zum Zeichen der Hoftrauer trugen.

In China galt der Vertrag für alle dem Zollverein angeschlossenen Staaten. Die chinesischen Minister hatten dem Grafen, als er ihnen die Begriffe Preußen, Preußisch-Deutscher Zollverein, Deutscher Bundestag erklären wollte, die Mühe abgenommen: Sie verstünden alles sehr gut; die übrigen deutschen Fürsten seien Vasallen von Preußen, so wie der König von Siam und der Kaiser von Japan Vasallen ihres Kaisers seien. Da hatte Eulenburg keinen Grund gehabt, sie über ihr Verhältnis zu den anderen östlichen Staaten noch über das Preußens zum Bundestag noch weiter zu belehren, sondern mit Vergnügen selbst auf jedem der beiden Vertragsstücke die vierundzwanzig Unterschriften für die vierundzwanzig Zollvereinsländer geleistet und von seinen chinesischen Partnern sich geben lassen.

Die preußische Expedition begleiteten im Staatsauftrag Kaufleute, Gelehrte und Künstler. Einer der Forscher war der Geologe Ferdinand Freiherr von Richthofen. Bei seiner Ankunft regte der Leiter des amerikanischen Hauses Russell & Co. in Shanghai, Edward Cunningham, bei der internationalen Handelskammer der Niederlassung an, diesem die Mittel zu einer mehrjährigen Studienreise durch China zu geben. Sein Vorschlag wurde angenommen. Denn noch gab es im Fernen Osten keine Eifersucht auf den deutschen Handel. Noch betrachteten die westlichen Kaufleute, was zur Aufschließung Chinas geschah, als zum Besten aller getan. So entstand, von einem Deutschen geschrieben, das grundlegende geographische Werk des 19. Jahrhunderts über China: ‚China‘."

Ein Attaché Eulenburgs war der nachmalige langjährige deutsche Gesandte in Tokio und Peking Max von Brandt.[32]

Das Zeitalter des Kaufmanns (1850–1914)

Die Jahre von 1850 bis zum Ausbruch des ersten Weltkrieges, die zu den wichtigsten und erregendsten Epochen der Menschheitsgeschichte zählen, werden von Heinrich Kraft in der höchst lesenswerten Geschichte des Ostasiatischen Vereins von 1960 als das ‚Zeitalter des Kaufmanns‘ bezeichnet. Seine Bewertung hat nichts von ihrer Aussagekraft verloren:

„In Europa war in den Wirren des Jahres 1848 die lange Zeit der Restauration zu Ende gegangen. Italien und Deutschland, denen die bisherige Entwicklung die Möglichkeit des Zusammenschlusses auf nationaler Ebene versagt hatte, wurden in den Einigungskriegen neue großräumige Staatsgebilde, deren Bewohner mit gestärktem Selbstbewußtsein in den niemals endenden Wettbewerb der Nationen um Rang und Ansehen eintraten. In den 60er Jahren des vergangenen Jahrhunderts setzte die große Freihandelsperiode ein, die das Gesicht der Welt so entscheidend veränderte. Wie kein anderes Prinzip im Völkerleben hat es die liberale Idee vermocht, die größte zusammenhängende Friedensperiode zu schaffen, die erst mit dem verhängnisvollen Jahr 1914 endete. Soweit es nach 1871 kriegerische Auseinandersetzungen gab, erfolgten sie am Rande der sich entwickelnden Weltzivilisation.

Das Land, in dem der wirtschaftliche Liberalismus zuerst gedacht worden war, Großbritannien, wurde auch der Vorkämpfer des freien Handels und damit der Wegbereiter für die geschichtliche Epoche, in der Handel und Wandel blühten wie nie zuvor.

Schritte auf diesem Wege waren die Aufhebung der Privilegien der alten East India Company, die Aushöhlung und schließliche Aufhebung der Cromwellschen Navigationsakte (1849), die Zulassung fremder Kaufleute in den angestammten Handelsräumen und schließlich die Begründung von Freihäfen, zuerst in Singapore, dann in Hongkong und in China.

Auf der Basis dieser liberalen Auffassung konnte sich in den kommenden fünfzig Jahren die internationale Arbeitsteilung, wie sie den klassischen Nationalökonomen als Ideal vorgeschwebt hatte, voll entfalten. Die fünf Kontinente, die vorher ein weitgehend isoliertes Dasein geführt hatten, traten in enge und dauerhafte Berührungen. Von allen Seiten gingen fortan starke Impulse auf den Welthandel aus, nicht zuletzt von den Vereinigten Staaten von Amerika, dem lockenden Magnet für die europäischen Auswanderer."[33]

Aber diese Epoche fiel auch zusammen mit dem Zeitalter des Imperialismus und seinen teilweise häßlichen Auswüchsen, an denen unter dem Ordnungssystem der „Pax Britannica" alle westlichen Großmächte in unterschiedlichem Maße beteiligt waren.[34]

Bis zur deutschen Einigung dauerte es jedoch noch 20 Jahre, und inzwischen mußte sich der deutsche Außenhandelskaufmann in den ostasiatischen Ländern, auf sich allein gestellt und ohne staatliche Rückendeckung, seine Geschäftsverbindungen knüpfen und ausbauen.[35]

Die ersten deutschen Handelsniederlassungen in Ostasien – Reedereigeschäft für eigene Rechnung (1840–1885)

Singapore

Der Brite Stamford Raffles hatte als einer der großen Pioniere im Jahre 1819 Singapore aus einem Seeräubernest mit nur 150 Eingeborenen zu einem Freihafen gemacht und damit den Grundstein für eine großartige Entwicklung gelegt, die diesen Stadtstaat innerhalb kürzester Zeit neben einem wertvollen britischen Flottenstützpunkt zu einem Zentrum des Fernosthandels werden ließ. Dort gründete im November 1840 der 22jährige Hamburger Theodor August Behn als einer der ersten Deutschen zusammen mit seinem Freund Valentin Lorenz Meyer eines der bedeutendsten Handelshäuser des ostasiatischen Raumes Behn, Meyer & Co. Für lange Jahre war diese Firma dann später als erfolgreiche Agentur des Reichspostdampferdienstes für den Nordd. Lloyd und seit 1898 auch für die Hapag tätig.

Während die Frachtschiffe damals noch um das Kap fuhren, wählten die Reisenden den kürzeren Weg mit dem Schiff bis Suez, um die Landenge in Karren, „vans" genannt, zu überqueren. Als Behn 1843 nach Europa reiste, gelangte er von Suez nach Kairo nach siebenmaligem Pferdewechsel und einer Übernachtung. Später wurde eine Eisenbahn gebaut. Den gleichen Weg wie die Reisenden nahm auch die Post. Ein Brief von Hamburg nach Batavia soll 1845 „nur noch" 48–50 Tage benötigt haben. Erst die Transportrevolution des Dampfschiffes und die Erbauung des Suezkanals (1869) schaffte dann die technischen Voraussetzungen, um den internationalen Seehandel sprunghaft ansteigen zu lassen und damit dem Außenhandel zu einem bis dahin ungekannten Aufschwung zu verhelfen.[36]

Singapore gewann für den Hamburgischen Handel zunehmend an Bedeutung. Dieser Platz wurde, wie wir aus der Chronik des Ostasiatischen Vereins erfahren, „der wichtigste Mittler im Verkehr zwischen China und Suez über Indien. Im Jahre 1845 liefen in Singapore aus den Hansestädten neun Schiffe ein, während

Freundschafts-, Handels-

und

Schifffahrts-Vertrag

zwischen

dem Königreiche Siam

und

den freien Hansestädten,

unterzeichnet zu Bangkok am 25. October 1858.

———◆———

Die Ratificationen des Vertrages sind am 28. August 1861 zu Bangkok

ausgewechselt worden.

———◆———

Hamburg 1862.

Gedruckt bei Theodor Gottlieb Meißner, Eines Hohen Senats Buchdrucker.

Freundschafts-, Handels-

und

Schifffahrts-Vertrag

zwischen

den Staaten des Deutschen Zoll- und Handelsvereins, den Großherzogthümern Mecklenburg-Schwerin und Mecklenburg-Strelitz, sowie den freien Hansestädten Lübeck, Bremen und Hamburg

und

dem Kaiserreiche China.

———

Abgeschlossen und unterzeichnet zu Tient-sin, den 2. September 1861.

———

Die Ratifications-Urkunden sind am 14. Januar 1863 zu Shanghai ausgewechselt.

———

Hamburg 1863.

Gedruckt bei Theodor Gottlieb Meißner, Eines Hohen Senats Buchdrucker.

Arkona, Thetis und Frauenlob, die Schiffe der preußisch-ostasiatischen Expedition.

◁◁◁
Die königlich-preußische Delegation unter Leitung des Gesandten Graf Friedrich zu Eulenburg schloß auf ihrer Ostasienreise an Bord eines preußischen Geschwaders Freundschafts-, Handels- und Schiffahrtsverträge mit Japan, China und dem Königreich Siam in den Jahren 1861/62. Hamburg gelang es, bereits 1858 mit dem Königreich Siam einen solchen Vertrag für die Freie und Hansestadt abzuschließen

Die preußische Mission unter Leitung des Gesandten Graf Friedrich zu Eulenburg schloß am 2. Sept. 1861 für die Staaten des Deutschen Zoll- und Handelsvereins sowie der drei Hansestädte Lübeck, Bremen und Hamburg mit dem Kaiserreich China einen Freundschafts-, Handels- und Schiffahrtsvertrag

◁◁
Der Leiter der preußisch-ostasiatischen Expedition 1859/1862 Graf Friedrich zu Eulenburg

◁◁
Kapitän Sundewall, Befehlshaber der preußisch-ostasiatischen Expedition, und Kapitän Jachmann, Kommandant S.M. Schiff „Thetis"

◁◁
Die Schiffe der preußisch-ostasiatischen Expedition, die Schraubenkorvette „Arkona", die Fregatte „Thetis" und der Segler „Frauenlob", vor dem Auslaufen auf der Reede von Stralsund im Winter 1859

Die preußisch-ostasiatische Expedition. Die „Thetis" im Sturm in der Nacht vom 21. zum 22. November 1859

Die große Pagode in Bangkok und Auffahrt der königlich-preußischen Gesandtschaft zur Audienz beim ersten König von Siam im Februar 1862

▷
Die japanische Gesandtschaft in Europa ein Jahr nach Abschluß des Handels- und Schiffahrtsvertrages zwischen Preußen und Japan am 24. Januar 1861:
oben:
Shibata, Sadataro Hyuga-no-Kami*
unten v.l.n.r.:
Matsudaira, Yasunao Iwami-no-Kami, Takeuchi, Yasunori Shimotsuke-no-Kami, Kyogoku, Takaaki Noto-no-Kami

* Das Wort no-Kami ist eine japanische Titelbezeichnung, die einem deutschen „Oberbürgermeister" entspricht.

dorthin 15 Schiffe abgefertigt wurden. Im Jahre 1856 wurden in Singapore im einkommenden Verkehr 59 deutsche Schiffe registriert, darunter 45 hamburgische, 13 bremische und ein mecklenburgisches Schiff. Der Handelsverkehr zwischen Hamburg und Singapore erreichte bald ein beachtliches Ausmaß. Im Jahre 1845 betrug die Einfuhr aus dem britischen Freihafen bereits eine Höhe von 550.000 Mark Banco. Im gleichen Jahr hatten die Importe aus Niederländisch-Indien eine Höhe von 400.000 Mark Banco. Während in den folgenden Jahren die Zufuhren aus Indonesien abnahmen, entwickelte sich der Handelsverkehr mit Singapore kontinuierlich aufwärts."[37]

Hamburg wurde damit ein wichtiger Umschlags- und Lagerplatz für den Handelsverkehr mit Südostasien; die Bedeutung des Londoner Transitplatzes trat für die Versorgung Kontinentaleuropas zurück. Auch zwischen Hamburg und Penang entwickelte sich Ende der fünfziger Jahre ein direkter Schiffsverkehr. Bereits 1857 wurde dort ein hamburgisches Konsulat errichtet.[38]

Philippinen

Zwischen den Philippinen und den Hansestädten entwickelte sich der Seeverkehr nur schleppend. Ursache waren die jahrhundertelangen restriktiven Handelspraktiken der Spanier, die den Zutritt ausländischer Unternehmen erst ab 1829 gestatteten. Von Manila bestand die erste direkte Einfuhr Hamburgs 1794 aus Häuten, Campecheholz, Perlmutt und Pfeffer. In den fünfziger und sechziger Jahren brachten einige Schiffe Zucker, Hanf ("Manila-Taue") und Tabak aus Manila nach Hamburg und Bremen. Ausgeführt wurden Schinken, Spirituosen und Bier. Nach Aufhebung des spanischen Handelsmonopols in Manila 1858 und der Zulassung fremder Flaggen in drei weiteren Häfen beteiligten sich Schiffe der Hansestädte verstärkt vor allem im Küstenverkehr nach anderen Häfen Südostasiens.[39]

Deutsche Trampschiffahrt und chinesische Küstenfahrt

Eines der interessantesten Kapitel der Ostasienfahrt bildete der wachsende Anteil von Segelschiffen deutscher, insbesondere Hamburger Reedereien in den 50er und 60er Jahren in der sog. Chinesischen Küstenfahrt. Es war ein reiner Trampverkehr von ganzen Schiffsladungen

zwischen Häfen entlang der chinesischen Küste, der sogenannten „wilden Fahrt", je nach Angebot und Nachfrage. Diese Küstenfahrt war aber nicht nur auf die fünf chinesischen Vertragshäfen beschränkt, sondern erstreckte sich auch auf Häfen wie Bangkok, Saigon, Macao, Manila und andere Philippinenhäfen, Häfen der australischen Ostküste sowie in der Mandschurei und in Ostsibirien.[40]

Grund für die rege Beteiligung westlicher Reedereien an dieser Küstenfahrt in der Zeit zwischen 1850 und 1870 war ihre überlegene Segeltechnik, die es ihnen gestattete, gegen den Monsun anzukreuzen, was die ansonsten durchaus seetüchtigen Dschunken der Asiaten nicht vermochten. Diese konnten im Nordostmonsun (Oktober bis April) jeweils nur eine Reise nach dem Süden machen und im Südwestmonsun (April bis Oktober) eine nach dem Norden, während ihre westlichen Konkurrenten ein Mehrfaches zu leisten in der Lage waren. Politische Voraussetzung war die Zulassung fremder Flaggen zur Küstenfahrt seitens der chinesischen Regierung – etwas Einmaliges, das es damals an keiner anderen Küste gab.[41]

Regelmäßige Reistransporte von Südwesten nach Nordosten, aber auch Bohnen, Zucker und Kohle bildeten die Hauptladung. Die chinesischen Anlaufhäfen waren schon damals Großstädte mit zusammen mehr als zweieinhalb Millionen Einwohnern, also bereits ohne ihr Hinterland ein bedeutender Absatzmarkt für die obigen Massengüter. Von 1850 bis 1864 stieg der Anteil deutscher Schiffe allein in Hongkong von 10 auf 315, die nur von 1043 britischen Schiffen übertroffen wurden. Auch die wachsende Bedeutung Shanghais spiegelte sich in der Steigerung der hamburgischen Flagge ab 1860 mit 39 Schiffen und 1863 mit bereits 162 Ankünften wider. Die durchschnittliche Tragfähigkeit der Segler lag bei 275 tons. In den 50er und 60er Jahren schickten weit über 150 Hamburger Reeder einzelne ihrer Schiffe in dieses neue Fahrtgebiet. Die Deutschen, die Mehrzahl Hamburger und Bremer Schiffe, standen damit an dritter Stelle der Verkehrsbeteiligung.[42]

Als Gründe, warum sich die chinesische Küstenfahrt damals innerhalb weniger Jahre zu einem der bedeutendsten Fahrtgebiete der Hamburger Handelsflotte entwickelte, waren sicher eine Reihe von Faktoren maßgebend, insbesondere die zuneh-

mende Konkurrenz der Dampfer in den großen Verkehren des Nord- und Südatlantik, die immer mehr Segelschiffe in die weltweite Trampfahrt ausweichen ließ, aber auch die politische Zuspitzung der Schleswig-Holstein-Frage 1863/64 mit der erneuten Elbblockade durch die Dänen, die nicht wenige Kapitäne bewogen haben mag, draußen zu bleiben, schließlich die lohnenden Frachten im Vergleich zu anderen Verkehren sowie ein günstiger Markt für Schiffsverkäufe: 1859/66 wechselten dort 58 Hamburger Schiffe ihren Besitzer. Es war eines der letzten großen Fahrtgebiete, in denen die aus Holz gebauten Windjammer nach und nach verbraucht wurden, ehe man sie abstieß.[43]

Japan: Die schwierige diplomatische Situation der Hansestädte in Ostasien ohne eigene Staatsgewalt

Unmittelbar nachdem Kommodore Perry für sein Land ein Abkommen mit der japanischen Regierung geschlossen hatte, begann man auch in Hamburg und Bremen sich um die Anbahnung von Handels- und Schiffahrtsbeziehungen zu bemühen. Hier zeigte sich einmal mehr, wie nachteilig sich die fehlende staatliche Macht für Außenhandelsaktivitäten der beiden Hansestädte auswirkte.

Als erster deutscher Kaufmann, der offizielle Beziehungen mit Japan für Deutschland anzuknüpfen suchte, wirkte 1855 Fr. August Lühdorf. Er war Supercargo der von der amerikanischen Regierung gecharterten Brigg „Greta" (350t) der Firma Wm. Pustau & Co. – ältestes deutsches Handelshaus in Kanton –, die das amerikanische vor Hokkaido liegende Geschwader mit 200 tons Kohlen zu versorgen hatte. Lühdorf richtete über den Gouverneur von Shimoda-Nagasaki zusammen mit dem Kapitän ein schriftliches Gesuch bei dem Shogun ein, mit der Bitte, die japanischen Häfen auch für die Deutschen zu öffnen und einen Handelsvertrag mit Deutschland – er verstand darunter alle 35 deutschen Staaten einschließlich Österreich! – abzuschließen. In der offiziellen Antwort aus Tokio hieß es höflich, daß er bei ihnen als Amerikaner gelte, daß aber ein mit den nötigen Vollmachten und Beglaubigungsschreiben versehener Gesandter der deutschen Staaten die gleiche Berücksichtigung erhalten werde wie die Gesandten der bereits mit Japan befreundeten Mächte. Anscheinend sind diese ersten politischen Kontakte und ihr bemerkenswerter Notenaustausch dem Auswärtigen Amt in Berlin völlig unbekannt geblieben, und es sollten noch fünf Jahre vergehen, bevor die Schraubenkorvette „Arkona" am 4. September 1860 mit der preußischen Delegation unter Leitung des Grafen Eulenburg an Bord in der Bucht von Tokio vor Anker ging.[44]

Es zeugt von dem damals noch herrschenden Geist abendländischer Zusammenarbeit in Ostasien, daß Eulenburg bei den übrigen westlichen Gesandten alle Unterstützung fand. Der französische Gesandte hatte die ganzen Vorverhandlungen für Preußen geführt, der amerikanische Vertreter Townsend Harris lieh ihm auf die Dauer der Verhandlungen seinen ausgezeichneten Dolmetscher Huysken, der tragischerweise unmittelbar nach Abschluß der Verhandlungen von fremdenfeindlichen Elementen auf der Straße niedergeschlagen wurde.[45]

Als dann nach langwierigen Verhandlungen der Freundschafts- und Handelsvertrag am 24. Januar 1861 schließlich nicht zuletzt dank der tatkräftigen Fürsprache des angesehenen und einflußreichen amerikanischen Gesandten Harris unterzeichnet wurde, hatten sich die japanischen Minister geweigert, ihn außer auf Preußen auch noch auf weitere 34 deutsche Potentaten einschließlich der drei Hansestädte auszudehnen. Dieses gelang Eulenburg erst ein Jahr später in den Verträgen mit Peking und dem Königreich Siam.

Nicht ohne einen Anflug von Ironie schrieb Eulenburg noch am gleichen Tag aus Tokio an seinen Bruder: „Eben, als ich ankam, war der Befehl an alle Deutschen, die in Yokohama wohnten, ergangen, das Land zu verlassen. Jetzt habe ich den Preußen das Recht erteilt zu bleiben; preußische Schiffe werden sehr lebhaften Handel zwischen China und Japan betreiben können, aber auch nur preußische, nicht hannoversche, oldenburgische oder hamburgische. Deutsche, die sich in Japan niederlassen wollen, müssen Preußen werden oder wenigstens für solche sich ausgeben. Wer von Deutschland aus Waren nach Japan verschiffen will, muß sich dazu preußischer Schiffe bedienen. So wird Deutschland hier für die nächsten zehn bis zwanzig Jahre nur durch die schwarzweiße Flagge repräsentiert sein, und ich denke: C'est précisément ce qu'il faut (das ist genau das, was wir brauchen)."[46]

Dieser Vertrag kam buchstäblich in letzter Minute zustande, da aufgrund der ausländerfeindlichen innenpolitischen Spannungen Japan für die nächsten zehn Jahre alle weiteren Verträge mit anderen westlichen Staaten ablehnte. Erst nach der Gründung des Norddeutschen Bundes gelang es Bismarck, 1869 die Gültigkeit des Vertrages auch auf alle Mitglieder des Bundes einschließlich der drei Hansestädte auszudehnen. Der erste preußische Geschäftsträger Max von Brandt bemerkte dazu, daß die drei Städte eben sich hatten anschicken wollen, den holländischen Schutz für ihre Flaggen in Japan zu erbitten![47]

So wenig befriedigend wie die vertragliche Regelung entwickelte sich auch der Seeverkehr zwischen deutschen Häfen und Japan. So liefen 1862 nur zwei Hamburger Schiffe Japan an, ein weiteres 1869 und nach zweijähriger Unterbrechung ein Schiff 1871. Das erste Schiff mit Ladung aus Japan traf 1874 in Hamburg ein. 1862 wurde auch Hyogo als Vertragshafen geöffnet, unweit des Dorfes Kobe, das die Niederlassung für die Fremden werden sollte. Dort wurde ein Gebiet von 50 ha an die Vertragsmächte übergeben.[48]

Als erstes deutsches Unternehmen etablierte sich am 1. Juli 1859 in Japan die Firma L. Kniffler & Co., die Vorgängerin des heutigen Ostasienhauses C. Illies & Co., und stellte sich unter holländischen Schutz. Man sprach damals in Nagasaki noch holländisch, denn solange es keine starken Handelsbeziehungen zwischen Deutschland und Japan gab, lernte eben kein japanischer Kaufmann deutsch, sondern außer holländisch nur noch englisch.[49]

Erst mit dem Sieg der Kaiserpartei 1868 und der Verlegung des Sitzes des Tenno von Kyoto nach Tokio änderten sich jedoch die Verhältnisse. Ein kaiserlicher Erlaß verkündete 1869 das Programm der „neuen Ära", „Meiji-Ära" genannt: eine parlamentarische Regierung, eine neue Verfassung und Verwaltung sowie wirtschaftliche und soziale Reformen. Ziel der Reorganisation wurde, Japan den ihm zukommenden Platz unter den Großmächten zu erringen. Nun begann der wirtschaftliche Aufschwung des Landes und führte zu der beispiellos kurzen Metamorphose Japans von einem mittelalterlichen Feudalstaat zu einer straff geführten modernen Großmacht, als welche sie sich mit dem Angriff japanischer Torpedoboote auf das russische Geschwader vor Port Arthur am 9. Februar 1904 einer erstaunten Welt präsentierte.[50]

Die ersten Jahre nach Öffnung der Häfen waren für die deutschen Außenhandelskaufleute in Japan außerordentlich schwer, denn der Haß auf die Fremden, die die Japaner am liebsten wieder außer Landes gejagt hätten, sowie die nur zögernd vorgenommene Umwandlung des altjapanischen Reiches behinderte die Entwicklung, so daß der Warenaustausch nur langsam zunahm.

Die Firma L. Kniffler & Co. überstand die erste Pionierzeit ungeschwächt. Seit Beginn der achtziger Jahre nahm der Handel sprunghaft zu. Die rasche japanische Industrialisierung vermehrte den Warenaustausch. Japans politische Bedeutung in Asien kam seit dem Ende des 19. Jahrhunderts in einer immer größeren wirtschaftlichen Ausdehnung zum Ausdruck. An diesem Wirtschaftsaufschwung hatte das seit 1880 von Carl Illies sen. unter dem Namen C. Illies & Co. geführte Unternehmen, aber auch andere namhafte deutsche Häuser wie H. Ahrens & Co. erheblichen Anteil. Der in Lilienthal bei Bremen geborene Heinrich Ahrens war ebenfalls Anfang der 60er Jahre auf einem Segelschiff nach Japan gekommen und hatte sich unter großen Entbehrungen mit unermüdlichem Fleiß hochgearbeitet, um am 1. Januar 1869 dort eines der ältesten deutschen Handelshäuser zu gründen. An allen Hafenplätzen, die 1859 geöffnet wurden, hatten beide Firmen Niederlassungen eingerichtet und die Zahl ihrer Mitarbeiter ständig erhöht.[51]

Thailand

Mit dem einzigen großen Land Hinterindiens, das seine territoriale Unabhängigkeit im 19. Jahrhundert zu bewahren vermochte, dem Königreich Siam (Thailand), konnten die Hansestädte Lübeck, Hamburg und Bremen bereits 1858 einen Freundschafts-, Handels- und Schiffahrtsvertrag abschließen und damit den Außenhandelsbeziehungen einen vertraglich abgesicherten Status verleihen. Sie waren damit Preußen und dem Zollverein um vier Jahre vorausgeeilt. Bestrebungen, auch mit dem weißen Rajah von Sarawak, Sir James Brook, einen ähnlichen Vertrag zu schließen, führten trotz der Vermittlung des hamburgischen Konsuls in Singapore, Arnold Otto Meyer, indes nicht zum Ziel.

Der Seeverkehr mit Siam stieg unmittelbar darauf an. Während 1858 in Bangkok lediglich drei hamburgische Schiffe registriert wurden, liefen den Hafen im Jahre 1860 bereits

Das 3-Mast-Vollschiff „Neckar" der Hapag, das
1858 für den Nordatlantik-Dienst zur
Ablieferung kam, wurde ab 1859 für mehrere
Reisen mit guten Ergebnissen in der Chinafahrt
beschäftigt

20 hamburgische und 20 bremische Segler an. Der direkte Handelsverkehr zwischen Siam und deutschen Plätzen war damals noch gering. Zwischen 1858 und 1871 trafen in Hamburg jährlich nur ein bis vier Schiffe aus Siam ein.[52]

Auch in Thailand erlangten deutsche Handelshäuser große Bedeutung. Die in Bangkok 1870 von britischen Staatsangehörigen errichtete Firma Windsor & Co. wurde in den neunziger Jahren von Lübecker und Hamburger Kaufleuten übernommen. Dieses Unternehmen stand schon damals unter den in Siam tätigen Firmen an erster Stelle. Ebenfalls zu einem Handelshaus von Rang und Namen entwickelte sich die 1878 gegründete Firma B. Grimm & Co. Beide Firmen unterhielten sehr gute Beziehungen zum königlichen Hof und zur Regierung, woraus erhebliche Staatsaufträge an die deutsche Industrie für die Entwicklung des Landes resultierten. Im Jahre 1914 nahmen die beiden deutschen Häuser neben der dänischen East Asiatic Co. eine führende Stellung ein.[53]

Indochina

Über die handelspolitische Entwicklung Indochinas zitieren wir als wichtigste Quelle noch einmal auszugsweise aus der bereits erwähnten Schrift des Ostasiatischen Vereins:

„In Hinterindien hat der deutsche Handel – von Thailand abgesehen – nur vereinzelt Fuß fassen können. In Indochina besaß um 1850 die Firma C. Woermann Niederlassungen, die sie jedoch später wieder zugunsten der afrikanischen Interessen aufgab. 1858 setzten sich die Franzosen in Indochina fest. Ihre kolonialen Erwerbungen entwickelten sich aber erst ab Mitte der sechziger Jahre; vor allem trat Saigon bald mit dem benachbarten Bangkok in einen fühlbaren Wettbewerb. Als Frankreich 1871 unterlegen war, machte der Reeder Peter Rickmers den Vorschlag, von Frankreich die Abtretung von Saigon zu verlangen, eine Anregung, die jedoch in Berlin keine Gegenliebe fand. In der folgenden Zeit gelangten auch Annam und Tongking an Frankreich. Im Jahre 1888 wurden alle bisher erworbenen französischen Gebiete in Hinterindien zu einer einheitlichen Kolonie Französisch-Indochina zusammengefaßt. 1893 kam Laos hinzu. Über alle diese Teile Hinterindiens hatte früher China eine zumindest nominelle Oberhoheit ausgeübt.

In Saigon entwickelte sich nach 1873 die deutsche Firma Speidel & Co., eine Gründung zweier Brüder aus Württemberg, die sich in der folgenden Zeit auf die gesamte Kolonie ausdehnte. Das Unternehmen errang in diesem Teil Ostasiens eine führende Position. In seiner Hand lagen viele Vertretungen von Industrie, Bank-, Versicherungs- und Schifffahrtsfirmen. Das Haus hatte ständig rund fünfzig europäische Mitarbeiter, meistens Schwaben. In Saigon gab es einen Deutschen Club. Im übrigen war in der französischen Kolonie nur beschränkt Raum für die Betätigung des fremden Handels. Die liberale Periode Frankreichs hatte nur kurze Zeit angehalten. Man kehrte bald wieder zum schutzzöllnerischen Protektionismus zurück. Max von Brandt urteilt in seinen Erinnerungen über die damalige Politik Frankreichs: „Was Frankreich an Kolonialbesitz erwirbt, ist teilweise für die übrige Welt verloren, und würde es ganz sein, wenn die Regierung die Möglichkeit sähe, fremde Mitbewerber völlig auszuschließen."[54]

Rußlands Drang zum Pazifik (1852–1905): Ostsibirien

Eine weitere europäisch-asiatische Großmacht trat ab Mitte des vorigen Jahrhunderts als politischer Faktor auf dem ostasiatischen Schauplatz immer stärker als Mitbewerber mit expansiven Zielen in Erscheinung, das zaristische Rußland. Fast gleichzeitig mit den USA, die 1848 an die Pazifikküste Kaliforniens gelangt waren und ihr Mitspracherecht von da an als Pazifikstaat mit wachsendem Gewicht zur Geltung brachten, war auch Rußland 1852 durch die Errichtung des Pazifik-Stützpunktes Nikolajewsk an der Mündung des Amur ins politische Rampenlicht getreten. Bereits 1636 waren die Russen an den Amur gelangt, und der von Zar Peter I. 1689 mit dem chinesischen Kaiserreich abgeschlossene Vertrag von Nertschinsk regelte für 150 Jahre die Abgrenzung der überlappenden Interessensphären. Nachdem England und Frankreich im Krimkrieg 1855 Rußland den Weg aus dem Schwarzen ins Mittelmeer versperrt hatten, wandte Rußland nun seine Blicke nach dem Fernen Osten, und bereits zwei Jahre später konnte es das bereits durch die Auseinandersetzungen mit den Westmächten geschwächte Kaiserreich China veranlassen, einen großen Teil des Amurbeckens an Rußland abzutreten. Dies markierte den Beginn der russischen Expansion in Ostasien.[55]

Da Nikolajewsk nur fünf Monate im Jahr eisfrei ist, wurde bereits 1860 Wladiwostok zum neuen Flottenstützpunkt ausgebaut. 1864 gründeten dort zwei Hamburger Kaufleute die Firma Kunst & Albers, die in den folgenden fünf Jahrzehnten das größte Handelshaus Ostsibiriens werden sollte. 1869 zählte Wladiwostok erst 600 Einwohner, 1902 waren es bereits 100.000.[56]

Bis zu 40 Rostocker Segler fuhren in den sechziger Jahren in russischer Charter zwischen Europa und den sibirischen Häfen Wladiwostok, Ochotsk und der Halbinsel Kamtschatka, zumeist mit Getreide aus russischen Ostseehäfen und Kohle aus Wales. Es waren die an Seemeilen längsten Segelschiffsreisen der Welt.[57]

Von Hamburg wurden zwischen 1858 und 1870 an den Amur eins bis acht Schiffe jährlich abgefertigt. Ab 1860 begann die Firma F. A. Lühdorf mit vier kleineren in Hamburg gebauten Dampfern eine regelmäßige Flußschiffahrt auf dem Amur. Es war derselbe Lühdorf, der uns bereits als Supercargo der deutschen Brigg „Greta" 1855 in Japan als Initiator offizieller deutsch-japanischer Beziehungen begegnete. Er wurde 1862 Hamburgischer Konsul in Nikolajewsk.[58]

1871 wurden von der Firma Kunst & Albers direkte Schiffsexpeditionen von Wladiwostok nach Hamburg aufgenommen. In jenen Tagen brauchte ein Dampfer von Hamburg nach dem entfernten Wladiwostok noch drei Monate.

Erste Abnehmer von auf dem Seeweg herangebrachten Waren wurden die Garnisonen, während der russische Export von dort noch stark unterentwickelt war. Kunst & Albers tätigte um diese Zeit den ersten Lieferkontrakt mit der russischen Marine, der eine fruchtbare Zusammenarbeit einleitete.

„Die Firma lieferte praktisch alles. Für die russischen Behörden, für die Armeestützpunkte und für die Marine war das deutsche Handelshaus als Lieferant fast unentbehrlich geworden. Wichtigste Ausfuhrgüter bildeten damals sibirischer Lachs, roter Lachskaviar, ferner Rauchwaren, wie insbesondere Zobel, sowie blaue, schwarze und weiße Füchse. Kunst & Albers nahmen auch die industrielle Produktion auf, wie die Farbenfabrikation in Wladiwostok. Ihre 1889 neugebaute Zentrale in Wladiwostok lieferte das erste elektrische Licht in Ostsibirien."[59]

Eine großzügige Kreditpolitik der Firma Kunst & Albers, die die Bezahlung landwirtschaftlicher Maschinen durch die russische Landbevölkerung auf zwei Ernten verteilte, trug wesentlich zu einer Großabnahme von deutschen Industrieprodukten bei. Unvergessen blieb für viele Nordchinesen, daß Kunst & Albers während des Boxeraufstandes und dem daraus erwachsenen Flüchtlingsstrom über die Grenze unzähligen Chinesen in ihren Häusern vor dem sicheren Tod Schutz gewährte. Die Firma übernahm die Vertretung bedeutender europäischer und japanischer Gesellschaften und einer ihrer Gesellschafter, Georg von Dattan, wurde 1887 erster deutscher Konsul in Wladiwostok.

Die Firma bereederte bis zur Eröffnung des Reichspostdampferdienstes und der Übernahme der Vertretungen des Norddeutschen Lloyd, der Hapag und der Rickmers Linie eigene Dampfer und hatte jeweils während der eisfreien Periode eine Anzahl deutscher und norwegischer Küstendampfer in Charter, auf denen sie im Frühjahr Zehntausende chinesischer Saisonarbeiter aus dem Schantunggebiet nach dem Norden und im Herbst wieder zurückbeförderten. In der Zwischenzeit versorgten diese Schiffe die kleinen russischen Häfen bis zur Bering-See mit Gebrauchsgütern. 1913 belief sich der Umsatz dieses Unternehmens mit 33 Niederlassungen und 1.400 Mitarbeitern auf 40 Mio. Goldmark.[60]

China (1842–1885)

Die Handels- und Schiffahrtsbeziehungen zwischen Deutschland und China wuchsen in den vierziger und fünfziger Jahren nur langsam. In einem Zusatzabkommen vom Oktober 1843 zwischen Großbritannien und China wurden auf chinesische Initiative die Vertragshäfen auch anderen ausländischen Mächten geöffnet und stillschweigend auch den Hansestädten Meistbegünstigung eingeräumt. Von chinesischen Häfen kommend liefen in Hamburg im Jahre 1845 drei Schiffe ein. Die Zahl stieg 1850 auf zwölf und erreichte 1865 einen vorläufigen Höhepunkt von sechzehn Ankünften. Im Direktverkehr war die Bremer Flagge zwischen 1857 bis 1871 in den chinesischen Vertragshäfen mit 26 Ankünften und 63 abgehenden Schiffen vertreten. Bevorzugte Häfen dieser Zeit waren Kanton, Macao, Shanghai und das britische Hongkong.[61]

Die dominierende Stellung der Engländer im Fernen Osten, die sie aus der Zeit, als Kanton noch einziger Platz für den auswärtigen Handel war, als Quasimonopol ausübten, hielt auch nach Öffnung der Vertragshäfen für geraume Zeit an, wie nachfolgende Statistiken verdeutlichen: 1844 waren englische Firmen am Gesamtimport Chinas mit 15,5 Mio. Dollar beteiligt, gefolgt von den USA mit nur 1,3 Mio., während für Rechnung deutscher Firmen Waren im Werte von nur 120.000 Dollar verschifft wurden. Denn die neuankommenden Mitbewerber hatten zunächst gegenüber den „merchant princes", wie sich die alteingesessenen Firmen wie Jardine, Dent usw. nannten, einen schweren Stand. Dennoch gelang es den Deutschen durch Fleiß und Sparsamkeit, ihre chinesischen Geschäftsverbindungen stetig und erfolgreich auszubauen und ihre Niederlassungen zu potenten Häusern zu entwickeln.[62]

Stellvertretend für eine Reihe dieser großen deutschen China-Handelshäuser sei hier nur die Firma C. Melchers & Co., Bremen, genannt, die am 1. Januar 1866 die Firma Melchers & Co. in Hongkong gründete und aufgrund ihres erfolgreichen Import-, Export- und Schiffahrtsgeschäftes in den folgenden Jahren Niederlassungen in Shanghai (1877), Hankow (1884), Canton (1892), Tientsin (1898) und weiteren acht bedeutenden Handelszentren in China eröffnete und auf umfangreichem eigenen Grundbesitz Verarbeitungsbetriebe für chinesische Produkte errichtete. Die Firma Melchers wurde unmittelbar nach Eröffnung des Reichspostdampferdienstes auch zu Generalagenten des Norddeutschen Lloyd in China und Hongkong ernannt und ist bis zur Gegenwart unserem Unternehmen auf das engste verbunden geblieben.[63]

Der spätere deutsche Gesandte Max von Brandt lobte die fürstliche Gastfreundschaft, die ihm als Begleiter der Eulenburg-Mission im März 1861 im Hause von Herrn Wilhelm Probst, dem Inhaber der Firma Wm. Pustau & Co., in dem sich rasch entwickelnden Shanghai zuteil wurde. Der Gastgeber hatte seinen Gastfreunden sein ganzes Haus mit der vollständigen Einrichtung, mit Küche und Keller und der ganzen Dienerschaft zur Verfügung gestellt.

Über Shanghai berichtete von Brandt: „Als Ergebnis gemeinsamer Tätigkeit fremder Kaufleute wurde in verhältnismäßig kurzer Zeit eine Niederlassung geschaffen, die an äuße-

rem Ansehen und innerer Ordnung alles weit hinter sich ließ, was wir in Preußen an Städten mittlerer Ordnung und nicht nur in diesen zu sehen gewohnt gewesen waren."[64]

Schiffahrt

Walter Kresse bemerkt in seinem minutiösen Bericht über die Fahrtgebiete der Hamburger Handelsflotte (1824–1888):
„Zu den Waren, die in den 70er Jahren per Segelschiff in ganzen Schiffsladungen von Futschou und Hongkong verfrachtet wurden, gehörten Tee, Cassia und Stuhlrohr. Sehr zahlreich waren diese Verschiffungen allerdings nicht. Es beteiligten sich an ihnen mit je zwei oder drei Reisen Berend Roosen, Ross, Vidal & Co., M. G. Amsinck, A. J. Hertz Söhne und mit fünf Schiffen Ferdinand Laeisz. Nach 1882 finden sich laut Protokollen der Zollyacht keine Hamburger Segelschiffe mehr in diesem Verkehr; er dürfte ganz auf die Liniendampfer übergegangen sein."[65]

Zur Einrichtung einer Dampferlinie nach Ostasien entschloß man sich in Hamburg 1871. Kurz nach Beendigung des deutsch-französischen Krieges wurde als erster Dampfer die „Sedan" der Fa. Joh. César Godeffroy & Sohn mit Ladung nach Singapore und China expediert. Wenige Wochen später erfolgte die Gründung der „Aktiengesellschaft Deutsche Dampfschiffs-Reederei zu Hamburg" mit einem Aktienkapital von 4,5 Mio. Mark. Mit der Leitung wurden eine Reihe prominenter Reeder, die bereits seit Jahren in der östlichen Hemisphäre aktiv waren, betraut: Albrecht P. O'swald, H. Krogmann (i. Fa. Wachsmuth & Krogmann), Gustav Godeffroy und O. Puttfarcken. O'swald übernahm als Initiator der Linie den Vorsitz im Direktorium. Makler wurde die Firma A. Kirsten.

Die Chinesen nannten dieses Unternehmen „Kingsin-Linie", dessen Name sich alsbald auch in Hamburg einbürgerte. Man erwarb zunächst fünf verhältnismäßig kleine Dampfer von zwischen 1.100 und 2.000 BRT und nahm mit diesen 1872 die Fahrt auf.

Angekündigt hatte die Reederei zunächst einen zweimonatlichen Dienst von Hamburg durch den Suezkanal nach Penang, Singapore, Hongkong und Shanghai, doch wurde dieser Fahrplan den Erfordernissen angepaßt, da das deutsche Ladungsangebot in der Anfangsphase

29

noch stagnierte. Gelegentlich fiel eine Abfahrt aus, häufiger fuhr ein zusätzlicher Dampfer. Außerdem wurde London in den ersten Jahren zur Komplettierung angelaufen in Konkurrenz zu den etablierten britischen Linien. Da die durchschnittliche Rundreisezeit sechs Monate betrug, waren im Linienverkehr nur drei bis fünf Schiffe erforderlich, so daß einige der 1874 auf neun Dampfer angewachsenen Flotte in Ostasien in der Trampfahrt beschäftigt wurden. So begnügte man sich von 1872 bis 1881 mit nur fünf bis zehn Reisen im Jahr.

Obwohl 1874 bereits alle neun Schiffe von Hamburg voll abgeladen ihre Reisen nach Ostasien antreten konnten und sich einmal mehr zeigte, daß in jenen Jahren der Handel noch stets der Flagge folgte, fuhr das Unternehmen in der zweiten Hälfte der 70er Jahre dennoch mit Verlust. Die Geschäftsleitung sah sich daher 1879 gezwungen, einen Kapitalschnitt von 3:2 der Aktien vorzunehmen. In dem folgenden Jahrzehnt konnte von wenigen Jahren abgesehen dann jedoch wieder eine Dividende verteilt werden.

Ab 1884 wurde der Dienst mit 12 Dampfern auf monatliche Abfahrten verdichtet. 1885 bis 1888 konnte das Tonnageangebot dann sukzessive auf 23 Schiffe erhöht und damit fast ein halbmonatlicher Dienst erreicht werden. Diese Verdichtung der Abfahrten führte zu einer wesentlichen Steigerung des Ladungsaufkommens von je 20.000 tons in beiden Richtungen 1884 auf ca. 70.000 tons im ausgehenden Verkehr und 60.000 tons heimkehrend in 1889.

1883 wurde zunächst versuchsweise jeder zweite Dampfer statt nach Shanghai nach Yokohama und Hiogo (Kobe) expediert. Ab 1885 geschah dies dann mit allen Schiffen, weil sich die an der Chinafahrt beteiligten britischen Linien zu einer Konferenz zusammengeschlossen hatten (Tarifgemeinschaft), um deren Mitgliedschaft sich die Kingsin-Linie vergeblich bemüht hatte, und weil ein Konkurrenzkampf gegen diese staatlich subventionierten Reedereien aussichtslos erschien. Shanghai wurde statt dessen mit einem Anschlußdampfer ab Hongkong bedient. Die Betätigung in der chinesischen Küstenfahrt schränkte man 1885 dagegen ein und gab sie 1886 ganz auf. Nach fünfzehnjähriger Anlaufphase war es somit den Hamburgern gelungen, einen halbwegs regelmäßigen, durchaus rentablen deutschen Frachtliniendienst zum

Fernen Osten zu etablieren. Diese Frachtdampfer waren jedoch zu klein und zu langsam und konnten zumeist auch ihre Rückreisetermine wegen Bedienung zusätzlicher Häfen nicht einhalten, so daß sie die deutsche Reichspostflagge nicht führen durften.[66]

Die Deutsche Dampfschiffs-Rhederei zu Hamburg, die sogen. Kingsin-Linie, eröffnete 1872 die erste deutsche Dampfer-Linie von Hamburg nach Ostasien. 1898 wurde sie mit ihrer gesamten Tonnage und Belegschaft von der Hapag übernommen

Der Norddeutsche Lloyd eröffnet die Reichspostdampferlinien (1886–1898)

Nach der Reichsgründung 1871 holte die deutsche Industrie den gewaltigen technischen Vorsprung Großbritanniens in den Folgejahren rasch auf, ja sie begann die britische Produktion ab Mitte der achtziger Jahre teilweise bereits zu überflügeln.[67] Die rasche Bevölkerungszunahme in Europa, die sich zwischen 1800 und 1914 trotz Massenauswanderung von rund 185 Mio. auf 452 Mio. beinah verdreifachte, konnte mit den nationalen Binnenwirtschaften und dem innereuropäischen Handelsaustausch nicht länger aufgefangen werden. Neue Absatzmärkte für die Industrie zur Finanzierung der erhöhten Rohstoff- und Lebensmitteleinfuhren aus Übersee wurden daher für die europäischen Nationen zur Existenzfrage. Allein in Deutschland vermehrte sich die Bevölkerung von 24,8 Mio. (1815) auf 35 Mio. (1850) und hat sich bis 1910 mit 65 Mio. fast noch einmal verdoppelt. In Japan lagen die Dinge ähnlich. Nur vor diesem Hintergrund wird das politische und wirtschaftliche Verhalten der westlichen Länder, aber auch Japans in der Zeit des sog. ‚Imperialismus' verständlich.[68]

Die technische Voraussetzung für den sich rasch entwickelnden Welthandel bildete die Revolution des Verkehrswesens durch die Dampfkraft und den Telegraphen, und das galt insbesondere auch für die Intensivierung des Handels Europas mit den Ländern Ostasiens und Südostasiens und verhalf ihm zu ganz neuen Dimensionen.[69]

Die Seeverkehrsverbindungen Deutschlands in diese Region, insbesondere nach China waren den wachsenden Ansprüchen des deutschen Außenhandels zu Beginn der 80er Jahre nicht länger gewachsen, so daß aufgrund wiederholter Beschwerden deutscher Überseekaufleute, aber auch in Konsulatsberichten eine Verbesserung des Verkehrsangebotes dringend geboten war. Diese Situation veranlaßte den Reichskanzler Otto von Bismarck am 27. 5. 1881, im Reichstag in einer Denkschrift die Errichtung von staatlich subventionierten regelmäßigen Post-Dampfschiffsverbindungen nach Ostasien und Australien zu beantragen.

In dieser bemerkenswerten Denkschrift hieß es u. a. „Die Bemühungen der deutschen Industrie, ständige Absatzmärkte für ihre Erzeugnisse in überseeischen Ländern zu gewinnen, haben bisher im Vergleich zu konkurrierenden Bestrebungen anderer Nationen keine befriedigenden Erfolge erzielt. Ohne gewisse positive Maßregeln wird auch eine nachhaltige Hebung des deutschen Exporthandels nicht zu erwarten sein, wenigstens nicht für China, wo in letzter Zeit der deutsche Handel von seiner bereits eingenommenen Stellung in bedauerlicher Weise herabgesunken ist."

„Zu den grundlegenden Stützen der Neuorganisation des deutschen Exporthandels gehört bei der heutigen Gestaltung des Verkehrs vielleicht als dringendstes Erfordernis die Herstellung einer regelmäßigen Frachtverbindung Deutschlands mit den überseeischen Absatzmärkten. Solange deutsche Produkte nur durch Vermittlung fremdländischer Frachtverbindungen den überseeischen Abnehmern zugeführt werden, solange das Angebot deutscher Waren nur in der Form gelegentlicher und vereinzelter Versuche auftritt, werden sich niemals feste Absatzverhältnisse zu jenen fernen Ländern herausbilden können."

„Die Notwendigkeit regelmäßiger nationaler Verkehrsverbindungen ist von den großen handeltreibenden Nationen längst erkannt worden. Die bestehende Dampfschiffsverbindung zwischen Deutschland und China durch eine Hamburger Linie ist ungenügend schon für den augenblicklichen Verkehr, noch mehr für eine weitere gesunde Entwicklung desselben. Dagegen würde eine regelmäßig zwischen China und Deutschland stattfindende Verbindung, nach der Erfahrung bei anderen Dampferlinien, bald eine Steigerung des direkten Handelsverkehrs hervorrufen und damit der vaterländischen Industrie nicht bloß den vermehrten Absatz, sondern auch den erleichterten Bezug vieler Rohstoffe ermöglichen."

„In dem Handelsbericht aus Shanghai für 1879 heißt es hierüber: ‚Im Interesse des deutschen Ausfuhrgeschäfts wäre es dringend zu wünschen, daß diese einzige zwischen Deutschland und China bestehende Dampfschiffsverbindung soviel mehr Unterstützung fände, daß häufigere mindestens vierwöchentliche Reisen planmäßig ausgeführt werden könnten.' Die durch die jetzige Linie gebotene Transportgelegenheit sei ‚zu selten und unregelmäßig, als daß die hiesigen Importeure bei telegraphischen Warenbestellungen auf ihre Benutzung rechnen könnten'."

Der Suezkanal und seine Eröffnung.

Von Geh. Rath Heinrich Stephan.

Erster Artikel.

Geschichte des Suezkanals.

1) Einleitendes.

Am 16. Nov. 1869 hat, der voraufgegangenen Ankündigung entsprechend, die Eröffnung des Suezkanals stattgefunden. Den Feierlichkeiten der Einweihung dieses welthistorischen Ereignisses, welche drei Tage währten, wohnten Angehörige aller fünf Welttheile bei. Gekrönte Häupter, geistliche und weltliche Würdenträger, Staatsmänner, Diplomaten und Offiziere, Männer der Wissenschaft, Kunst und Technik, Schriftsteller, Mitglieder des Handels- und Gewerbstandes und anderer Klassen der Gesellschaft, eine Volksmenge von über 30000 Köpfen war Zeuge der Eröffnung der neuen großen Völkerstraße zwischen Orient und Occident, zwischen der nördlichen und südlichen Hemisphäre unsers Erdballs. Die Flaggen fast aller cultivirten seefahrenden Nationen wehten auf den Gewässern, welche die Verbindung der beiden classischen Meere herstellen: des Meeres der Griechen und Römer und des Meeres der Indoaraber und Aegypter; des Meeres, welches das Gestade von Jerusalem, und desjenigen, welches das Gestade von Mekka bespült. Die Anwohner des Nils und des Rheins, der Donau und des Ganges begrüßten sich im Timsahsee, wo noch vor wenig Jahren die Todtenstille der Wüste herrschte, auf den schwimmenden Salons des Weltverkehrs.

Die Erfüllung des Problems von Jahrtausenden lag vor unsern Augen. Noch hatte bis dahin kein Zeitalter unmittelbar die Vereinigung zweier Meere ausgeführt. Vergebens hatten selbst solche Bauheroen wie die Römer sich zu wiederholten malen an dem Isthmus von Korinth versucht; es blieb dabei, daß diejenigen Schiffe, welche die gefährliche Fahrt um das Vorgebirge Malea am Peloponnes nicht ausführen konnten, über den auf der Landenge hergestellten Diolkos gezogen wurden. Die Durchstechung des Isthmus am Berge Athos, welche nebst der Brücke über den Hellespont dem großen Xerxes bei den Alten den Ruhm eingetragen hatte, daß er das Meer den Pferden, die Berge den Schiffen zugänglich gemacht habe (Agathias), betrug nur eine Viertelmeile und war durch die Noth hervorgerufen zu einem speciellen Zwecke. Noch harren am cimbrischen Isthmus die Nord- und die Ostsee, noch an der Landenge von Panama der Atlantische und der Stille Ocean des Zeitpunktes, wo der menschliche Genius die Vereinigung ihrer Gewässer herbeigeführt haben wird. Wenn sonst die Völker verschiedener Bekenntnisse und Nationalitäten auf Einem Raume sich begegnet hatten, so war der Schauplatz ihres Zusammentreffens meisthin als Schlachtfeld in das Buch der Geschichte einzutragen gewesen; auch der asiatisch-afrikanische Isthmus liefert manches blutige Blatt dazu. In unserm Zeitalter sah dieselbe Stätte eine kosmopolitische Versammlung zu einem Werke des Völkerfriedens und der engern Verbindung der Rassen und Ideen vereinigt.

Aus Anlaß der Eröffnung des Suez-Kanals am 16. November 1869 veröffentlichte Staatssekretär Heinrich von Stephan, der Begründer des Weltpostvereins, am 1. Januar 1870 einen umfassenden Aufsatz zum Thema

Über den Import hieß es: „Obgleich in Deutschland beträchtliche Mengen chinesischer Landesprodukte konsumiert werden, findet fast gar kein direkter Import dieser Waren nach Deutschland statt. Während Frankreich sich von dem Londoner Seidenmarkt unabhängig gemacht hat, Italien ebenfalls direkte Importe herzustellen sucht, läßt sich Deutschland, obwohl mehr als drei Achtel der chinesischen Seidenausfuhr von deutschen Firmen daselbst betrieben wird, seinen Seidenbedarf nach wie vor durch englische Vermittlung zuführen."

„Heute ist es noch nicht zu spät, der deutschen Schiffahrt und Industrie einen Anteil an jenem Handelsverkehr zu sichern; die subventionierten Dampferlinien Italiens, Österreichs und Hollands haben China noch nicht erreicht, und selbst die russische Linie ist eben erst im Entstehen begriffen."[70]

Ein weiterer Nachteil indirekter Verkehrsverbindungen waren natürlich die Extrakosten und das erhöhte Schadensrisiko bei wiederholten Umladungen von Transitverschiffungen. Auch die Postverbindungen von Deutschland nach Ostasien und Australien ließen damals noch viel zu wünschen übrig. Die kleinen deutschen Dampfer waren wegen ihrer mangelnden Pünktlichkeit und Schnelligkeit für Postzwecke wenig oder überhaupt nicht benutzbar.

Die Reichspost-Verwaltung war daher in der östlichen Hemisphäre oft auf die englischen und französischen Postdampfer angewiesen, die sich bei der Fahrplangestaltung natürlich in erster Linie an ihren nationalen Bedürfnissen orientierten. Was Handel und Regierung im Grunde wünschten, war ein Dienst von der Qualität und Pünktlichkeit der Eisenbahnen auf dem Festland.

Am 14. Juni 1884 wurde vom damaligen Staatssekretär im Reichspostamt, Heinrich v. Stephan (1831–1897), die Gesetzesvorlage der Reichspostdampfersubventionen im Reichstag zur Abstimmung eingebracht. Seiner Initiative und Kompetenz als dem Gründer des Weltpostvereins ist es in erster Linie zu verdanken, daß dieses zukunftsweisende Schiffahrtsförderungsgesetz zur Durchführung kam.[71]

In drei weiteren Sitzungen, in denen Bismarck wiederholt persönlich in die Debatten eingriff, unterstützt von den beiden Reedern H.H. Meier,

dem Gründer und Vorsitzenden des Verwaltungsrates des Norddeutschen Lloyd, und Adolph Woermann, Chef des großen Afrikahauses und Abgeordneter für den dritten Wahlkreis Hamburg, konnten schließlich alle Hürden des Parlaments genommen werden, so daß die Vorlage im März 1885 verabschiedet wurde. Der zusätzliche Antrag der Regierung, eine dritte Reichspostdampferlinie nach Ostafrika zu errichten, erhielt damals noch nicht die erforderliche Mehrheit. Bereits am 6. April 1885 trat das Gesetz in Kraft.[72]

Lediglich der Norddeutsche Lloyd sah sich zu jenem Zeitpunkt in der Lage, in dem vorgesehenen Ausschreibungsverfahren die Qualität der geforderten Tonnage für die beiden Dienste zu stellen, die innerhalb eines Jahres zu eröffnen waren, so daß er in Konkurrenz zu den Hamburger Mitbewerbern, der Kingsin-Linie und Rob. M. Sloman von der Regierung den Zuschlag erhielt. Mit ausschlaggebend war die Forderung der Regierung, daß beide Linien unter einheitlicher Leitung stehen sollten.[73]

Der 34 Artikel umfassende Vertrag wurde am 3. 7. 1885 in Berlin von Fürst Bismarck und am 4. 7. 1885 in Bremen von Konsul H.H. Meier unterzeichnet.

In ihm verpflichtete sich der Lloyd, für die Dauer von fünfzehn Jahren folgende Dienste zu unterhalten:

A. für den Verkehr mit Ostasien:

1. eine *monatliche* Linie von Bremerhaven nach China, und zwar über einen niederländischen oder belgischen Hafen nach Port Said, Suez, Aden, Colombo, Singapore, Hongkong und Shanghai;

2. eine Anschlußlinie von Hongkong über Yokohama, Kobe, einen Hafen auf Korea, Nagasaki und zurück nach Hongkong;

B. für den Verkehr mit Australien:

1. eine *monatliche* Linie von Bremerhaven nach Australien, und zwar über einen niederländischen oder belgischen Hafen nach Port Said, Suez, Aden, Tschagos Inseln, Adelaide, Melbourne bis Sydney;

2. eine Anschlußlinie von Sydney über die Tongainseln nach Apia (Samoainseln) und zurück nach Sydney.

C. eine *vierzehntägliche* Zweiglinie von Triest über Brindisi nach Alexandrien.

Im Falle Ostasien dauerte eine Rundreise ca. 20 Wochen oder fünf Monate. Vergleichsweise benötigte 1970 ein konventioneller Frachter ca. drei Monate, 1972 ein Containerschiff für die gleiche Strecke aber nur noch zwei Monate.

Weiter verpflichtete sich die Reederei, die festgelegten Häfen regelmäßig und pünktlich zu bedienen. Akribisch genau wurde von der Regierung ausbedungen, daß eine Reise von Suez bis Hongkong maximal 588 Stunden dauern durfte, bis Shanghai 685 Stunden und daß eine Strafe von 50 Mark für jede Stunde Verspätung erhoben wird und daß sich ab 13 Stunden Verspätung die Strafe verdoppelt. Bei Anlauf nicht genehmigter Häfen konnten Konventionalstrafen von 1.000 bis 5.000 Mark verhängt werden.

Es wurden die Anzahl, Größe, Einrichtung und Sicherheitsausstattung der Schiffe vorgeschrieben. Die Dienstgeschwindigkeit sollte 12 kn betragen. Alle für den Dienst bestimmten Neubauten waren auf *deutschen Werften* zu bestellen. In Europa durfte nur *deutsche Kohle* gebunkert werden.

Als Gegenleistung vergütete das Reich dem Norddeutschen Lloyd 4,4 Mio. Mark pro Jahr zahlbar in monatlichen Teilbeträgen. Die Subvention errechnete sich aus 13 Rundreisen à 315.000 Mark Zuschuß oder 5,49 Mark pro Seemeile, zuzüglich 400.000 Mark für den Mittelmeerdienst. Im Vergleich zahlten Großbritannien seinen Linien s. Zt. 9,70 Mark und Frankreich 9,30 Mark an Subventionen pro sm, also beinahe das Doppelte.[74]

Diese Form staatlicher Unterstützung, gekoppelt mit einer erheblichen Einschränkung des operativen Handlungsspielraumes, widersprach im Grunde der bisherigen Politik des Norddeutschen Lloyd und veranlaßte H.H. Meier nach Unterzeichnung des Vertrages zu dem Stoßseufzer: „Heute am Tage der Unabhängigkeitserklärung der Vereinigten Staaten unterzeichne ich den Vertrag unserer Sklaverei."

Konsul Meier war jedoch ein zu großer Realist, um nicht zu erkennen, daß bei diesem Langstreckenverkehr die hohen Qualitätsanforderungen der Reichsregierung ohne finanzielle Unterstützung des Staates nicht erfüllbar gewesen wären, wie die weitere Entwicklung sehr schnell zeigen sollte.[75]

Zwei Dampfer der 1. Generation im
Reichspostdampferdienst des Nordd. Lloyd
nach Ostasien 1886/87: links „Oder", Bauj.
1874, 3.116 BRT, 13,5 Kn, 565 Passagiere, und
rechts D. „Nürnberg", Bauj. 1873, 3.116 BRT,
13 Kn, 737 Passagiere

Route und Anlaufhäfen des Reichspostdampferdienstes nach Ostasien 1886/87

„Das Reichspostdampfer-Abkommen stellte den Norddeutschen Lloyd vor die gewaltige Aufgabe, binnen kürzester Frist zwei Erdteile, zu denen er bisher noch keine regelmäßigen Verbindungen besaß, in sein Liniennetz einzubeziehen." Mit der Prüfung und Auswahl geeigneter Vertretungen in den neu anzulaufenden Häfen vor Ort betraute man den Inspektor und späteren Direktor des Lloyd, Kapitän Leist, der sich seiner Aufgabe in hervorragender Weise gewachsen zeigte. Als Agenten in Übersee wurden vertragsgemäß vornehmlich deutsche Handelshäuser gewählt. Unter ihnen befanden sich so renommierte Namen wie H. Ahrens & Co. in Japan, die heute noch existierenden Handelshäuser Melchers & Co. in Hongkong und Shanghai, Freudenberg in Colombo und Behn, Meyer & Co. in Singapore.

Diese Handelshäuser trugen mit ihren vielfältigen Verbindungen im Ausland, ihren Vertretungen bedeutender deutscher Industrie-Unternehmen und ihrer intimen Kenntnis der lokalen Märkte wesentlich zum Erfolg des neuen Dienstes bei.[76]

Es war zweifellos ein kluger und weitsichtiger Entschluß der damaligen Geschäftsleitung des NDL, die Firma Rob. M. Sloman jr. als Mitbewerberin um die Postdampfersubvention und eingefahrene Linie im Verkehr nach Australien mit der Hamburger Vertretung beider Postlinien zu betrauen und sie auch an der Fahrgastwerbung in beiden Richtungen zu beteiligen. Als Gegenleistung zog die Firma Sloman ihre Dampfer aus der Australfahrt heraus und setzte sie statt dessen auf ihrer Hamburg-New-York-Route ein, sehr zum Verdruß der Hapag, der dadurch eine noch stärkere Konkurrenz erwuchs. Der Lloyd sicherte sich durch diese Verständigung als Newcomer das langjährige Know-how der Reederei Sloman im Verkehr nach Australien.[77]

Die im Vertrag zunächst noch offen gehaltene Wahl des Anlaufhafens im Rheinmündungsgebiet wurde vom Fürsten Bismarck auf Antrag des Lloyd zugunsten Antwerpens entschieden. *Antwerpen* hatte sich nicht zuletzt dank der Unterstützung durch König Leopold II. seit Anfang der achtziger Jahre zu einem der modernsten Häfen Europas entwickelt und der Lloyd verfügte auch für die Zufuhr westdeutscher Güter über einen der besten Liegeplätze am Kai St. Jean.

Zusätzlich wurde ab 1886 auch *Southampton* für die Einschiffung von Passagieren angelaufen.[78]

Die besondere Aufgabe der neu eingerichteten Auslandsvertretungen bestand zunächst darin, von den Anlaufhäfen der Reichspostdampfer aus die Verbindungen mit den im Innern der verschiedenen Länder gelegenen Handelszentren sowie mit benachbarten Regionen herzustellen und sie dann fortlaufend zu sichern.

Welch gewaltigen Radius der neue Ostasiendienst mit Unterstützung der Hauptagenturen in den Anlaufhäfen abzudecken hatte, mag die nachstehende Übersicht verdeutlichen:
Antwerpen:
Durchgangs- und Umschlagsverkehr der Güter auf dem Rheinwege sowie aus den westlichen und südwestlichen Gebieten Deutschlands und der angrenzenden Staaten. Einschiffungshafen für Reisende.
Southampton:
Einschiffungshafen für britische Fahrgäste.
Port Said:
Verkehr mit der ägyptischen und syrischen Küste.
Suez:
Verkehr mit dem nördlichen Teil des Roten Meeres.
Aden:
Verkehr mit dem südlichen Teil des Roten Meeres, der Somaliküste und dem Persischen Golf.
Colombo:
Verkehr mit der Ost- und Westküste Vorderindiens.
Singapore:
Verkehr mit den großen und kleinen Sunda-Inseln, den Molukken, Siam und Birma.
Hongkong:
Verkehr mit Indochina, den Philippinen und den chinesischen Südhäfen (bis etwa Futschou).
Shanghai:
Verkehr mit den chinesischen Nordhäfen, der Mandschurei, mit Korea und den Yangtsekianghäfen.

Die Vertretungen in Japan hatten die Verbindungen mit den für den Verkehr geöffneten japanischen Häfen herzustellen, die von den Reichspostdampfern nicht direkt angelaufen wurden. Dazu kamen noch die Häfen der russischen Amurprovinz.[79]

Auch das einzusetzende Schiffsmaterial stellte an die Organisationsfähigkeit des NDL erhebliche Anforderungen, denn seine 54 in Fahrt befindlichen Amerika-Dampfer waren nicht für die Tropenfahrt ausgerüstet. Von den für den Betrieb erforderlichen fünfzehn Schiffen waren neun

Ehrenbürgerbrief der Stadt Bremerhaven für den Staatssekretär des Reichspostamtes Heinrich von Stephan aus Anlaß des Abschlusses des Reichspostdampfervertrages mit dem Nordd. Lloyd am 3. und 4. Juli 1885

sofort verfügbar, während sechs gemäß den Vertragsbestimmungen auf deutschen Werften erst gebaut werden mußten. Sie sollten eine Geschwindigkeit von 14 Knoten erhalten. Zu ihrer Finanzierung mußte eine Kapitalerhöhung von 10 Mio. Mark vorgenommen sowie eine 4%ige Anleihe von nochmals 10 Millionen Mark gezeichnet werden, wozu die Aktionäre schon vor dem erfolgten Zuschlag ihre Genehmigung erteilt hatten. Noch im gleichen Jahr wurden die drei Neubauten „Preußen", „Bayern" und „Sachsen" mit je 4.580 BRT beim Stettiner Vulkan für Ablieferung 1886/87 in Auftrag gegeben.[80]

Die ersten Reichspostdampfer „Oder", „Neckar", „Nürnberg" und „Braunschweig" (3.000 BRT, 13 Knoten) wurden aus dem Nordatlantik-Dienst herausgezogen und vor ihrer Einstellung in den Ostasienverkehr größeren Umbauten unterzogen und mit neuen Kesseln ausgerüstet. Fast genau ein Jahr nach Unterzeichnung des Vertrages war es dann soweit: Als erstes Schiff wurde fahrplanmäßig der 1874 in England gebaute Dampfer „Oder", mit einer Kapazität für 770 Passagiere in drei Klassen und einer Ladefähigkeit von 1.600 tons, am 30. Juni 1886 von *Bremerhaven* nach Ostasien auf die Reise geschickt und eröffnete eine neue Ära der Verkehrsbeziehungen Deutschlands mit der östlichen Hemisphäre. Nur vierzehn Tage später folgte die etwa gleichgroße „Salier" nach Australien. Beide Schiffe liefen bis Colombo auf parallelen Kursen, boten also bis dorthin vierzehntägliche Abfahrten, bevor sich ihre Wege trennten. Die „Oder" traf am 16. August 1886, d.h. einen Tag **vor** Fahrplan, in Shangai ein und hatte u.a. die Ausstattung für das erste deutsche Postamt in China, und zwar für Shanghai an Bord.[81]

Noch heute ist es beeindruckend zu lesen, unter welch großer öffentlicher Anteilnahme und unter welch festlichem Glanz die Eröffnung beider Dienste in Bremen und Bremerhaven, aber auch in den überseeischen Anlaufhäfen vonstatten ging. Ganze vier Tage, vom 28. Juni bis 1. Juli, dauerte das Festprogramm, zu dem die Bremer Handelskammer und die Geschäftsleitung des Norddeutschen Lloyd Gäste aus ganz Deutschland geladen hatten. Unter den auswärtigen Gästen befanden sich neben prominenten deutschen Politikern und Mitgliedern des Bundesrates und des Reichstages auch der chinesische Gesandte in Berlin sowie führende Vertreter der verla-denden Wirtschaft, der Rheinlandwestfälischen und sächsischen Handelskammern, der Präsidien des Deutschen Handelstages und der großen Wirtschaftsverbände sowie führende Repräsentanten aus den Hansestädten.

Auf einem der zahlreichen Festessen – es war im unteren Saal des wunderschönen, 1944 zerstörten „Museums" – bemerkte der chinesische Gesandte Hsu Ching Cheng in seiner Rede, daß er in seiner Heimatstadt nur ganz oberflächlich von einer deutschen Hafenstadt namens Bremen gehört habe; seitdem er aber in Deutschland weile, habe er die Bedeutung dieser Stadt kennengelernt, die jetzt als Bindeglied der guten Beziehungen Deutschlands zu China ausersehen sei. Die Stadt Bremerhaven dankte für die bedeutenden neuen Schiffahrtsverbindungen durch Verleihung des Ehrenbürgerrechts an den Staatssekretär (entsprach dem Rang eines heutigen Bundesministers) Heinrich von Stephan.

Einer der Höhepunkte des Festprogramms war die Gästefahrt mit dem Lloyd-Tender „Willkommen" von Bremen zur Besichtigung der über die Toppen geflaggten auslaufbereiten „Oder" in Bremerhaven und die feierliche Überreichung einer schwarzweißroten Flagge aus Seide an den Schiffsführer, Kapitän Friedrich Pfeiffer, durch den damaligen Präses der Bremer Handelskammer, Louis Ed. Meyer. In einer von ihm verlesenen Stiftungsurkunde wurde in eindrucksvollen Worten dem Wunsch Ausdruck verliehen, daß die Reichspostdampferverbindung die in sie gesetzten Hoffnungen in jeder Weise erfüllen und beiden Seiten des Verkehrs zum Segen gereichen möge.[82]

„So fügte es sich", hieß es im Jahresbericht des NDL vom April 1887, „daß die neuen Dampferlinien, welche an erster Stelle dazu berufen sind, dem deutschen Handel und der deutschen Industrie neue Verkehrswege und Absatzgebiete zu erschließen, unter den Augen der hervorragendsten Vertreter der wichtigsten Handels- und Industriebezirke unseres Vaterlandes ins Leben treten konnten."

Ungeachtet aller schon in den ersten sechs Monaten auftretenden Schwierigkeiten, wie der mit erheblichen Verspätungen zur Ablieferung gelangten Neubauten, hat der Lloyd alle von der Reichsregierung gesetzten Erwartungen in diese Dienste in den Folgejahren nicht nur erfüllt, sondern teilweise in der gebotenen Service-Qualität noch erheblich übertroffen.

Im Geschäftsbericht des NDL von 1886 wird über die beiden neuen Dienste wie folgt berichtet:

„Bis zum Jahresschluß haben 5 Dampfer nach Ostasien und 4 nach Australien ihre Reise vollendet und wir können wohl sagen, daß die Ergebnisse dieser Reisen unsere Erwartungen nicht getäuscht haben. Freilich haben wir uns in dieser Beziehung keinen sanguinen Hoffnungen hingegeben. Es liegt in der Natur der Sache, daß ein so junges Unternehmen mit Schwierigkeiten der verschiedensten Art zu kämpfen hat und daß diese Schwierigkeiten erst mit der Zeit überwunden werden können. Immerhin sind die Erfolge, die wir bis jetzt erzielt haben, derart, daß wir mit Vertrauen in die Zukunft blicken dürfen. Was den Güterverkehr anlangt, so haben die Dampfer ausgehend wie rückkehrend stets volle Ladung gehabt, wenn auch der Passagierverkehr bis soweit allerdings nur ein unbedeutender gewesen ist.

Was den Komfort und die innere Einrichtung der drei großen beim „Vulkan" in Stettin gebauten Dampfer „Preußen", „Bayern" und „Sachsen" anbetrifft, so können wir ohne Übertreibung sagen, daß solche Dampfer in jenen Gegenden noch nicht gesehen worden sind, und auch in der Schnelligkeit haben sowohl diese wie die übrigen in die neuen Linien eingestellten Dampfer sich so gut bewährt, daß sie nicht allein vielfach vor der fahrplanmäßigen Zeit in den Bestimmungshäfen angekommen sind, sondern auch in einigen Fällen die *Post* schneller zur Ablieferung gebracht haben, als dies von irgendeiner der konkurrierenden Linien je zuvor geschehen ist.

Der Umstand, daß uns der „Vulcan" sämtliche Dampfer mit ganz erheblicher Verspätung geliefert hat, würde uns unzweifelhaft in die unangenehme Lage gebracht haben, die Expeditionen nicht vertragsgemäß ausführen zu können, wenn uns nicht anderweitige als die für die Vertragslinien in Aussicht genommenen Dampfer zur Verfügung gestanden hätten."

Die Übernahme des Reichspostdampferdienstes hat den NDL in den ersten sechs Jahren trotz Subventionen finanziell schwer belastet. Zwar bewirkten schon die ersten Betriebsjahre einen bedeutenden sowohl

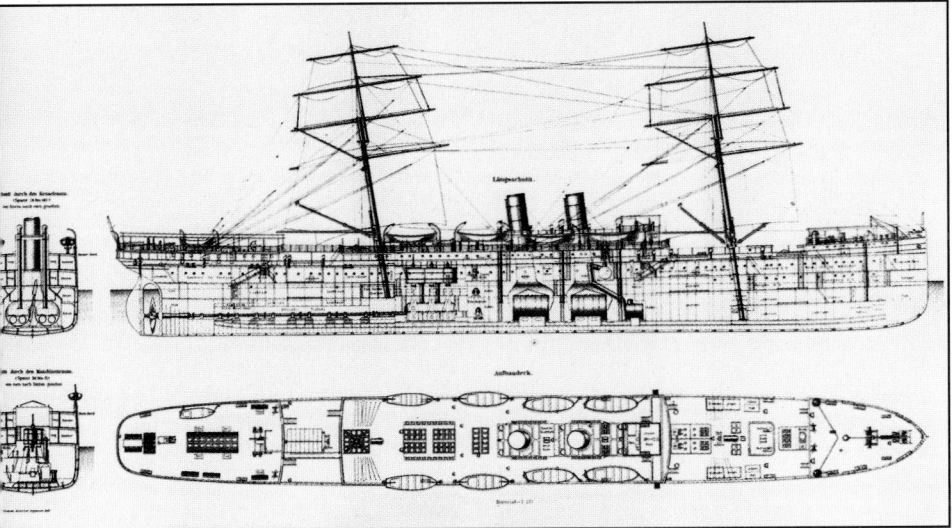

Längsschnitt der ersten für den Reichspostdampferdienst beim Stettiner Vulkan 1886/87
erbauten Dampfer der „Preußen"-Klasse

Reichspostdampfer „Preußen", Bauj. 1886/87,
4.579 BRT, 14 Kn, 330 Passagiere
Bild zeigt Schiff nach Umbau und Verlängerung im Jahre 1893

Reichspostdampfer „Sachsen" – Schwesterschiff der „Preußen" –, jedoch mit einem
Schornstein, auf der Reede von Neapel

wert- wie mengenmäßigen Anstieg des Handels und auch der Fahrgastverkehr entwickelte sich günstig, aber bald stellte sich heraus, daß die ursprünglich für die Amerika-Fahrt konzipierten Schiffe für ihre neue Verwendung über zu viel Passagierraum und zu wenig Ladekapazität verfügten. Die Aufwärtsentwicklung des Handels konnte somit nur unzureichend abgedeckt werden, während die aufwendigen Fahrgasteinrichtungen unterbelegt blieben. Auch die ab 1886/87 zur Auslieferung gelangten Neubauten „Preußen", „Bayern" und „Sachsen" brachten tonnagegemäß keine fühlbare Entlastung, so daß die Reederei für den Ausbau der Linie und den Bau neuer Dampfer laufend zusätzliche eigene Mittel benötigte, die sie aus den Überschüssen in anderen Verkehren finanzieren mußte.

Erst mit der Übernahme der Leitung des Unternehmens durch *Heinrich Wiegand* im Jahre 1892 trat eine entscheidende Änderung der Verhältnisse ein. In Abstimmung mit der Reichsregierung wurde eine unverzügliche Straffung der Fahrpläne vorgenommen. Bereits 1886 war das ursprünglich beabsichtigte Anlaufen Koreas zurückgestellt worden. Die Linie Triest–Brindisi–Alexandrien erwies sich als unrentabel und wurde ab Juli 1887 zunächst auf Brindisi–Port Said verkürzt und statt dessen *Genua* in den Fahrplan der Hauptlinie einbezogen. Dadurch konnte die Anreise für die Fahrgäste aus Deutschland wesentlich verkürzt werden. Ab 1893 liefen auf Antrag von Dr. Wiegand die Reichspostdampfer zur Übernahme der Post zusätzlich *Neapel* an, unter Fortfall des Zubringerdienstes. Außerdem wurde die ebenfalls verlustbringende Anschlußlinie von Sydney nach den Tonga- und Samoa-Inseln eingestellt und durch einen 8wöchentlichen Dienst von *Singapore* über *Batavia* nach dem deutschen Schutzgebiet *Neuguinea* ersetzt.[83]

Unter welch erheblichem Leistungsdruck die Reederei gestellt war, veranschaulicht die Vertragsklausel über die Bedienung Neapels:
„In Neapel müssen die Dampfer bei der Ausreise zu der fahrplanmäßig festgesetzten Stunde (!) bereitliegen, um sogleich nach Empfang der Post die Fahrt antreten zu können. Die Abfahrt darf nicht früher erfolgen, als bis die Post an Bord ist."[84]

Diese Fahrplanstraffungen und Rationalisierungsmaßnahmen bewirkten, daß der NDL im Jahre 1893 in diesen Verkehren zum ersten Mal einen Betriebsüberschuß erwirtschaftete.

1893/95 wurden die drei Dampfer der „Preußen"-Klasse bei der Hamburger Werft Blohm & Voss durch Einbau einer Zwischensektion um ca. 16–21 m verlängert, wodurch eine um 2.000 cbm erweiterte Ladekapazität pro Schiff erzielt werden konnte, neben einer Erweiterung und Modernisierung der Passagiereinrichtungen. Dieser Umbau stellte seinerzeit eine schiffbautechnische Sensation dar und veranschaulicht, in welch starkem Maße die neuen Reichspostdampferlinien neben dem Schnelldampferbau der Nordatlantikfahrt den *deutschen Schiffbau* zu beflügeln und zu fördern vermochten.

Nach der erfolgreichen Abwicklung dieses Auftrages wurden von Hapag und Lloyd in den kommenden Jahrzehnten auch weitere ähnliche Umbauten an diese Werft vergeben, wie die Verlängerung und maschinelle Umrüstung des berühmten Nordatlantik-Quartetts der „Albert Ballin"-Klasse der Hapag 1933/34 und die erst im Vorjahr durchgeführte Vergrößerung unserer Nordatlantik-Containerschiffe um je 830 Containerstellplätze.

Zum Zeitpunkt der Eröffnung der beiden Reichspostdampferdienste steckte der deutsche Schiffbau noch in den Kinderschuhen. An großen Dampfern waren zu jenem Zeitpunkt in Deutschland nur die beiden Hapag-Dampfer „Rugia" und „Rhaetia" von je 3.500 BRT, der eine beim Vulkan in Stettin, der andere von der Reiherstieg-Werft in Hamburg gebaut worden, mit je 12 kn Geschwindigkeit.

Schon die ersten drei der insgesamt sechs Dampfer, die der Lloyd für die Ostasien-Route beim Stettiner Vulkan in Auftrag gab – die Dampfer „Preußen", „Bayern" und „Sachsen" –, übertrafen an Größe, Geschwindigkeit und Ausstattung die beiden Hapag-Dampfer in erheblichem Maße und ähnelten bereits den Schnelldampfer-Kategorien des Nordatlantik. Bei den anderen drei Schiffen handelte es sich um die Zubringer-Dampfer „Stettin", „Lübeck" und „Danzig" von je 1.800 BRT, für die Hongkong-Japan, Singapore-Neu Guinea bzw. Mittelmeerdienste. Auch sie wurden mit den neuesten technischen Errungenschaften versehen und erhielten Tropenausrüstung. Jede weitere Serie bildete dann hinsichtlich Ausstattung, Technik, aber auch Formschönheit eine

Der auf der Austral-Route eingesetzte Schnelldampfer „Kaiser Wilhelm II" setzte 1889 mit seinen komfortablen Passagiereinrichtungen neue Maßstäbe in diesen Verkehren. 6.993 BRT, 16 kn, 910 Passagiere, ab 1900 in „Hohenzollern" umbenannt

ins Gewicht fallende Verbesserung und trug wesentlich zum guten Ruf der deutschen Schiffbaukunst bei.

Ganz besonderes Aufsehen erregte der 1889 auf der Austral-Linie in Dienst gestellte 7.000 BRT große Dampfer „Kaiser Wilhelm II.", der später in „Hohenzollern" umbenannt wurde. Dieses ebenfalls in Stettin erbaute Schiff übertraf in seinen Abmessungen bei weitem alle bisher in der Austral- und Ostasienfahrt beschäftigten Reichspostdampfer. Seine Tragfähigkeit betrug 3.000 t, seine Geschwindigkeit 16 kn. Es hatte Einrichtungen für 1.150 Passagiere in drei Klassen sowie eine Besatzungsstärke von 190 Mann.

1894 wurden die bei Schichau in Danzig erbauten ersten im Reichspostdampferdienst eingestellten Doppelschraubendampfer „Prinzregent Luitpold" und „Prinz Heinrich" von je 6.600 BRT abgeliefert.[85]

Diese Reichspostdampfer hatten einen wesentlichen Einfluß auf die Vergrößerung und Vertiefung und auch auf die Gebühren im Suezkanal ausgeübt. Ab 1900 dienten Modelle der Lloyd-Dampfer auf den Ausstellungen der Suezkanal-Gesellschaft als Prototypen der größten Dampfer, welche jemals den Suezkanal passierten und Einfluß auf seinen Ausbau ausgeübt haben. Eine schöne Geste war auch die Berufung von Geo Plate, dem damaligen Aufsichtsratsvorsitzenden des NDL, in den Verwaltungsrat der Kanalgesellschaft.[86]

Nicht nur die großen Werften profitierten von den Reichspostdampferdiensten, denn es wurde eine Vielzahl kleiner Fahrzeuge benötigt, z. B. Schlepper, Barkassen und Leichter, da die meisten Häfen in Ostasien damals noch reine Reedehäfen waren, ohne irgendwelche Pieranlagen für große Schiffe. So wurden allein in der Zeit von 1886 bis 1908 vom Norddeutschen Lloyd Schiffbauaufträge an sieben deutsche Werften in Höhe von 127 Mio. Goldmark für diese beiden Verkehre vergeben. Diese Bestellungen waren immer nur am effektiven Bedarf orientiert, im Gegensatz zu der heutigen Tendenz als Folge einer ungesunden Subventionierung von Schiffbaukapazitäten, Schiffe am Markt vorbei auf Spekulationsbasis zu beordern, die dann zur Erosion der Frachtraten führen.[87]

Die kontinuierliche Verstärkung der Reichspostdampfer-Linien durch neue und rentablere Tonnage in Kombination mit den zuvor erwähnten Rationalisierungsmaßnahmen gestalteten diese Verkehre nicht nur wirtschaftlich, sondern trugen zu einer ganz erheblichen Entwicklung des beiderseitigen Außenhandels bei. Im Geschäftsbericht des NDL vom April 1897 wird daher festgestellt, daß im ausgehenden Verkehr die Kapazität „unserer Dampfer, namentlich nach Ostasien, nicht entfernt dem Andrang von Gütern genügten, so daß wir stetigen Klagen der Verschiffer über Abweisung und Zurücklassung von Ladung gegenüberstanden. Auf Ersuchen der Reichsregierung haben wir uns daher bereit erklärt, gegen eine angemessene Erhöhung der Subvention statt der bisherigen vierwöchentlichen Fahrten nach Ostasien 14tägige Expeditionen einzuführen."

Am 30. Oktober 1898 kam der neue Vertrag mit einer Laufzeit bis zum 30. September 1914 zustande.[88]

Doppelschraubendampfer „Prinzregent Luitpold", Bauj. 1894, 6.600 BRT, 13,5 Kn, 373 Passagiere

Partie im Treppenhaus und Speisesaal des Reichspostdampfers „Prinz Heinrich", Schwesterschiff des „Prinzregent Luitpold"

Rauchsalon und Ecke im Damensalon auf dem D. „Prinz Heinrich"

Ostasien im Schnittpunkt weltpolitischer Auseinandersetzungen (1894–1905)

Das Ende der ersten Etappe des Reichspostdampferdienstes um die Jahrhundertwende fiel zusammen mit umwälzenden politischen Ereignissen in dieser Region, dem Gipfel der Expansion des Britischen Weltreiches und den wachsenden machtpolitischen Rivalitäten zwischen den westlichen Großmächten. Außenhandelskaufleute waren stets vielleicht stärker als andere Berufsgruppen zur Ausübung ihrer Geschäfte am friedlichen Ausgleich der Völker orientiert. Aber durch die Geschichte dieses Unternehmens zieht sich auch wie ein roter Faden die fortwährende enorme Abhängigkeit der Wirtschaft von der Politik und macht deutlich, in welch starkem Ausmaß sie sich schicksalhaft auf die Existenz eines Unternehmens auswirkt.[89]

Bismarck sagte einmal treffend, daß es in der Politik keine Freundschaften, sondern nur Interessen gäbe und man sich beizeiten ohne Illusionen darauf einzustellen habe, will man als Staatsmann keinen Schiffbruch erleiden. Nach seiner Entlassung 1890 wechselte die Politik von den großen Staatslenkern wie Disraeli und Cavour in die Kompetenz von Politikern, denen häufig das Augenmaß und die Selbstdisziplin fehlten, die für ein erfolgreiches Konfliktmanagement unabdingbar bleiben, so daß die großen Impulse des Liberalismus gegen Ende des Jahrhunderts immer mehr in ein nationalstaatliches Machtgerangel zur Sicherung von Rohstoffbasen und Marktpositionen abzugleiten drohten.[90]

In Ostasien traten seit Beginn der neunziger Jahre vier neue Großmächte auf den Plan, um sich ihren Anteil an den sich öffnenden neuen Märkten, insbesondere im Reich der Mitte mit seinen etwa 300 Millionen potentiellen Verbrauchern zu sichern: Rußland, Japan, die USA und Deutschland.

Mit dem Frieden von Nanking (1842) begann durch die Öffnung der chinesischen Vertragshäfen nicht nur eine neue Epoche des Welthandels und wachsender internationaler außenwirtschaftlicher Verflechtungen. Für *China* selbst markiert er zugleich den Beginn einer fast einhundertjährigen Fremdherrschaft durch eine Kette von sog. Ungleichen Verträgen seitens der Großmächte, welche die Souveränität dieses Landes immer stärker einzuschränken suchten. China fehlte in dieser Zeit der äußeren Bedrängnis die starke Hand eines Fürsten Itoh, dem es durch

rechtzeitige Reformen des Staatsapparates und geschickte Anpassung an die westlichen diplomatischen Gepflogenheiten gelang, Japan von den auf exterritoriale Sonderrechte fußenden westlichen Verträgen noch rechtzeitig zu lösen und durch eine forcierte Industrialisierung den technischen Vorsprung des Westens in erstaunlich kurzer Zeit einzuholen, um sich dann gleichrangig in den Machtkampf einzuschalten.[91]

In China hatte der Opiumkrieg (1840-42) zu einem raschen Autoritätsverfall der Ts'ing-Dynastie (1644–1911) geführt, zumal man sich in Peking über das bedrohliche Ausmaß dieser ersten Verträge offenbar kein klares Bild machte. Es bewahrheitet sich eben immer aufs neue, daß ähnlich wie in der Natur so auch im Völkerleben politische Schwäche wie ein Magnet stärkere Mächte auf den Plan ruft, um ihre vermeintlichen Anrechte, nötigenfalls mit Gewalt, durchzusetzen.

Sicherlich war die jahrhundertelange rigorose Isolierung eines so großen Reiches im Zeitalter der modernen Technik und Kommunikationsmittel nicht länger aufrechtzuerhalten und auch der verkrustete Verwaltungsapparat des Kaiserreiches, der sich nur aus den Oberschichten rekrutierte, erwies sich als dringend reformbedürftig. Auch wurde die Dynastie der Mandschus (Ts'ing), die aus der Mandschurei den Thron usurpierte, von vielen Chinesen noch immer als Fremdherrschaft empfunden. Nur hätte man dieser alten und großen Kulturnation gewünscht, sie hätte aus eigener Kraft und ohne Zwang von außen diesen Modernisierungsprozeß ähnlich wie Japan durchzuführen vermocht.[92]

Nachdem die britischen Kriegsschiffe erst einmal eine Bresche in die chinesische Festung geschossen hatten, versuchte der Westen durch diesen Türspalt systematisch seine Kräfte zu infiltrieren. Mit dem von England 1843 erwirkten Zusatzvertrag begann die Periode der „Konzessionen" und der „exterritorialen Rechte" zugunsten der westlichen Handelsmächte.[93]

Bereits am 31. Dezember 1842 richtete der damalige amerikanische Präsident Taylor folgende Botschaft an das Repräsentantenhaus: „Begebenheiten von großer Wichtigkeit haben sich in China zugetragen. Der chinesische Handel erfordert es, uns zu versichern, ob auch wir, ob auch alle anderen Nationen der Erde in den neueröffneten Häfen Zutritt erhalten. Der Vertrag des englischen Bevollmächtigten mit der chinesischen Regierung übergeht dieses Verhältnis mit Stillschweigen; nichts ist darüber bestimmt, ob die Schiffe anderer Staaten in den neueröffneten Häfen aufgenommen oder zurückgewiesen werden. Es erscheint demnach geeignet, daß jedes mit China Handel treibende Volk seine Beziehungen zum Reich der Mitte durch eigene Verträge festsetze."[94]

1844 gelang es den USA und Frankreich, analoge Abkommen mit teilweise noch weitergehenden Konzessionen mit China abzuschließen. Danach unterstanden Angehörige der vertragschließenden Staaten, die auf chinesischem Boden ansässig wurden, nicht mehr dem chinesischen Recht, sondern den Gesetzen und Konsulatsgerichten ihrer jeweiligen Regierungen.

Ferner erhielten sie das Recht des Landerwerbs, der Selbstverwaltung und der Besteuerung. Diese Verträge wurden von den Chinesen immer als diskriminierend empfunden, weil die den Fremden unfreiwillig eingeräumten Vergünstigungen nicht auf Gegenseitigkeit beruhten und somit China zu einer zweitklassigen Macht degradierten.[95]

Diese äußeren Mißerfolge zusammen mit inneren Schwierigkeiten führten zu dem großen von einem Südchinesen geführten Taiping-Aufstand (1851-64), in dem große Teile Chinas völlig verwüstet wurden. Erst ab 1860 gelang es der Regierung mit Hilfe abenteuernder europäischer Truppen unter Führung des britischen Obersten Gordon, den Aufstand wirksam zu bekämpfen. Der Aufstand zerstörte jedoch weitgehend die wirtschaftliche und finanzielle Organisation Chinas, und die Dynastie konnte sich von diesem Schlag bis zu ihrem Ende (1911) nicht wieder erholen.[96]

Die europäischen Mächte nutzten diese inneren Wirren aus, um von der Regierung weitere Vorrechte in China zu erwirken. Nach dem Lorcha-Krieg mit England und Frankreich (1856-60) wurden weitere Häfen (Tientsin, Newchang, Swatow, Chingkiang, Kiukiang und Hankow) geöffnet. Ferner wurde den Westmächten freie Schiffahrt auf dem Jangtsekiang zugestanden. In den Friedensschlüssen von Tientsin (1858) und Peking (1860) wurde unter einer besonderen Behörde in Peking die Seezollverwaltung internationalisiert und der Leitung des fähigen und unbestechlichen Iren Robert Hart unterstellt, dem auch der Seepostdienst unterstand.[97]

Japan hatte bereits 1874 in einem Vertrag mit dem *Königreich Korea,* das jahrhundertelang die Oberhoheit Chinas anerkannt hatte, durchgesetzt, daß Korea nach allen Seiten unabhängig bleiben müsse, nachdem Annexionsversuche Frankreichs (1866) und der USA (1871) von Korea abgewiesen werden konnten.

Als seit den 80er Jahren Peking durch Entsendung eines Hochkommissars nach Seoul seine Hoheitsrechte über Korea zu reaktivieren suchte und 1894 bei fremdenfeindlichen Unruhen, die sich vornehmlich gegen Japaner richteten, Truppen nach Korea entsandte, löste dieses den japanisch-chinesischen Krieg aus, in dem die Chinesen zu Wasser und zu Land schnell und entscheidend geschlagen wurden. Im Frieden von Shimonoseki (1895) trat China, das sich von den Westmächten im Stich gelassen fühlte, an Japan Formosa, die Halbinsel Liaotung mit den Häfen Dairen und Port Arthur, Weihaiwei sowie die Pescadores-Inseln ab.[98]

Rußland, an das sich der chinesische Staatsmann Li Hung-Tschang in seiner Not wandte, war mit dieser überraschenden Entwicklung nicht einverstanden. Denn es hatte selber durch den Bau der *Transsibirischen Bahn* ein Auge auf die beiden eisfreien Häfen in der Mandschurei geworfen. In einem Geheimabkommen gab China Rußland als seiner neuen Schutzmacht die Einwilligung, die Transsib durch die Mandschurei nach Wladiwostok zu Ende zu führen und als Konzession eine südliche Zweiglinie nach den beiden Häfen in der Mandschurei zu bauen.[99]

Um die Japaner an ihrer Expansion zu hindern, suchte Zar Nicolaus II. nach Verbündeten und fand sie, sehr zur Verbitterung der Japaner, in Frankreich und dem jungen deutschen Kaiser Wilhelm II. Unmittelbar nach Ratifizierung des Friedensvertrages wurde Japan von den drei Mächten „empfohlen", auf seinen Landgewinn einschließlich der beiden Häfen zu verzichten, da es ihr Anliegen sei, die Integrität Chinas und den Frieden im Fernen Osten wiederherzustellen. Gegenüber einer derartigen Mächtekonstellation blieb Japan keine andere Wahl, als nachzugeben. Es behielt lediglich Formosa und Weihaiwei.[100]

Deutschland hatte im Gegensatz zu anderen Mächten bis zur Öffnung der chinesischen Häfen keine territorialen Ambitionen in Ostasien gehabt. Doch wirkte das Vorgehen dieser Staaten offenbar ansteckend. So hatte die Regierung bereits 1864 Erkundigungen über die Eignung Formosas als möglichen Stützpunkt deutscher Marineeinheiten eingeholt, das seit 1661 sich in einer losen Abhängigkeit zu Peking befand. Im Gegensatz zu den anderen Großmächten mußten die deutschen Flotteneinheiten in den dortigen Meeren ohne eigene Basis operieren. Als im deutsch-französischen Krieg 1870/71 der deutsche Handel in Ostasien weitgehend zum Erliegen kam, hatte der deutsche Gesandte in Tokio in einem Memorandum darauf hingewiesen, daß die Voraussetzungen für einen wirksamen Schutz der deutschen Handels- und Schiffahrtsinteressen in Friedens- und Kriegszeiten geschaffen werden sollten. Es käme insbesondere auf die Garantierung der Unverletzbarkeit des Privateigentums zur See an. In der Bismarck-Ära erfolgte hierauf aus Berlin jedoch keine Reaktion.[101]

Im Jahre 1896 wurde Alfred von Tirpitz als Chef des ostasiatischen Kreuzergeschwaders beauftragt, sich in geheimer Mission nach einer Basis umzusehen, die geeignet sei, Dock- und Arsenalanlagen aufzunehmen und als Bunkerstation zu dienen. Die Wahl fiel aus hafenbautechnischen Erwägungen auf die Schantung-Halbinsel. In China tätige deutsche Kaufleute hatten von diesem Plan mit der Begründung abgeraten, daß das Zeitalter der kolonialen Erwerbungen vorbei sei und man Rücksicht auf das nationale Empfinden der Chinesen nehmen müsse.[102]

Da in Politik und Wirtschaft jedoch zumeist Menschen von stark unterschiedlicher Mentalität agieren, fanden derlei Bedenken in Berlin keine Beachtung, und so lieferte die Ermordung von zwei deutschen Missionaren in Südschantung den willkommenen Anlaß zur Inbesitznahme der Bucht von *Kiautschau* im November 1897. In einem Vertrag vom Mai 1898 verpachtete China, ähnlich wie im Falle Hongkongs, ein 552 km² großes Gebiet auf 99 Jahre an das Deutsche Reich, das sich seinerseits verpflichtete, zwei Bahnlinien in der Schantung-Provinz zu bauen. Das Pachtgebiet wurde dem Reichsmarineamt unterstellt. Diese der territorialen Größe der beiden Hansestädte Bremen und Lübeck entsprechende Provinz mit der Hauptstadt Tsingtau sollte dann innerhalb der verbleibenden 16 Jahre bis zum Aus-

bruch des Ersten Weltkrieges von den Deutschen zu einem „Musterländle" verwandelt werden. So wurden neben dem Ausbau der Infrastruktur gemeinsame chinesisch-deutsche Bildungsstätten geschaffen, die noch lange nach der Rückgabe Kiautschaus an China dem beiderseitigen Kulturaustausch zu dienen vermochten.[103]

Natürlich machte das deutsche Vorgehen sofort Schule, denn Rußland hatte nur auf einen passenden Anlaß gewartet, um das von den Japanern geräumte Territorium – nämlich die beiden Häfen Dairen und Port Arthur – seinerseits zu besetzen, womit sich die ganze Intervention der drei westlichen Mächte in 1895 als Farce entpuppte. Es folgten noch im gleichen Jahr die Franzosen mit der Besetzung von Annam, die Engländer mit der Okkupation von Weihaiwei als Preis für das im Entstehen begriffene japanisch-britische Bündnis von 1902, die sämtlich zu Pachtgebieten erklärt wurden.[104]

Als die Europäer mit ihren eigenen Angelegenheiten in Afrika und Asien beschäftigt waren, traten 1898 auch die USA im Spanisch-amerikanischen Krieg durch Inbesitznahme der Philippinen in die Reihe der Kolonialmächte, um ihrer mächtig aufblühenden jungen Industrie damit zu neuen Absatzmärkten zu verhelfen. Gleichzeitig erhoben sie jedoch gegenüber der drohenden Aufteilung Chinas durch die anderen Großmächte ihr Veto und meldeten ihr Mitspracherecht durch die Forderung des Prinzips der „offenen Tür" an. Zwar war auch dieses nur eine weitere Variante ausländischer Bevormundung, durch die subtileren Mittel der finanziellen Einflußnahme, aber im Augenblick schützte es China vor weiteren territorialen Ansprüchen.[105]

Nur zwei Jahre später – 1900 – drohte ein neuer Bürgerkrieg, durch den sog. ‚Boxer'-Aufstand, der sich zunächst mit reformerischen Absichten gegen die chinesische Dynastie richtete, vom Hof dann jedoch geschickt in eine fremdenfeindliche Bewegung umgewandelt werden konnte. Als die Rebellen sich anschickten, auch das Diplomatenviertel in Peking zu besetzen und der deutsche Gesandte hierbei ermordet wurde, kam es zu einem gemeinsamen militärischen Eingreifen der acht Großmächte. Nach der erneuten Einnahme der Takuforts seitens der Westmächte mußte die chinesische Regierung hohe Kriegsentschädigungen zahlen, die das Land nur noch tiefer verschuldeten.[106]

Mit der Inbesitznahme der Halbinsel Liautung durch die Russen im Jahre 1897 war eine militärische Auseinandersetzung zwischen Japan und Rußland vorprogrammiert. Der Ausbau Port Arthurs zum russischen Flottenstützpunkt und die rasche wirtschaftliche Ausdehnung Rußlands in der Mandschurei drohten die Japaner von China als natürlicher Rohstoffbasis und großen Handelspartner abzuschneiden. Der Boxeraufstand hatte Rußland Gelegenheit gegeben, die Mandschurei zu besetzen.

Als die Russen nach Beendigung des Aufstandes entgegen ihren Zusagen keine Miene machten, ihre Truppen aus der Mandschurei wieder abzuziehen, und von den Japanern im Jahre 1903 eingeleitete diplomatische Verhandlungen in Petersburg über einen möglichen Interessenausgleich keine Fortschritte brachten, entschloß sich Japan im Februar 1904 zum Krieg. Es war ein kühner Entschluß. Zwar gelang es Tokio, Großbritannien 1902 zu einem Defensivbündnis zu gewinnen, aber das Kräfteverhältnis der verfügbaren Linienschiffe stand sechs zu sieben zugunsten des russischen Geschwaders in Port Arthur. Außerdem verfügte Japan über keinerlei Reserven, während Rußland einen weiteren modernen Kampfverband in der Ostsee stationiert hatte. Ohne die Erringung der Seeherrschaft bestand für die Japaner aber keine Chance, den Krieg zu gewinnen.

Man entschloß sich daher zu einem Überraschungsangriff. In der Nacht zum 8. Februar gelang es japanischen Zerstörern, durch einen Torpedoangriff auf das vor Port Arthur auf Reede liegende russische Geschwader drei Linienschiffe außer Gefecht zu setzen und dadurch eine vorübergehende Überlegenheit von sechs zu vier zu erringen. Das gab Admiral Togo die Möglichkeit, seine Truppen in Korea zum Vormarsch auf die russischen Basen ungestört auszuschiffen und durch Transportschiffe laufend zu versorgen. Im Frieden von Portsmouth (1905) erwarb Japan die beiden Häfen Dairen und Port Arthur und Rußland mußte sich aus Korea sowie aus der Mandschurei westlich des Amur zurückziehen.[107]

Der Hamburger Hafen um die
Jahrhundertwende

Eintritt der Hapag in die Ostasienfahrt (1898)

Zum Zeitpunkt der Ausschreibung der ersten Reichspostdampfersubvention im April 1886 hatte die Hapag gerade einen vierjährigen verlustreichen Ratenkampf im Nordatlantik gegen die Carr-Linie als Außenseiter hinter sich und war daher wirtschaftlich noch zu geschwächt, um als Mitbewerber dieser neuen Langstreckenverkehre auftreten zu können. Sie hatte jedoch die glückliche Idee, ihren Herausforderer, den damals achtundzwanzigjährigen Albert Ballin, dessen Einfallsreichtum auch wesentlich zur Verständigung mit der Carr-Line beigetragen hatte, mit der Leitung ihrer Passageabteilung und wenige Jahre später mit der Gesamtleitung des Unternehmens zu betrauen. Eine seiner hervorstechenden Fähigkeiten war, immer den richtigen Zeitpunkt abzuwarten, bis die Entwicklung ihm die Trümpfe zuspielte.

Schon Mitte der neunziger Jahre war Ballin zu der Überzeugung gelangt, daß es unklug sei, ein so großes Unternehmen wie die Hapag nur auf den Verkehr mit den beiden Amerikas (Nord- und Süd) abzustützen, denn zu oft hatte er erfahren müssen, welch großen Schwankungen der transatlantische Verkehr in seiner Fracht- und Passagierbeförderung unterlag. Immer wieder haben scharfe Konkurrenzkämpfe, Ausbrüche von Seuchen, die Unberechenbarkeit der Gesetzgeber, aber auch Wirtschaftsrezessionen, Einfuhrquoten, ja selbst Geschmacksumwandlungen der Reisenden zu teilweise existenzgefährdenden Einnahmerückgängen geführt. Er war daher entschlossen, das Unternehmensrisiko künftig sukzessive auf eine Reihe weiterer Verkehre zu verteilen, so daß Geschäftsrückgänge in einem Fahrtgebiet dann leichter durch Überschüsse in anderen Verkehren ausgeglichen werden konnten. Die politische Entwicklung in Ostasien, die zur Öffnung eines riesigen Marktes geführt hatte, lieferte die wirtschaftlichen Voraussetzungen für einen neuen vielversprechenden Geschäftsschwerpunkt. Im Jahre 1897 kam auch aus Kreisen des Hamburger Ostasienhandels die Anregung, die Fahrt nach Ostasien aufzunehmen.

Als die Neuverhandlungen der Reichspostdampferdienste nach Ablauf der fünfzehnjährigen Kontraktzeit mit der Regierung anstanden, war Ballin daher entschlossen, diesmal mit von der Partie zu sein. Als routinierter Taktiker kam er nicht als Bittgänger, vielmehr schuf er der Hapag zunächst eine Ausgangsposition als Konkurrentin, an der man nicht ohne Schaden vorbeigehen konnte.

Die von Hamburg operierende Kingsin-Linie war inzwischen mit einer weiteren Linie nach Indonesien gescheitert und mußte einen Teil ihrer neuen Schiffe mit Verlust wieder abstoßen, was sie ein zweites Mal in wirtschaftliche Schwierigkeiten brachte. Ballin war daher daran interessiert, die Organisation dieser alteingefahrenen Linie zu übernehmen, ohne sein Interesse vorzeitig kundzutun. Hierbei kam ihm unverhofft die Bremer Konkurrenz zu Hilfe.

Die Reederei *Rickmers,* die bereits in den siebziger Jahren mit ihren schnellen auf eigener Werft erbauten Klippern von Ostasien wiederholt volle Ladungen Tee nach New York und London in Konkurrenz zu den Briten und Amerikanern gefahren hatte, eröffnete im Jahre 1896 einen monatlichen Dienst mit fünf ebenfalls von ihr erbauten Dampfern von 6./7.000 tons Tragfähigkeit von Hamburg über Bremen und Antwerpen nach den Straits, Hongkong, Shanghai und Japan. Sie liefen 8 bis 10 Knoten, waren also ausgesprochene Frachter. Dem Norddeutschen Lloyd war es jedoch gelungen, ihre Inhaber alsbald von der Unzweckmäßigkeit eines ruinösen Wettbewerbs zu überzeugen und sie 1897 zu einem Vergleich zu bewegen, worin Rickmers seine Schiffe für drei Jahre an den NDL und die Hapag vercharterte, für Beschäftigung in anderen Fahrtgebieten, mit der Option für den NDL, die Dampfer nach Ablauf der Charter zu erwerben, was dann auch geschah.

Die Agenten der Rickmers-Linie gaben sich indes mit dieser Lösung nicht zufrieden, sondern setzten den Dienst mit einigen kleineren Rickmers-Schiffen und mit Chartertonnage mit dem stillschweigenden Einverständnis ihrer Prinzipalen fort. Sie traten daraufhin an die *Hapag* mit dem Vorschlag heran, ihrerseits nach Ostasien zu fahren. Diese willigte ein, übertrug ihre Agentur dem bisherigen Agenten von Rickmers, der Firma E. Th. Lind, und eröffnete am *25. Februar 1898* einen *monatlichen Frachtdampferdienst* mit eigener Tonnage von Hamburg und Antwerpen nach Penang, Singapore, Hongkong, Shanghai, Yokohama und Hiogo (Kobe) mit Anschlüssen nach Futschau, Kiautschau und Tientsin etc. Die erste Abfahrt erfolgte durch D. „Andalusia", 7.500 tdw., 12 kn.[108]

Mit diesem Trumpf in der Hand bot Ballin der Kingsin-Linie zur Vermeidung eines ruinösen Wettbewerbs die völlige Übernahme ihres Betriebes an. Dieser blieb angesichts ihrer desolaten finanziellen Lage keine andere Wahl, als auf das Angebot einzugehen. Ihre 13 Dampfer mit 46.727 BRT wurden noch im gleichen Jahr übernommen, zusammen mit dem Fahrtenleiter und der gesamten Belegschaft. Auch die Aktionäre wurden großzügig mit einem Aktientausch von 1:1 gegen Hapag-Aktien zuzüglich eines Bonus von 7 % abgefunden.[109]

Unter diesen Voraussetzungen erschien es nun auch dem NDL nicht ratsam, sich dem Wunsch der Hapag auf eine paritätische Beteiligung an dem Reichspostdampferdienst nach Ostasien länger zu verschließen, zumal Hamburg sich inzwischen zu einem Schwerpunkt des ostasiatischen Handels entwickelt hatte. Schon im Februar 1898 einigte man sich, daß in dem neuen vierzehntäglichen Dienst Hamburg und Bremerhaven abwechselnd angelaufen werden sollten und daß die Hapag vier der neun hierfür vorgesehenen Schiffe zu stellen hatte. Welchen Stellenwert die Geschäftsleitung diesem neuen Verkehr in Betriebsgemeinschaft mit dem NDL beimaß, wird aus dem nachstehenden Abschnitt ihres 51. Geschäftsberichts vom 30. 3. 1898 deutlich:

„Ein Ereignis von besonderer Bedeutung für die fernere Entwicklung unserer Gesellschaft dürfte der Eintritt derselben in den Wettbewerb um den Verkehr nach dem Fernen Osten sein. Die Entwicklung, welche die Verhältnisse in Ost-Asien und besonders in China nehmen zu wollen scheinen, rechtfertigte gewiß unseren Entschluß, der zielbewußten Politik unseres Kaisers zu folgen. Wir begründeten deshalb am 3. Januar 1898 eine regelmäßige monatliche Frachtdampfer-Linie zwischen Hamburg-Antwerpen und Penang, Singapore, Hongkong, Shanghai, Yokohama und Hiogo, mit Anschluß nach Foochow, Kiaotschau, Tientsin etc. Wir haben in diesem Dienst zunächst Schiffe unserer A-Classe beschäftigt, welche dafür vortrefflich geeignet sind. Da wir jedoch, der Stellung unserer Gesellschaft und der ganzen Organisation derselben entsprechend, uns auf den Betrieb von Frachtschiffen in solcher Fahrt dauernd nicht beschränken können, haben wir, Dank dem Verständnisse, welches die hohen Reichsbehörden und unsere Bremer Freunde unseren Absichten und der Stellung Ham-

burgs entgegenbrachten, eine Übereinkunft mit dem Norddeutschen Lloyd treffen können, nach welcher unsere Gesellschaft, falls der Reichstag die diesbezügliche Vorlage genehmigt, an dem Betriebe der Deutschen Reichspost-Linien nach Ost-Asien dergestalt teilnimmt, daß diese *Reichspostdampfer abwechselnd 14tägig von Bremen und von Hamburg* ihren Ausgang nehmen werden. Die ersten beiden von uns einzustellenden Reichspost-Dampfer werden wir in nächster Zeit deutschen Werften in Auftrag geben.

Wenn es uns so gelungen ist, das freundnachbarliche Verhältnis mit dem Norddeutschen Lloyd aufrechtzuerhalten und durch einen 15jährigen Vertrag eine Gemeinsamkeit des Betriebes der ostasiatischen Linien herbeizuführen, welche für diesen Zweig des Geschäfts der beiden Gesellschaften sich *von einer Fusion kaum noch unterscheidet,* so war es um so mehr unsere Pflicht, Mittel und Wege zu finden, um auch von der Hamburgischen Gesellschaft, welche den Verkehr zwischen unserem Hafen und Ost-Asien bisher vermittelt hat, die Nachteile abzuwenden, die durch unseren Mitbewerb um diesen Verkehr ihr zweifellos erwachsen müßten. Wir sind nach eingehender Erwägung der Sachlage zu der Überzeugung gekommen, daß nur durch eine völlige Verschmelzung unserer Gesellschaften ein Konkurrenzkampf zu vermeiden ist, und wir haben deshalb uns veranlaßt gesehen, der Deutschen Dampfschiffs-Rhederei zu Hamburg (Kingsin-Linie) eine dahin gehende Anerbietung zu übermitteln, welche, wie wir hoffen, von der Gesellschaft angenommen werden wird ..."

Nicht ohne Stolz wird in dem gleichen Bericht erwähnt:
„Unsere Gesellschaft bleibt auch in diesem Jahre die *größte Rhederei der Welt.* Ihrer Gesamt-Tonnage von 336,889 tons stehen bei der größten englischen Gesellschaft, der P. & O. Co. (Peninsular & Oriental Steam Navigation Company) nur 286,734 tons und bei der größten französischen Gesellschaft, der Messageries Maritimes, 246,986 tons gegenüber, in welchen Ziffern bei allen Gesellschaften die nach den diesjährigen Berichten im Bau befindlichen Schiffe eingeschlossen sind.

Es verdient ferner hervorgehoben zu werden, daß das durchschnittliche Alter der Schiffe unserer Gesellschaft nicht voll 8 Jahre beträgt ... Auch mit Bezug auf die Güte des Schiffsmaterials dürfte unsere Ge-

sellschaft unerreicht sein, da sie dem Verkehr heute schon 14 nach dem Doppelschrauben-System konstruierte Dampfer zur Verfügung stellt, während die vorerwähnten, ausländischen Gesellschaften nur je zwei solcher Schiffe im Betriebe haben."

Die Betriebsgemeinschaft mit dem NDL sah außerdem vor, daß sich der NDL mit der gleichen Dampferanzahl wie die Hapag an deren Frachtdienst nach Ostasien unter Verdoppelung der Abfahrten auf einen vierzehntägigen Dienst beteiligt und ihm zu diesem Zweck von den 13 Schiffen der Kingsin-Linie sieben überstellt wurden. Die Leitung des Frachtdienstes lag in Hamburg, während die Leitung des Reichspostdampferdienstes beim NDL in Bremen verblieb. Auf die Führung der Dienste hatten natürlich beide Gesellschaften Einfluß. Die Einnahmen wurden gepoolt, wobei dem Lloyd aufgrund seiner bereits gemachten Aufwendungen in der Reichspostlinie dort eine höhere Poolquote eingeräumt wurde.[110]

Der neue *Gemeinschaftsdienst* der Reichspost-Linie wurde am *4. Oktober 1899* durch den Lloyd-Dampfer „König Albert" ab Bremerhaven eröffnet, während die Hapag ihre erste Abfahrt mit der Jungfernreise des Dampfers „Hamburg" am 31. 3. 1900 ab Hamburg stellte. Diese wunderschönen Zweischornsteiner, beim Vulkan in Stettin erbaut, hatten beinah identische Abmessungen. Sie hatten eine Tragfähigkeit von 10.000 tdw. und liefen mit ihrem Doppelschraubenantrieb und 9.000 PS 16 Knoten.

Der neue vierzehntägige Fahrplan des Reichspostdampferdienstes bezog nach den erweiterten Kontraktbedingungen als zusätzliche Häfen *Rotterdam* und *Penang* mit ein und sah außerdem eine Erweiterung der Hauptlinie im Anschluß an Shanghai nach Nagasaki, Kobe und Yokohama vor, unter Wegfall des bisherigen Zubringerdienstes ab Hongkong. Damit wurde nun auch *Japan* in den *Direktverkehr* von und nach Europa eingegliedert.[111]

Laut Geschäftsbericht von 1898 entwickelte sich die Frachtlinie schon im ersten Betriebsjahr „sehr befriedigend" und würde noch wesentlich günstigere Ergebnisse geliefert haben, wenn nicht die Bunkerpreise als Folge eines monatelangen Streiks der Kohlenarbeiter in Wales drastisch erhöht worden wären. Zum Jahresende mußten wegen des erhöhten

HAMBURG-AMERIKA LINIE

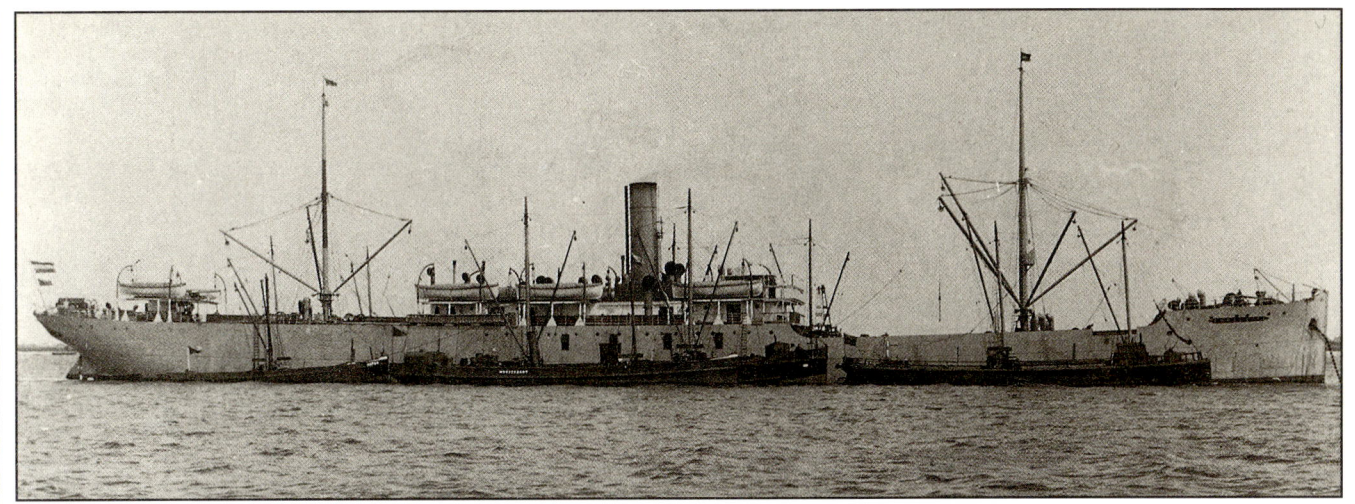

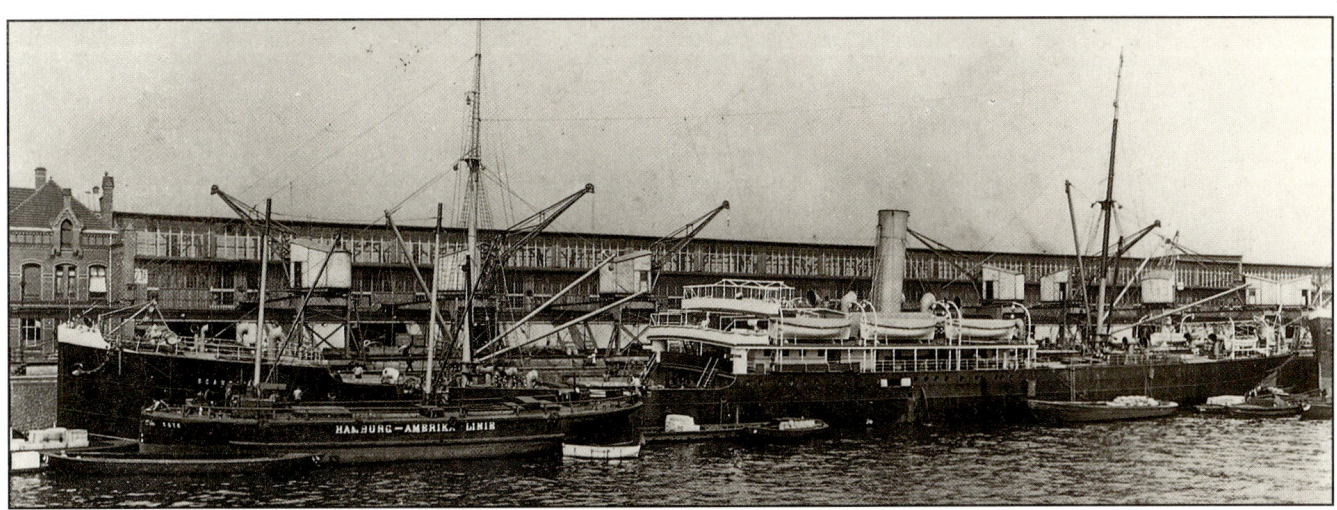

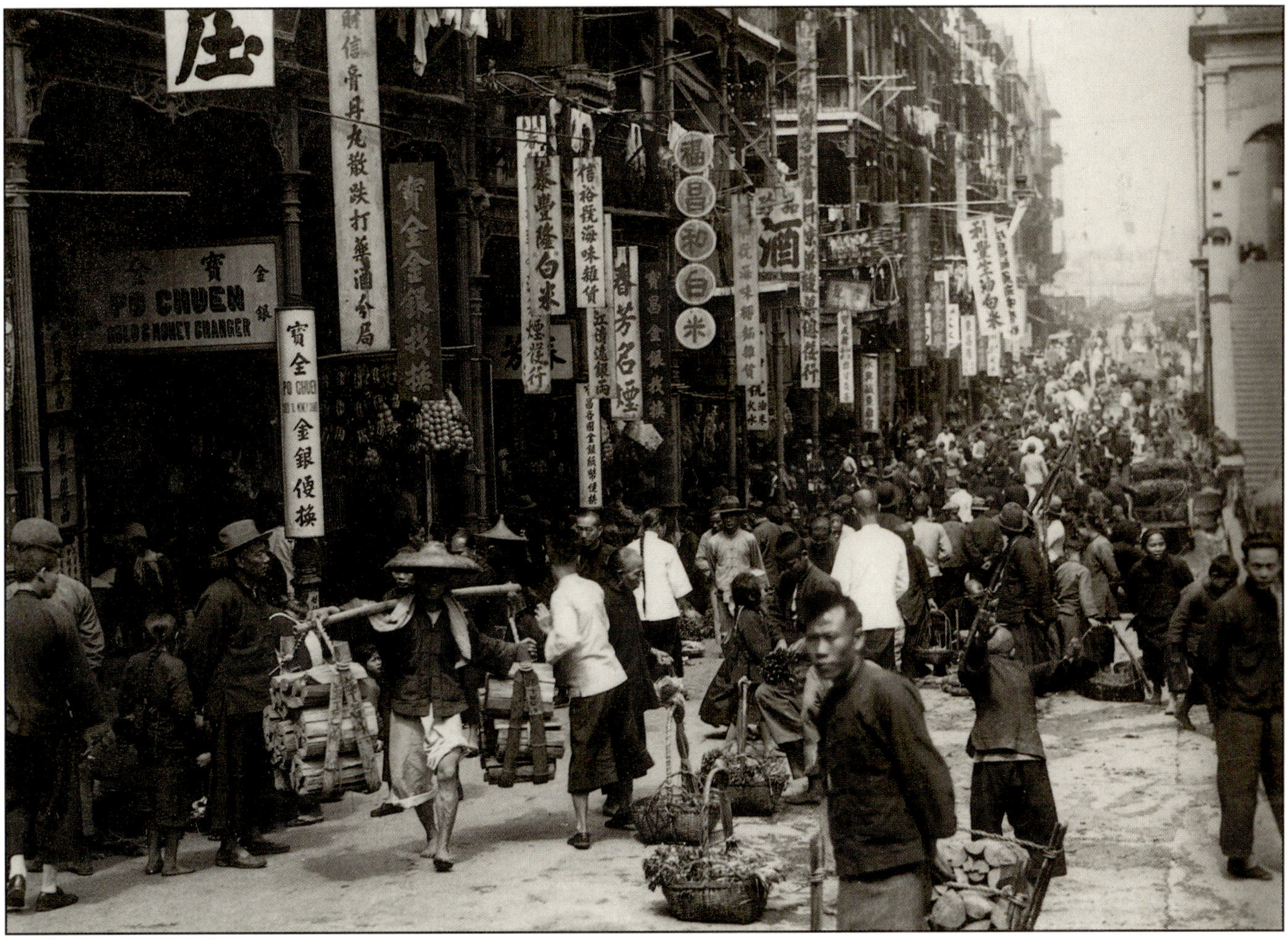
寶全
金銀
PO CHUEN
GOLD & MONEY CHANGER
寶全
PO CHUEN
金銀便換
福昌和白米
酒

ausgehenden Ladungsanfalls aufgrund einer zu erwartenden Zollerhöhung in Japan Extra-Dampfer eingestellt werden.

Weiter verlautet in dem Bericht, daß die kommerzielle Entwicklung Japans und die fortschreitende Aufschließung Chinas für den Außenhandel auch zu einer fühlbaren Belebung der Handelsbeziehungen zwischen Nordamerika und Ostasien geführt habe. Um der deutschen Schiffahrt einen Anteil an diesem Verkehr zu sichern, „haben wir in Gemeinschaft mit den Herren Rob. M. Sloman und einer englischen Firma *eine Linie New–York–Ostasien* mit vorläufig monatlichen Abfahrten errichtet".

Ein Jahr später heißt es über die weiterhin sehr erfreuliche Entwicklung des Frachtdienstes u. a.:
„Die fortschreitende Aufschließung Chinas sorgt für ausreichende ausgehende Ladung zu lohnenden Frachten, während rückkehrend allerdings zeitweilig der im Gegensatz zum Vorjahre sehr geringe Ertrag der japanischen Reisernte sich fühlbar machte."

„Indessen war es möglich, diesen Ausfall durch gelegentliches Anlaufen einzelner nicht zur regelmäßigen Route unserer Dampfer gehörender Häfen auszugleichen. Ein mit der Schantung-Eisenbahn-Gesellschaft abgeschlossener Vertrag, durch welchen wir es übernommen haben, das gesamte Material für die von dieser Gesellschaft zu erbauende Eisenbahn nach Kiautschou zu befördern, wird uns voraussichtlich zu einer weiteren Vermehrung der Expeditionen und Einstellung fernerer Dampfer in diese Linie sowie die Einbeziehung der Häfen Calcutta und Bombay in den Fahrplan unserer von Ostasien heimkehrenden Dampfer Veranlassung geben."

Als Äquivalent für die erhöhten Risiken, die der Schiffahrt immer wieder durch kriegerische Auseinandersetzungen, Blockade von Häfen und Verkehrsrelationen etc. entstehen, nahm Ballin jede Gelegenheit wahr, aus solchen Ereignissen, wenn sich die Gelegenheit bot, kommerziellen Nutzen für die Hapag zu ziehen, und er entwickelte im Laufe der Zeit hierfür ein untrügliches Gespür.

So war es ihm möglich, in dem 1898 ausbrechenden Konflikt zwischen den Vereinigten Staaten und Spanien die beiden Schnelldampfer „Normannia" und „Columbia" mit gutem Gewinn an die spanische Regie-

rung zu verkaufen, die diese zur Verstärkung ihrer Kriegsflotte zu Hilfskreuzern umzubauen wünschte. Um sich nicht des Vorwurfs unneutraler Handlungsweise auszusetzen, bot er diese Schiffe vor dem Abschluß der amerikanischen Regierung zum Kauf an, die jedoch ihr Desinteresse bekundete. Die Transaktion kam über eine englische Firma zustande. Die Schiffe waren zum Zeitpunkt des Verkaufs schon weitgehend abgeschrieben und machten Mittel für den Erwerb modernerer Tonnage frei.[112]

Gemäß den Bestimmungen des Reichspostdampfervertrages verpflichteten sich der NDL und die Hapag, in Krisenzeiten ihre Tonnage der Regierung auf Verlangen für Transporte von Versorgungsgütern etc. zur Verfügung zu stellen. So erhielten beide Reedereien beim Ausbruch des Boxeraufstandes den Auftrag, das unter dem Kommando des mit Ballin befreundeten Feldmarschalls Graf Waldersee stehende deutsche Kontingent zum Schauplatz der Kämpfe zu befördern. Jedoch erwies sich diese Aufgabe als Verlustgeschäft, da die Reedereien gezwungen waren, hierfür Extra-Tonnage aus anderen Verkehren wie dem Nordatlantik herauszuziehen, wo der Passageverkehr aufgrund der Pariser Weltausstellung im Jahre 1900 besonders lebhaft war, und sie durch Charterschiffe zu ersetzen.

Gerade in solchen Krisenzeiten bzw. *Zeiten des nationalen Notstands* — unabhängig von ihrer jeweiligen politischen Bewertung — der Falklandkonflikt liefert das jüngste Beispiel — ist jeder Staat auf die Leistungsfähigkeit seiner eigenen Transportkapazitäten angewiesen, und hier wurde die deutsche Handelsflotte erstmalig vor ihre Bewährungsprobe gestellt: Zur Bewältigung des Transportes des Ostasiatischen Expeditions-Korps waren innerhalb kürzester Zeit 55 Kompanien Marine-Infanterie, 4 Schwadronen Kavallerie, 10 Batterien Feldartillerie mit 60 Geschützen, 6 Pionier- und Eisenbahnkompanien mit insgesamt 770 Offizieren und 18.000 Unteroffizieren und Mannschaften sowie 5.600 Pferde, 860 Geschütze und Fahrzeuge sowie 20.500 cbm Kriegsmaterial und Ausrüstungsgegenständen nach China zu befördern.
Sämtliche Verschiffungen erfolgten von Bremerhaven, während weitere Nachschubgüter in Ermangelung deutscher Schiffe mit britischen Charterschiffen unter der Reedereiflagge des NDL von Australien nach Ostasien transportiert wurden.

Seitens Hapag und Lloyd wurden insgesamt 18 eigene Schiffe, darunter zwei Hospitalschiffe, eingesetzt und für die Ausrüstung noch einmal weitere 39 Dampfer. Für die Rückbeförderung wurden hauptsächlich die fahrplanmäßigen Reichspostdampfer benutzt, zum Teil aber auch Charterschiffe. Im ganzen wurden 21 Dampfer benötigt, darunter 15 des Norddeutschen Lloyd. Auf keiner der langen Reisen ist ein Unfall eingetreten. Die Abfertigungseinrichtungen in Bremerhaven hatten sich ausgezeichnet bewährt.

Beiden Gesellschaften wurde für die reibungslose Operation vom Reichsmarineamt Dank und Anerkennung ausgesprochen.[113]

◁◁
Am 25. Februar 1898 eröffnete die Hapag mit D. „Andalusia" (1), 5.400 BRT/7.500 tdw, 12 Kn, Pass.: 20 I., Bes.: 45, ihren neuen Ostasiendienst

D. „Scandia" (2) (Hapag), 4.500 BRT/7.000 tdw, 12 Kn, Pass.: 24 I., Bes.: 48, wurde 1897 bei Blohm & Voss für die Kingsin-Linie gebaut, im April 1898 zunächst von der Hapag im Rahmen der Fusion übernommen und noch im gleichen Monat unter dem neuen Namen „Königsberg" an den NDL übergeben, um dann im Rahmen der Neuregelung des Ostasiendienstes ab Mai 1904 wieder an die Hapag übereignet zu werden

Hongkong um die Jahrhundertwende: Straßenszene im Chinesenviertel

◁
Reichspostdampfer „Hamburg" (Hapag) auf der Reede von Hongkong, Bauj. 1899, 10.500 BRT/9.900 tdw, 2 Schr., 15,3 Kn, Pass.: 290 I., 100 II., 80 III., 1.700 ZwD, Bes. 225

53

D. „Vandalia" (Hapag), Bauj. 1905, 4.200 BRT/
6.800 tdw, 11 Kn, war vom April 1905 bis
1908 im New-York-Ostasiendienst der Hapag
via Suez-Kanal eingesetzt

D. „Andalusia" (1) (Hapag) verläßt Bremerhaven mit Truppen des Expeditionskorps
gegen den Boxeraufstand in China 1900

Feldmarschall Graf Waldersee mit seinem Stab
als Befehlshaber des Expeditionskorps an
Bord eines Passagiertenders der Reichspostdampferlinie

Albert Ballins Ostasien-Reise 1901

Albert Ballin trat 1886 – dem Jahr der Eröffnung der Reichspostdampferlinien – in die Direktion der Hapag als Leiter der Passageabteilung ein und hat diese Reederei innerhalb weniger Jahre an die Spitze in der Weltrangliste geführt. Er leitete dieses Unternehmen von 1889 bis zu seinem Tode im November 1918

Im Januar 1901 trat Ballin auf dem zweiten von der Hapag in den Reichspostdampferdienst neu eingestellten Dampfer „Kiautschou", einem Schwesterschiff der „Hamburg", eine Ostasienreise an, um das neue große Fahrtgebiet persönlich in Augenschein zu nehmen.

Es ist geradezu faszinierend, aus seinen Briefen zu erfahren, wie um die Jahrhundertwende jene asiatischen Häfen und ihre Menschen auf einen Europäer wirkten, die heute noch immer von unseren Schiffen regelmäßig angelaufen werden, und wir möchten Ihnen wenigstens einige Passagen daraus nicht vorenthalten:

„An Bord des R.P.D. „Kiautschou", den 16. Januar 1901.[114]
Bei kaltem windigen Wetter trafen wir abends spät vor *Port Said* ein, und es war längst nach Mitternacht, als wir endlich den Lotsen aufgenommen hatten und in den Hafen dampfen konnten. Die Kälte hatte mich von der Kommandobrücke vertrieben, und da ich nicht glaubte, daß der Agent mit den Depeschen vor dem nächsten Morgen an Bord kommen würde, war ich dem Beispiel meiner Frau und fast aller Passagiere gefolgt und hatte mich zur Ruhe begeben. Da hatte man die Rechnung aber ohne die Araber gemacht; kaum war das Schiff zu Anker gebracht, als mit einem wilden Geschrei, einem wahren Höllenlärm, einige Hunderte schwarzer Kerle über dasselbe stürzten, um in den weiten Raum der „Kiautschou" die bestellten 800 tons Kohlen zu tragen. Wohl nirgends in der Welt wird die Lieferung der Kohlen schneller besorgt, aber wohl nirgends vollzieht sie sich auch mit solch einem infernalischen Lärm wie in Port Said. Man denke sich nur einige Hunderte wild durcheinander heulende Menschen, dazwischen brüllende Kommandorufe und das Geräusch der unausgesetzt in die Bunker strömenden Kohlen zu einem Ensemble vereinigt! Daß unter solchen Umständen an Schlaf für die Passagiere nicht zu denken war, ist leicht begreiflich ... Ich gab nach einigen Stunden den aussichtslosen Versuch, Ruhe zu finden, auf und fand, als ich in den Salon kam, daß so ziemlich alle Passagiere wohl oder übel meinem Beispiel gefolgt waren.

Hier mußte ich denn auch erfahren, daß die kundigen Thebaner unter den Passagieren gar nicht erst den Versuch gemacht hatten, zu schlafen, sondern um 2 Uhr nachts an Land gefahren waren. Port Said ist das richtige, auf den modernen Post-dampferverkehr zugeschnittene Räubernest; die Läden und die Kneipen, die Konzerthäuser und Spielhöllen sind alle den modernen Verkehrsbedürfnissen entsprechend organisiert, und so war denn unsere „Kiautschou" kaum in den Hafen gekommen, als die Besitzer dieser mehr oder weniger verlockenden Unternehmungen die Tore ihrer hell erleuchteten Häuser auch schon trotz der nächtlichen Stunde gastlich geöffnet und bereit waren, im Zeichen des Verkehrs an unseren harmlosen Passagieren ihre Fähigkeiten zu erproben ...

Zwischen Aden und Colombo, 24. Januar 1901.
... Vor *Aden* hatten wir nur kurzen Aufenthalt ... Schattenlos zwischen kahle Felsen geklemmt, sieht man den Ort vor sich liegen, den die Engländer zu einem zweiten Gibraltar ausgestalten möchten. Festungsarbeiten sieht man über die ganze Halbinsel. Es muß ein trostloser Aufenthalt für Europäer sein. „Des Teufels Punschkessel" nennen es die englischen Offiziere, für die eine Versetzung nach Aden gleichbedeutend sein muß mit einer Verbannung.

28. Januar 1901.
... Wir haben inzwischen am 25. Januar einen genußreichen und für immer unvergeßlichen Tag in *Colombo* verlebt. Der Lotse brachte schon die Nachricht an Bord, daß die Königin Victoria gestorben sei, eine Meldung, die unsere lebhafte Sympathie und unter den englischen Passagieren eine große Trauer erweckte. Gegen 9 Uhr morgens begaben wir uns an Land und ich machte, da die Bureaus in Colombo erst nach 10 Uhr geöffnet zu werden pflegen, und ich so meine geschäftlichen Besuche noch nicht ausführen konnte, zunächst eine Wagenfahrt durch die herrlichen parkartigen Anlagen, welche die Stadt umsäumen. In den prächtigen Rahmen passen auch die Menschen hinein, die einst die Gebieter dieser fruchtbaren Insel waren, während sie jetzt unter den Segnungen der Kultur die Knechte der Europäer geworden sind ...

... In dem alten Oriental-Hotel, nach welchem wir uns zum Luncheon begaben, trafen wir eine Anzahl unserer Reisegenossen im eifrigsten Handel mit den dort befindlichen singhalesischen und indischen Kaufleuten, welche sich bei Ankunft der Postdampfer auf den Terrassen der Hotels zu etablieren pflegen. Es ist das ewig gleiche Bild des orientalischen Handels, nur daß die Händler hier eine sich nie verleugnende, offenbar

Der Hafen von Port Said (1900)

Junge Ägypterinnen in Port Said (1900)

Der Suez-Kanal um die Jahrhundertwende

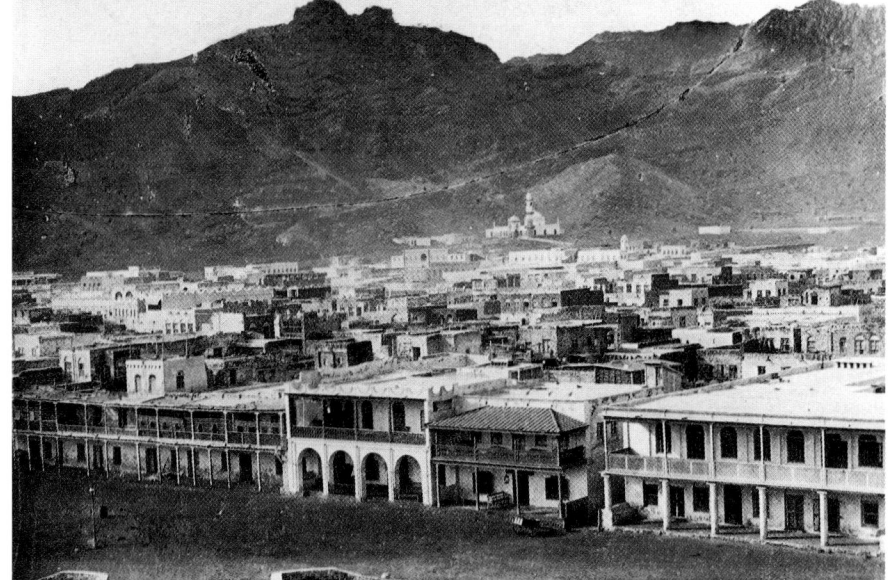

Aden um 1900

Shanghai – der Bund, die berühmte
Promenadenstraße am Hafen zu Beginn
dieses Jahrhunderts

Tsingtau (1901) vom Signalberg aus gesehen

Blick auf den Hafen von Hongkong

57

angeborene Grazie und Ritterlichkeit bekunden.

2. Februar 1901
… Die Einfahrt in den Hafen von Singapore ist von seltener Schönheit, zwischen im herrlichen Grün prangenden kleinen Inseln windet sich das Schiff hindurch, fast zwei Stunden fahren wir so, ehe wir in den eigentlichen Hafen gelangen …
Singapore ist ein mächtig aufstrebender Stapelplatz für den Handel im Osten, es hat den Verkehr von Niederländisch-Indien, von Britisch-Borneo, von den Philippinen und den sogenannten Native States zum guten Teil über seinen Hafen gelenkt. Das konnten, natürlich mit Hilfe der Reedereien, energische und kluge Kaufleute zuwege bringen, und unter diesen Kaufleuten Singapores – man darf es mit Stolz aussprechen – spielen heute die Deutschen die erste Rolle …

… In *Saigon* haben wir anderthalb Tage zugebracht. Die Franzosen haben die Stadt mit außerordentlichem Geschick angelegt und sie besitzen jedenfalls in *Cochin-China* eine außerordentlich wertvolle Provinz. Der Unterschied zwischen dem französischen und dem englischen Charakter ist in Saigon am besten dadurch dokumentiert, daß man mit einem Kostenaufwande von 2,5 Millionen Franken ein prächtiges Theater erbaut hat. Das hätte den Engländern nie passieren können, die hätten sicherlich das Geld in dem Bau von Klubhäusern und Rennbahnen angelegt …

16. Februar 1901
… Die deutsche Kolonie von Hongkong gibt derjenigen von Singapore an Lebenslust und Gesellkeit nichts nach, an der Spitze in dieser Beziehung und überhaupt in der Repräsentation steht das Haus der Familie Siebs. Herr Siebs, der Seniorchef des Hamburger Hauses Siemssen & Co., ist seit einer großen Reihe von Jahren, ich glaube an zweiundvierzig, im Osten, wo er eine ganz außerordentlich prominente Stellung auch in den besten englischen Kreisen einnimmt. Dazu hat neben seiner großen Erfahrung in allen China betreffenden kommerziellen Verhältnissen und seiner Hilfsbereitschaft seine liebenswürdige Gattin ein gut Teil beigetragen, die durch eine vornehme Gastfreiheit und einen musterhaft aufgezogenen Hausstand dem Hause Siebs einen außerordentlichen Namen verschafft hat. Wer von Frau Siebs empfangen wird, gilt – wie man mir in Hongkong sagte – dort für gesellschaftsfähig.

Ich kann meine Erinnerungen an *Hongkong* hier nicht in flüchtigen Strichen festlegen, ohne auf das eigenartige Leben und Treiben von Hongkong, dieser Perle in dem großen Kranze englischer Kolonien, etwas ausführlicher einzugehen. Am Hafen entlang, meist in prächtigen Gebäuden, ziehen sich die Bureaus der großen Handelshäuser und Schiffahrtsagenturen hin, daran schließen sich die Straßen, welche Kaufläden in großer Zahl enthalten, und die Chinesenstadt mit ihrer emsigen Bevölkerung. Als Verkehrsmensch ist es mir sicherlich gestattet, über die Verkehrsmittel mich besonders auszusprechen. Das Pferd, welches nur in vereinzelten Exemplaren für Reit- und Sportzwecke vorhanden ist, wird in Hongkong durch den Menschen ersetzt, den Kuli, diesen letzten in seiner Rasse, der dem sensitiven Europäer unendliches Mitleid abnötigt. Im unteren Teile der Stadt hat die vom Kuli gezogene Ricksha das Übergewicht, aber Hongkong baut sich an einem Berge auf, und die Privathäuser liegen fast alle auf den herrlich gepflegten terrassenförmig aufsteigenden Wegen, die den Peak umsäumen. Hier hinauf tritt der „Chair-Kuli" (der Stuhlträger) in den Vordergrund, wie es auch innerhalb des ebenen Teiles der Stadt für vornehmer gilt, sich tragen zu lassen. Selten werden diese armen Kreaturen älter als 40 Jahre, ihre durchschnittliche Lebensdauer soll jedenfalls 35 Jahre nicht überschreiten.

Shanghai, 6. März 1901
… Man hat sicherlich nicht zuviel gesagt, wenn man *Shanghai* das New York des Ostens nennt. Der ganze, im raschen Wachsen begriffene Verkehr von den Jangtse-Häfen, ebenso auch der größte Teil des Verkehrs aus den nördlichen Teilen des Reiches nimmt seinen Weg über Shanghai. Die deutsche Kolonie hier ist wesentlich zahlreicher als diejenige von Hongkong, und auch hier ergibt sich wieder die erfreuliche Tatsache, daß das Deutschtum einen außerordentlich lebhaften Anteil an dem großen Geschäfte hat, welches sich in Shanghai vollzieht …

Zwischen Tsingtau und Nagasaki, an Bord D. Sibiria, den 18. März 1901
.. Der Dampfer unserer Gesellschaft, „Sibiria", wartete schon seit 10 Tagen im Hafen auf uns, um für die nächste Zeit unsere Beförderung zu übernehmen. Ich hatte mich entschlossen, zunächst mit dem Schiff eine Reise auf dem Jangtsekiang zu machen, um diesen wichtigen Strom kennenzulernen, an dessen frucht-

baren Ufern die betriebsamsten chinesischen Städte liegen. Der Jangtse ist tagereisenweit selbst für ganz große Seeschiffe befahrbar, im Sommer steigen seine mächtigen Wasser im oberen Lauf nicht selten um 50 Fuß, und so hat man denn auch bei der Anlage der Städte unter großen Schwierigkeiten auf diese gewaltigen Überflutungen Rücksicht nehmen müssen. Unser Ziel war Nanking. Einst die alles beherrschende Hauptstadt des himmlischen Reiches, ist Nanking, nachdem es während der großen Revolution im Jahre 1862 zerstört wurde und das Kaiserhaus seine Residenz verlegt hatte, nie wieder zu einer Bedeutung gelangt. Nun hat man vor etwa 2 Jahren den Platz den Fremden geöffnet, und die Mächte haben sich beeilt, Konsulate hier zu errichten, einmal in der Hoffnung auf eine neue Entwicklung der Stadt, dann aber auch, weil ein Vizekönig in Nanking seinen Sitz hat.

An Bord der „Sibiria" zwischen Tsingtau und Japan, 19. März 1901
… In *Tsingtau* trafen wir mit dem D. „Sibiria" am Morgen des 14. März ein. Diese deutsche Kolonie macht einen außerordentlich guten und großen Eindruck. Überall ist mit viel Fleiß gearbeitet worden, und man möchte beinahe glauben, daß die Bautätigkeit sich etwas überhastet und ein Rückschlag nicht ausbleiben kann. Wenn man durch unsere Brille die Sache ansieht, so wird man allerdings sagen müssen, daß das, was hier geschehen ist, zuviel an Wilhelmshaven und zuwenig an Hongkong sich anlehnt. Es war ja vorauszusehen, daß eine Kolonie, in welcher das Reichsmarineamt der absolute Herrscher ist, sich im überwiegenden Maße nach der marinetechnischen Seite hin entwickeln würde. Da Remedur zu schaffen, ist es noch nicht zu spät, und ich habe tatsächlich großes Vertrauen zu der Entwicklungsfähigkeit Kiautschaus mit fortgenommen.

Tokio, 31. März 1901
… *Japan* – wie wirkte es auf uns, die wir von dem kahlen und kalten Norden Chinas kamen! Dort alles ernst und trübe, hier im lachenden Sonnenschein, von herrlich bewaldeten Höhen umgeben, ein prächtiger, sich bis ins Herz der Stadt hineinziehender, tiefer Hafen. Vor den Fenstern unserer Zimmer lagen die großen Postdampfer, lagen mächtige Kriegsschiffe, und auch unsere „Sibiria" hatte ihren Ankerplatz so genommen, daß die Flagge der Hapag fröhlich zu uns hinauf grüßte.

Daß Klima und Natur auf den Menschen einen großen Einfluß üben, sieht man beim Japaner wie beim Chinesen; dieser immer ernst und mürrisch, wenig geneigt, sich um andere zu kümmern, der Japaner dagegen lustig, geschwätzig und in überschwenglicher Höflichkeit den Fremden entgegenkommend. Dabei muß aber hervorgehoben werden, daß die Ehrlichkeit der Chinesen, besonders der chinesischen Kaufleute, eine geradezu unantastbare ist.

Die Frauen Japans sind uns aus dem „Mikado" und der „Geisha" ja schon bekannt. Sie machen in der Tat einen außerordentlich sympathischen und gleichzeitig possierlichen Eindruck. Von den Frauen und dem Familienleben sieht der Fremdling in Japan in acht Tagen mehr, als er in ebenso vielen Jahren in China davon kennenlernt. Denn während in China die Frauen möglichst abgeschlossen von der Welt gehalten werden, spielt das ganze japanische Leben sich in der breitesten Öffentlichkeit ab. Das liegt zum guten Teil auch an der Bauart der Wohnungen. Zierlich wie die Menschen selbst, sind ihre Häuser und wunderbarerweise baut sie der Japaner, der sonst alles nachahmt, was er in Europa gesehen, auch heute so, wie seine Väter es ihn gelehrt. Man sieht nur selten ein Fenster, dafür werden die luftlochartigen Öffnungen in den Häusern mit in Rahmen gespannten Papier verdeckt. Anstatt der Türen hat man nur hin- und herschiebbare Gitter, und alles wird bei Tage sperrweitoffen gehalten, so daß man die ganzen Räume von der Straße aus zu übersehen vermag. Im Sommer aber zieht der Japaner überhaupt mit Kind und Kegel auf die Straße, und man erzählt uns – daß dann die intimsten Familienszenen sich im Freien abspielen. Es will mir scheinen, als sei es nicht ein Mangel an Moral, sondern im Gegenteil, eine hochentwickelte Moral, wenn an und für sich natürliche Vorgänge als solche auch aufgefaßt und deshalb dem Lichte der Sonne nicht entzogen werden! ...

... Am 23. März, 9 Uhr vormittags, kamen wir in Kobe an, wo wir für mehrere Tage Aufenthalt nehmen müssen.

Unsere Reise nähert sich schon ihrer Beendigung, wenigstens haben wir das angenehme Gefühl, daß die Heimat uns nun näherrückt. Wie werden wir sie wiedersehen? Fast auf jeder Station dieser großen Fahrt hat eine Trauerbotschaft uns ereilt, und unser Aufenthalt in Kobe war ganz unter den Eindruck gestellt, den der Verlust meines alten Laeisz ausübte. Daß ich heimkehrend seinen Platz leer finden soll, will mir noch immer nicht in den Sinn.

Was ist das Leben – sprich,
Gib schnell mir den Bescheid,
Hingeben – was dir lieb,
Hinnehmen – was dir leid!" ...

Ballin und *Wiegand,* der bereits 1898 Ostasien besuchte und hierüber eingehend berichtete, haben auf diesen Reisen jedoch nicht nur die Eigenarten und Schönheiten der von ihnen besuchten Länder wahrzunehmen gewußt, sondern auch hart gearbeitet, um neue Geschäftsbeziehungen anzubahnen und ihr Liniennetz systematisch und konsequent auszubauen. Auch haben sie mit wachem Sinn Schwächen und Stärken ihrer Organisationen, aber auch die ihrer Konkurrenten registriert und in ihren Berichten an ihre Zentralen ausgewertet. Hierbei ließen sie es nicht an herber Kritik fehlen, wenn von ihnen Mißstände im eigenen Betrieb festgestellt wurden, um sicherzustellen, daß sie unverzüglich abgestellt werden. So berichtete Ballin:[115]

„... Zu Nutz und Frommen der Ausrüstungsabteilung füge ich noch hinzu, daß die Äpfel außerordentlich minderwertig sind, ein Umstand, der um so mehr befremdet, als man es doch so bequem gehabt hätte, dem Schiff amerikanische Äpfel an Bord zu geben. Die Frühstückskarten sind noch nach der alten Mode und nicht, wie vor etwa Jahresfrist beschlossen, täglich wechselnde. Ginger Ale, welches auf solchen Fahrten sicher begehrt ist, steht zwar auf der Karte, ist aber nicht an Bord. Die Stewards sind teilweise noch sehr jung und unerfahren, und vorläufig macht die ganze Bedienung einen sehr verwilderten Eindruck. Wir sollten der kürzlich besprochenen Idee, während des Winters englische Unterrichtsstunden für Stewards einzuführen, ernsthaft nähertreten, denn auch auf dieser Reise sind mindestens ebenso viele Engländer an Bord wie deutsch sprechende Passagiere."

Nachdem Ballin die Verpflegung an Bord der neuen Reichspostdampfer auf dieser langen Tropenfahrt als einen Fehlgriff bezeichnete – sie war ihm in ihrer Zusammensetzung zu schwer –, prangert er bei diesen aufwendigen Passagierschiffen die zu langen Liegezeiten in der großen Zahl von Häfen aufgrund des umfangreichen Ladungsgeschäftes an. Sie führten zu einer großen Belästigung des Passagier- und Postdienstes, wie er es selber auf dieser Reise erleben mußte, und er äußert berechtigte Zweifel, ob die dadurch ausgelösten Mehrkosten von der bescheidenen Erhöhung des Reichszuschusses auch nur annähernd abgedeckt würden:

„... Um wieder in den vorgezeichneten Fahrplan· zu kommen, müssen wir die ganze Reservekraft dransetzen und schleppen so über 7.000 tons Ladung unter schweren Opfern an Kohlenverbrauch mit 15–16 Knoten über diese weiten Strecken. Das wäre alles noch plausibel, wenn für diese außerordentlichen Aufwendungen auch höhere Frachteinnahmen erzielt würden. Tatsächlich befördern wir aber die große Ladung zu gleichen Raten wie die Frachtdampfer, und tatsächlich handelt es sich mit wenigen Ausnahmen um Ladung, die eine schnelle Beförderung gar nicht beansprucht und ebensowohl mit 11 Knoten Geschwindigkeit reisen könnte."

Hongkong, den 16. Februar 1901
„... Wir setzten unsere Reise von Singapore nach Saigon und Hongkong mit dem französischen Postdampfer „Tonkin" am 6. abends 5 Uhr fort ...

... Die „Tonkin" ist vor drei Jahren erbaut und gilt zusammen mit einem im vorigen Jahre fertiggestellten Schwesterschiff für das beste Fahrzeug der französischen Postlinie. Das Modell dieses Schiffes sowie die innere Einrichtung ist total veraltet. Eines jedoch ist modern, die Franzosen haben auf Oberbetten ganz verzichtet und haben, wenigstens soweit feste Betten in Betracht kommen, in jeder Kammer, ähnlich wie wir es auf der „Victoria Luise" haben, zwei Unterbetten placiert. Nur in einzelnen Kammern, die mit 3 oder 4 Personen belegt werden können, sind Vorkehrungen für Oberbetten getroffen. Die Franzosen haben ferner gar keine Promenadendeckskammern auf diesen Schiffen und haben durch den Verzicht auf diese Einrichtung natürlich ein außerordentlich schönes Promenadendeck gewonnen. Das Schiff war schmutzig, unsauber in allen Teilen und sah infolgedessen trotz seines jugendlichen Alters sehr abgenutzt aus.

Die Küche war recht gut, den Passagieren wird nicht eine solche Mastkur zugemutet wie auf den deutschen Postdampfern, und ich glaube, daß für so lange Reisen der normale Mensch dieser Verpflegungsform den Vorzug geben möchte. Die Bedienung war außerordentlich freundlich und aufmerksam ...

Das Ergebnis seiner dreimonatigen Ostasien-Reise, die Ballin über die USA mit einem abschließenden Treffen aller Generalagenten der verschiedenen Linien in New York beendete, faßte er in telegrammstilartiger Kürze wie folgt zusammen:

„An geschäftlich wichtigen Unternehmungen der Reise ist folgendes hervorzuheben:

1. die Errichtung einer eigenen Niederlassung in Hongkong,
2. der Erwerb der bisher von Diedrichsen, Jebsen & Co. betriebenen Reichspostdampferlinie nach Shanghai, Tsingtau und Tientsin,
3. der Erwerb der bisher von Rickmers betriebenen Jangtse-Linie,
4. der gemeinsam mit den Käufern Carlowitz und Arnhold, Karberg & Co. unternommene Ankauf eines großen Terrains vor dem Hafen von Shanghai für die Errichtung von Docks und Kaianlagen und die Pachtung der sogenannten „Eastern Wharf". Aus diesen beiden Unternehmungen soll eine separate Aktiengesellschaft geschaffen werden.
5. Die Errichtung eines vorläufigen Bureaus in Shanghai. In Japan werden die Verhandlungen über die Errichtung einer Linie von Ostasien nach der amerikanischen Pazifikküste fortgesetzt."[116]

Was allein auf dieser Reise an neuen Impulsen und Projekten angepackt wurde, lassen die nachstehenden Auszüge erkennen:

„... Das Geschäft von Singapore hat während der letzten Jahre einen außerordentlichen Aufschwung erfahren, und das ist zu einem großen Teil der außerordentlichen Aktivität der Firma Behn, Meyer & Co. zuzuschreiben, welche auch den Lloyd veranlaßt hat, die verschiedenen Küstenlinien von Singapore ins Leben zu rufen. Tatsächlich beschäftigt der Lloyd auf den verschiedenen Zweiglinien nicht weniger als 32 Dampfer. Mit Herrn Witthoefft, der sich bekanntlich nach Hamburg zurückgezogen hat, ist allerdings die treibende Kraft aus Singapore geschwunden. Ich habe über verschiedene von ihm vorgeschlagene Unternehmungen verhandelt. Die aussichtsvollsten davon waren: Eine Linie Singapore–Rangoon–Australien und eine Küstenfahrt nach Rangoon, die zweifellos für unsere Frachtdampferlinie eine große Unterstützung sein könnte, aber sicherlich die lebhafteste Opposition der British India Co., die jetzt den Verkehr in Händen hat, hervorrufen würde, und da mit Bezug auf die Philippinenfahrt die Frage der

amerikanischen Flagge noch ein Hindernis bildet, so sind die Verhandlungen über das Stadium der Vorbesprechung nicht weit hinausgekommen ...

Hongkong, den 20. Februar 1901
... Die Verhandlungen hier haben, wie ich es Ihnen auch schon kurz telegraphisch meldete, sich so gestaltet, daß der Errichtung einer eigenen Niederlassung unserer Gesellschaft in Hongkong Bedenken nicht entgegenstanden, und da es sich weiter bestätigt hat, daß für die Etablierung einer ostasiatischen Zentrale Hongkong der gegebene Platz sei, so habe ich die diesbezüglichen Schritte eingeleitet und zum Abschluß gebracht ...

Shanghai, den 4. März 1901
... Ich habe, wie ich Ihnen schon telegraphisch mitteilte, meinen Aufenthalt hier verlängern müssen, da ich mit den Verhandlungen bezüglich eventueller Errichtung einer Jangtse-Linie nicht recht vorwärts komme.

Für die Fahrt auf dem Jangtse sind die wichtigsten Häfen Shanghai, Chinkiang, Nanking, Wuhu, Kiukiang und Hankau. Der Verkehr auf dem Jangtse liegt heute in Händen der folgenden Reedereien:

1. Butterfield & Swire, welche die größten und wohl auch die besten Schiffe besitzen.
2. Jardine, Matheson & Co.,
3. China Merchants' Co.,
4. einer kleinen chinesisch-englischen Linie,
5. des Norddeutschen Lloyd, der seine Schiffe allerdings unter Melchers' Flagge fahren läßt,
6. Rickmers und Arnhold, Karberg & Co., die für gemeinsame Rechnung die Fahrt betreiben.

Es sind dann noch einige kleinere Unternehmungen mit vereinzelten Schiffen in der Fahrt beschäftigt.

Die Fahrt wird mit flachgehenden Dampfern betrieben, teils Paddelbooten, teils Doppelschraubenschiffen. In ihrer äußeren Erscheinung gleichen die Jangtse-Dampfer mit ihren hohen Aufbauten ganz außerordentlich den Salondampfern, die man von New York aus auf dem Hudson verkehren sieht. Die überwiegende Einnahmequelle aller Jangtse-Dampfer ergibt sich aus dem außerordentlich starken chinesischen Passagierverkehr. Zweifellos wird die Zeit nicht fern sein, in welcher das Frachtgeschäft die größere Nahrung liefert, denn der Handel der

61

Jangtse-Häfen hat während der letzten Jahre einen großen Aufschwung genommen. So wächst denn auch von Jahr zu Jahr das Ladungsquantum, welches die Jangtse-Dampfer zur Weiterbeförderung nach Europa hier in Shanghai anbringen ...

An Bord der „Empress of China" zwischen Yokohama und Vancouver, den 17. April 1901
... Inzwischen habe ich Gelegenheit gehabt, mich mit den in Japan obwaltenden Verhältnissen in mehr als einer Beziehung leidlich vertraut zu machen ...

... Haben wir so mit einer Verminderung des ausgehenden Frachtverkehrs mit Japan für einen hoffentlich nicht zu langen Zeitraum zu rechnen, so haben wir neben diesem akuten Zustande für die zukünftige Gestaltung der Dinge hier einem viel einschneidenderen Faktor ins Gesicht zu sehen, das ist die Verdrängung des deutschen Handels durch den amerikanischen. Wie in China, so hat auch in Japan der Import von Nordamerika außerordentliche Fortschritte gemacht ... Ich kann die Erkenntnis nicht unterdrücken, daß in diesem wirtschaftlichen Kampfe ungeheure Vorteile auf amerikanischer Seite liegen. Sie werden mir gestatten, eine eingehende Begründung dieser Anschauung meinem mündlichen Bericht vorzubehalten ... Ich glaube, daß wir recht tun, mit möglichster Beschleunigung eine Verbindung zwischen Ostasien und der amerikanischen Westküste herzustellen ..."[117]

◁◁
Gruppenaufnahme der Besatzung „zur Erinnerung an die letzte Ostasienreise des R.P.D. ‚Hamburg' im Februar 1904"

D. „Staatssekretär Kraetke", Bauj. 1905, 2.000 BRT/2.600 tdw, 2 Schr., 11 Kn, Pass.: 44 I., 20 II., 300 ZwD, Bes. 58, fuhr zusammen mit dem Dampfer „Gouverneur Jaeschke" in der Ostasiatischen Küstenlinie der Hapag zwischen Shanghai, Tsingtau und Tientsin

D. „Savoia" (Hapag), Bauj. 1889, 2.600 BRT/3.800 tdw, 11 Kn, 18 Passagiere I., Bes. 42, eröffnete 1901 den Dienst von Hongkong nach Wladiwostok

D. „Sui Tai" (Hapag), Bauj. 1899, 1.650 BRT, 2 Schr., 10 Kn, versah seit 1901 die Zubringerlinie nach Shanghai auf dem Jangtsekiang, hier an der Old Ningpo Wharf in Shanghai. Die Hapag hatte dort 1901 eine eigene Quaianlage errichtet

◁
Deutsches Postamt in Hankau, China, 1912

Im Office eines deutschen Postamtes in China. An der Wand hängt eine Weltkarte des Nordd. Lloyd

Einer der typischen Flußleichter beladen mit Reis in Säcken auf dem Jangtsekiang im Hafen von Shanghai um die Jahrhundertwende

Hapag-Barkasse „Tsingtau" mit Leichter im Schlepp auf dem Jangtsekiang

Die Hapag beschränkt sich auf den Frachtverkehr (1903–1914)

Die großen Erwartungen, mit denen der neue erweiterte Gemeinschaftsdienst in bezug auf die zukünftige partnerschaftliche Zusammenarbeit zwischen den beiden großen Reedereien in Angriff genommen wurde, erwiesen sich als verfrüht. Zwar fehlte es auf beiden Seiten nicht an gutem Willen, aber offenbar waren die Grundkonzeptionen der Unternehmensleitungen, unter denen sie ihre Geschäftsbereiche auszudehnen suchten, noch zu unterschiedlich, als daß sie sich auch bei Einsatz identischen Schiffsmaterials überbrücken ließen. Schon in den Reiseberichten Ballins wurden ernste Zweifel bezüglich der Rentabilität des Reichspostdampferdienstes ohne einschneidende Rationalisierungsmaßnahmen angemeldet, und im Jahre 1903 kam es dann zu folgender Neuregelung in diesem Verkehr:

„Die Hapag gibt ihre Beteiligung am Reichspostdampfer-Dienst auf. Dafür verzichtet der NDL auf seinen Anteil am Frachtdienst nach Ostasien, der ganz an die Hapag übergeht, wobei die Frachtdampfer bis zu 40 Kajütspassagiere befördern dürfen. Der NDL übernimmt den Reichspostdampfer Kiautschou, während die Hapag sechs NDL-Frachter erhält. Als Begründung für diese überraschende Trennung gibt die Hapag an, daß die finanziellen Ergebnisse der Beteiligung sehr unbefriedigend gewesen seien, weil die nach den Plänen des NDL erbauten Schiffe sich als unzweckmäßig erwiesen hätten. Zudem sei das Ansehen der Hapag durch diese Beteiligung in keiner Weise gewachsen, da Durchführung und Verwaltung ganz in den Händen des NDL gelegen habe. – Weiter wird vereinbart, daß Truppentransporte (u.a. Ablösung der deutschen Einheiten in Kiautschou) zukünftig von Hapag und Lloyd im Verhältnis 50:50 durchgeführt werden sollen."[118]

Im Jahresbericht der Hapag hieß es ergänzend:
„In der Praxis zeigte sich, daß der Dualismus in der Verwaltung beider Linien der zweckmäßigen Ausnutzung des Dampfermaterials und der schnellen Disposition über dasselbe hinderlich war ... Nachdem wir aus dem ostasiatischen Reichspostdampferdienst ausgeschieden sind, ist unsere Gesellschaft nunmehr wiederum ganz auf ihre eigene Kraft angewiesen und bezieht keinerlei Reichs- oder Staats-Subvention. Das Einzige, was ihr überhaupt aus der Reichskasse zufließt, ist die Vergütung für die Beförderung der Post,

welche bekanntlich recht niedrig bemessen und insbesondere nach wesentlich geringeren Sätzen berechnet wird als die Vergütungen, welche den englischen Dampfschiffahrts-Gesellschaften von der britischen Postverwaltung gezahlt werden."[119]

Der dreijährige Vertrag mit der Reichspost brachte der Hapag einen jährlichen Zuschuß von 375.000 Mark, der jedoch nicht annähernd die Reisekosten der beiden neu beorderten Postdampfer abzudecken vermochte. Die letzte Hapag-Abfahrt in diesem Dienst erfolgte durch die „Hamburg" (Kapitän Burmeister) im Februar 1904 ab Hamburg.

Für weitere dreißig Jahre fuhren beide Linien dann wieder getrennt auf parallelen Kursen in ihren weltweiten Diensten. Sie trafen in einzelnen Verkehren zwischenzeitliche Vereinbarungen, um den Wettbewerb zwischen den nationalen Anbietern in erträglichen Grenzen zu halten, die dann aber auch wieder gebrochen wurden, wenn eine der beiden Seiten sich in ihrem operativen Freiraum zu beengt fühlte, so daß dann wieder mit harten Bandagen gekämpft wurde. Erst die große Weltwirtschaftskrise 1929/32 erzwang dann schließlich die „Union", die schon stark den Charakter einer Fusion hatte.

Die von Ballin auf seiner Fernoststreise eingeleiteten Verkehrsausweitungen der Hapag-Frachtdienste wurden dann, wie aus den Jahresberichten hervorgeht, in erstaunlich raschem Tempo realisiert:

1900
brachte die Eröffnung einer regelmäßigen Dampfschiffsverbindung zwischen Canton, Hongkong und Shanghai, ferner die Übernahme der bisher von der Firma Jebsen betriebenen Postdampferlinie zwischen Shanghai, Kiautschau, Chefoo und Tientsin sowie die Errichtung einer eigenen Hauptgeschäftsstelle in Hongkong.

1901
Eröffnung einer regelmäßigen monatlichen Dampfer-Linie von Hongkong über Japan nach Wladiwostok mit der „Savoia", 3.800 tdw. Agent in Japan und Wladiwostok wurde die Firma Kunst & Albers. Die oben erwähnte Postdampfer-Linie wurde über ihre kontraktlichen Verpflichtungen mit der Reichspost hinaus durch eine wöchentliche direkte Linie zwischen Shanghai und Kiautschau erweitert. Manila wird in den Europa-Fahrplan einbezogen.

1902
In Gemeinschaft mit der Firma Kunst & Albers wurde eine Küstenlinie von Hongkong, Shanghai über Chemulpo (Korea) nach Port Arthur (russ.) und zurück über Niuzhuang nach Canton eingerichtet.

1903
übernahm die Hapag den Frachtdienst von Europa wieder in alleiniger Regie und erweiterte ihn noch im gleichen Jahr durch direkte Abfahrten von Hamburg nach Port Arthur, Dairen und Wladiwostok, die durch den Kriegsausbruch 1904/05 unterbrochen wurden.
Nach Wiedereröffnung kam es mit den Reedereien H. Wilh. Diekmann jr., Eug. Cellier sowie später auch Gellatly, Hankey & Co. zur Gründung einer ostsibirischen Konferenz*, die bis Ende 1913 bestand und dann von der Hapag gekündigt wurde.

1904
Die Hapag verchartert drei Schiffe an die Portland & Asiatic Steamship Co., für die sie für mehrere Jahre zwischen Portland (Oregon) und Ostasien laufen, und zwar mit deutschen Offizieren und chinesischer Besatzung. Hapag erwirbt Grundstücke in Kanton und Wuhu zur Errichtung eigener Pieranlagen.

1905
„haben wir es für richtig gehalten, die neuesten Schiffe unserer ostasiatischen Linie auch mit Einrichtungen für die Beförderung von Kajütspassagieren zu versehen. Der erste dieser Dampfer, die „Rhenania", 7.400 tdw., 13 kn, 100 I.-Klasse, 65 II.-Klasse, hat sich wegen seiner geräumigen Kabinen und behaglichen Ausstattung bereits allgemeine Anerkennung beim reisenden Publikum erworben; zwei Schwesterschiffe werden demnächst in Dienst gestellt werden."
Im gleichen Jahr konnte der direkte Dienst nach Wladiwostok wieder aufgenommen werden. Außerdem wurde ein Küstendienst von Shanghai nach Korea eröffnet.

1907
In einer umfassenden Neuregelung und Abstimmung zwischen Hapag und Lloyd verzichtet die Hapag auf einen Passagierdienst in ihrem Europa-Ostasien-Verkehr.

1909
Zur Beschleunigung der Reisezeiten teilt die Hapag ihren Frachtdienst in zwei getrennte Linien, von denen die eine die Straitshäfen (Malaya), Hongkong, Shanghai, Kobe und Yokohama, die andere Manila, Bangkok,

Tsingtau, Hangchow und einige weitere Häfen anläuft.

1910
Auf Betreiben der Hapag wurde 1903 zwischen der DDG „Hansa", NDL und Hapag vereinbart, daß Calcutta einkommend regelmäßig einmal monatlich zu bedienen sei. 1910 wird dies auf eine Betriebsgemeinschaft zwischen Hapag und DDG „Hansa" auf ganz Indien und die Ostasienfahrt ausgedehnt, worin jede Linie sich ab 1911 mit 12 Reisen am Dienst des anderen beteiligt, so daß von da ab vierzehntägliche Abfahrten in beiden Diensten angeboten wurden.

1913
D. „Altmark" (8.100 tdw., 12 kn) eröffnet aufgrund eines Vertrages mit der preußischen Regierung am 4. Oktober 1913 einen monatlichen Dienst von Emden nach Ostasien.

7. Februar: D. „Sithonia", 8.750 tdw., 11 kn, Bes. 46, eröffnet einen **Transpazifik-Dienst** von Hamburg über China u. Japan nach Vancouver, Portland, Seattle und San Francisco. Im Jahresbericht der Hapag wird hierüber wie folgt berichtet:

„Der Verkehr zwischen den Vereinigten Staaten und Kanada einerseits und Ostasien andererseits über den Stillen Ozean gewinnt schon jetzt ersichtlich an Bedeutung und wird durch die Eröffnung des Panama-Kanals weiter einer großen Entwicklung zugeführt werden. Mit Rücksicht hierauf haben wir beschlossen, unsere Linie Hamburg-Ostasien zunächst einmal monatlich nach der Westküste von Amerika weiterzuführen. Als erster Dampfer auf dieser Linie ist unsere „Sithonia" am 7. Februar dieses Jahres von Hamburg expediert worden."

* Linienkonferenzen sind: „kartellähnliche Zusammenschlüsse verschiedener Schiffahrtslinien mit Vereinbarungen zur Erhaltung angemessener Frachtraten und Beförderungsbedingungen im Linienverkehr zwischen bestimmten Häfen oder innerhalb abgegrenzter Seeräume. Großreedereien gehören zumeist verschiedenen Konferenzen an" (aus Brockhaus-Enzyklopädie, Bd. 10, 1. Aufl. 1970, Wiesbaden). Siehe auch S. 103, Sp. 1 und 2.

Die Hapag versorgt das russische Ostseegeschwader auf seinem Marsch nach Ostasien mit Bunkerkohle

Kalender der Hapag für ihre chinesische Kundschaft oben (1913), links unten (1907), rechts unten (1908) mit dem alten Verwaltungsgebäude der Hapag von 1903, das 1918 um die heutige Fassade erweitert wurde.

Der Russisch-Japanische Krieg (1904/05) brachte die gerade erst neu eröffneten Frachtdienste der Hapag nach Port Arthur, Dairen und Wladiwostok wieder zum Erliegen. Als sich durch die wachsenden Spannungen zwischen beiden Ländern eine kriegerische Auseinandersetzung am Horizont abzuzeichnen begann, sandte Ballin im Dezember 1903 seine Beauftragten nach Petersburg, wo es ihm gelang, insgesamt sechzehn Passagierdampfer und Frachtschiffe mit erheblichem Gewinn an die russische Regierung zum Umbau in Kriegsschiffe oder Hilfskreuzer zu verkaufen.[120]

Im Juni des darauffolgenden Jahres schloß die Hapag mit einer russischen Firma, die im Auftrage der zaristischen Regierung handelte, einen Bunker-Kontrakt. Darin verpflichtete sie sich, ohne vorherige Rücksprache mit der eigenen Regierung, das Baltikgeschwader des Admirals Rojestwenski auf seinem Marsch von Kronstadt nach Wladiwostok mit insgesamt 338.200 tons Bunkerkohlen, vorwiegend hochwertige Anthrazit-Kohle aus Wales, mit ihren Schiffen auf jeweils vorgegebenen Positionen zu versorgen.[121]

Großbritannien, damals noch die unangefochtene Herrscherin über die sieben Weltmeere und mit Japan durch ein Geheimabkommen von 1902 verbündet, übte auf die Neutralen erheblichen Druck aus, die Kriegführenden in keiner Weise zu unterstützen, so daß Rußland zumindest die Häfen des Britischen Empire zur Kohlenübernahme verschlossen blieben. Dennoch wollte die russische Regierung auf die hochwertige britische Kohle nicht verzichten und zog es daher vor, sich an eine einzelne private Reederei statt an Regierungen zu wenden.

Da die Hapag zu Japan und Rußland in engsten Geschäftsbeziehungen stand und Ballin zudem ein eminent politisch denkender Geschäftsmann war, läßt sich dieser gewagte Entschluß angesichts der sich daraus möglicherweise ergebenden diplomatischen Verwicklungen nur aus der enormen Gewinnspanne erklären, die er von diesem Abschluß erhoffte und die ihn bewogen haben mag, dieses gefährliche Abenteuer auf sich zu nehmen. Der Erfolg schien ihm nachträglich recht zu geben.

Am 14. Oktober 1904 lichtete das Geschwader, bestehend aus 6 Linienschiffen, 2 großen und 4 kleinen Kreuzern, 21 Torpedobooten sowie diversen Troßschiffen, in Libau die Anker und nahm Kurs auf den Skagerrak. Aus Sicherheitsgründen hatte man für das Gros der Schiffe den Weg um Skagen und um das Kap der Guten Hoffnung (rund 16.000 Seemeilen) gewählt, während der kleinere Teil durch den Suezkanal (rund 12.500 Seemeilen) lief. Die Odyssee dieses russischen Entsatzversuches, der mit der vernichtenden Niederlage des Geschwaders in der Seeschlacht von Tsushima am 27./28 Mai 1905 endete, hat Frank Thiess in seinem „Roman eines Seekrieges" meisterhaft nachzuzeichnen verstanden und damit den Menschen auf beiden Seiten dieses dramatischen Geschehens ein bleibendes Denkmal gesetzt.[122]

Die durchschnittliche Marschgeschwindigkeit betrug 7–8 Knoten, wobei die Torpedoboote von den Troßschiffen wegen ihres begrenzten Fahrbereichs häufig in Schlepp genommen werden mußten. Die Bunkerkapazität der großen Schiffe gab ihnen einen Aktionsradius von etwa 400 Meilen, so daß sie gezwungen waren, alle 2 bis 2½ Tage nachzubunkern, was bei der mühsamen von den Besatzungen auszuführenden Trimmarbeit gewöhnlich 3–4 Tage in Anspruch nahm.

Rechtzeitig vor Antritt der Ausreise hatte die Hapag eine große Anzahl von zusätzlichen Schiffen gechartert, beladen und vorausgesandt, mit geheimen mündlichen Routungsanweisungen versehen. Dadurch wurde erreicht, daß sie als neutrale Dampfer ihre Ziele in freier Fahrt stets getrennt vom Geschwader ansteuerten, aber zu jeder Zeit der Flottenleitung zur Verfügung standen. Wurde ihre Ladung nicht benötigt, so verkaufte man die Kohlen in den neutralen Häfen. Die Zahl der Schiffe – insgesamt etwa 100 Dampfer – wurde so bemessen, daß selbst bei Aufbringung einiger als Prisen die Sicherstellung der Versorgung dadurch nicht gefährdet wurde.[123]

Gleich nach der Eröffnung des Ostasiendienstes hatte die Hamburg-Amerika Linie Stützpunkte und Agenturen entlang den Hauptrouten zwischen Europa und dem Osten errichtet, wo ihre Schiffe bunkern, Ladung übernehmen und Segelanweisungen erhalten konnten. Es wurden daher Hapag-Kontore an der afrikanischen Küste, in Madagaskar, Indien, Cochinchina und Holländisch-Ostindien eröffnet, und diese gut eingespielte Organisation erwies sich nun bei dieser gewaltigen Nachschuboperation als außerordentlich hilfreich.[124]

65

RASSPLATA

von Wladimir Ssemenow

BERLIN, E. S. MITTLER & SOHN

Titelbild des 1908 beim Verlag E. S. Mittler &
Sohn als deutsche Ausgabe erschienenen
1. Bandes der dreibändigen Tagebuchaufzeich-
nungen des russischen Kapitäns 2. Ranges
Wladimir Ssemenow, der an Bord des
Flaggschiffes von Admiral Rojestwenski den
langen Marsch des Baltikgeschwaders und die
Seeschlacht von Tshushima miterlebte

So sahen die Hapag-Dampfer aus, die 1904/05
das russische Ostseegeschwader auf seinem
langen Marsch um das Kap der Guten Hoffnung nach Ostasien mit Kohlen, teilweise
auf hoher See im Indischen Ozean versorgten

Schon im Spätsommer 1904 erhielt die britische Presse Wind von dieser Transaktion und alarmierte sowohl die japanische Regierung als auch das Britische Foreign Office. Diese versuchten nun gemeinsam Druck auf Berlin auszuüben, unter der Anschuldigung des Bruchs der Neutralität, um die Versorgungsaktion abzublocken. Als Ballin am 23. September nach Berlin zum Reichskanzler gebeten wurde, der gerade ein langes warnendes Telegramm des deutschen Botschafters aus Tokio erhalten hatte, erklärte sich Ballin unverzüglich bereit, von dem Vorhaben Abstand zu nehmen, wenn die Staatsraison dieses erfordere.

„Ich machte den Reichskanzler aber gleichzeitig darauf aufmerksam, daß Deutschland, wenn es zu diesem Schritt sich veranlaßt sähe, die Gefahr liefe, sich zwischen zwei Stühle zu setzen, denn während man infolge der englischen Verunglimpfungen kaum in Japan eine andere Stimmung erzeugen könne, wäre die Sache für Rußland ein geradezu vernichtender Schlag, denn Rußland würde unter solchen Verhältnissen nicht in der Lage sein, die Flotte hinauszusenden."[125]

Als sich Monate später Rojestwenskis Flotte Japan näherte, wuchs die Gefahr, daß Admiral Togos Kriegsschiffe die Flotte überraschen und Ballins Kohlenschiffe beschlagnahmen oder versenken würden. Deutsche Regierungskreise waren daher in Sorge, daß als Folge einer solchen Begegnung sich ein bewaffneter Konflikt zwischen Deutschland und Japan ergeben könnte, aus dem England sich dann nur schwer würde heraushalten können. Zur großen Bestürzung des Zaren veranlaßte daher Wilhelm II. im Februar 1905 die Hapag, den Vertrag zu kündigen.

In einem persönlichen Schreiben des Zaren an Kaiser Wilhelm II. bat dieser dann dringend, man möge der Hapag hinsichtlich dieses Vertrages nicht in den Arm fallen. Dieser SOS-Ruf aus Petersburg vermochte den Kaiser umzustimmen, da er hoffte, dadurch den Boden für eine deutsch-russische Wiederannäherung vor dem Hintergrund der drohenden Einkreisung durch das französisch-russische Bündnis (1892) zu bereiten. Leider wurden diese deutschen Vorleistungen dann allerdings von der Gegenseite in keiner Weise honoriert.

Die Hapag erhielt darauf die Genehmigung, ihre Kohlenoperation bis nach Saigon fortzusetzen. Auch die Engländer waren vernünftig genug, die Dinge nicht auf die Spitze zu treiben, und unterließen jede weitere Einmischung.

Der schwierigste Teil der Reise stand jedoch noch bevor, als am 16. März Rodjestwenskis Schiffe nach monatelangem Aufenthalt in Nossi-Bé vor Madagaskar die 4.300 Seemeilen lange Fahrt quer über den Indischen Ozean zur Malakka-Straße antraten und die vier größten deutschen Dampfer, die über 30.000 tons britische Kohle sowie Frischproviant und Frischwasser an Bord hatten, dem Geschwader bis über Saigon hinaus folgten.

Jedes russische Schiff hatte ohne Rücksicht auf Sicherheitsbestimmungen eine maximale Menge Kohlen an Bord genommen, die großen Linienschiffe bis zu 2.200 tons, sogar die Offiziersmessen waren mit dem kostbaren Brennstoff gefüllt, um die große Seestrecke überbrücken zu können.

Dreimal erfolgte die Kohlenübernahme auf hoher See mittels Rettungsbooten, Leichtern und Dampfpinassen, und so konnte auch dieser vorletzte Teil der 225 Tage währenden Reise trotz aller Hindernisse erfolgreich abgewickelt werden.[126]

Der Admiral soll zu seinen Flaggoffizieren angesichts der vielen Schwierigkeiten voller Bitterkeit geäußert haben: das einzige, was auf dieser Reise geklappt hätte, seien die Hapag-Kohlenschiffe gewesen, die immer rechtzeitig auf den befohlenen Positionen zur Stelle waren.[127]

Ballins Vorstandskollege und Biograph Huldermann fand in seinem Nachlaß folgende Notiz über dieses Unternehmen:

„Die große Aufgabe, welche wir übernommen haben, nämlich die bis dahin fast für unmöglich gehaltene Überführung eines so mächtigen Geschwaders wie dasjenige der sogenannten Baltischen Flotte von Europa nach Ostasien, haben wir glücklich gelöst. Die Flotte ist, ohne feste Kohlenstationen zu besitzen, lediglich durch die richtige Disposition von Dampfern und durch die Übergabe der Kohlen teilweise auf offenen Reeden, glücklich nach Ostasien gebracht worden. Daß sie dort in der Koreastraße ein so unrühmliches Ende fand, kann sicher nicht die Größe der Leistung beeinträchtigen, welche wir in der Bekohlung der Flotte auf dieser weiten Strecke vollbracht haben, und mit welcher wir Erfahrungen gesammelt haben, die auch für die deutsche Regierung von hohem Wert sind. Der Gewinn, den wir bei dem Kohlengeschäft erzielt haben, ist ein recht erheblicher, wenn er auch nicht exorbitant erscheint, im Hinblick auf die außerordentliche Arbeitsleistung und auf das ungewöhnliche Risiko."[128]

Das finanzielle Ergebnis dieser außergewöhnlichen Operation wurde unmittelbar in die Erneuerung und Modernisierung der Hapag-Tonnage reinvestiert. So baute oder erwarb die Gesellschaft in den Jahren 1904/05 21 Dampfer für insgesamt 22,5 Mio. Mark und hatte Mitte 1905 noch 19 Dampfer mit einer Gesamtinvestition von 52 Millionen Mark im Bau, von denen 24 Millionen aus Schiffsverkäufen und eine erhebliche Summe aus Betriebsgewinnen gedeckt werden konnten. Erst im Jahre 1913 wurde wieder ein ähnlich umfangreiches Neubauprogramm in Angriff genommen.[129]

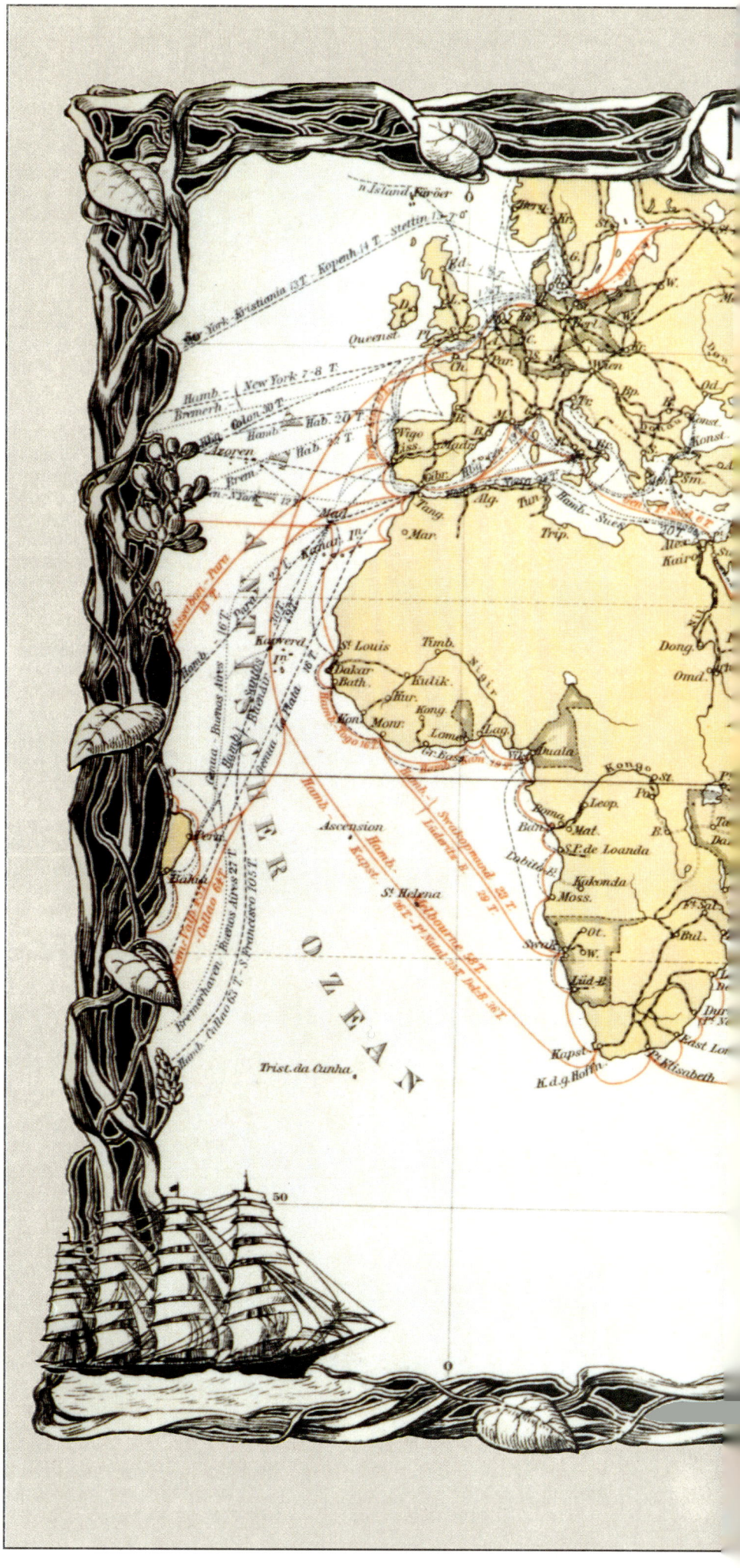

Deutschlands Weltverkehr nach dem Osten auf
seinem Höhepunkt 1913

VIGARE NECESSE EST
VERE NON EST NECESSE.

DEUTSCHLANDS WELTVERKEHR
NACH DEM OSTEN.

Äquatorial-Maßstab 1 : 100.000.000

- - - - - - Dampferlinien der Hamburg-Amerika-Linie
--------- Dampferlinien des Norddeutschen Lloyd
--------- Andere deutsche Dampferlinien
- - - - - - Wichtige Eisenbahnen — T. Tage

Die zweite Phase des Reichspostdampfer-Dienstes (1899–1914)

Generaldirektor Heinrich Wiegand lenkte die Geschicke des Nordd. Lloyd von 1892 bis 1909 und hat dieses Unternehmen in dieser Periode zur größten Passagierreederei der Welt entwickelt. Er hat sich besondere Verdienste um den systematischen Ausbau der beiden Reichspostdampferlinien erworben, darüber hinaus aber auch wesentliche Impulse zur Entwicklung der Industrie seiner Heimatstadt Bremen gegeben

Nach dem Ausscheiden der Hapag war der Norddeutsche Lloyd ab Juni 1904 für die weitere Entwicklung des Reichspostdampfer-Dienstes wieder allein verantwortlich und widmete sich mit großer Energie seiner weiteren Ausgestaltung. Auch dem NDL war es mit der Ernennung von Dr. Heinrich Wiegand zum Generaldirektor im Jahre 1899 gelungen, einen Mann von ungewöhnlichem Format an die Spitze des Unternehmens zu berufen, dessen Weitblick und unermüdliche Initiative die Neugestaltung und den systematischen Ausbau der Linien- und Zubringerverkehre der beiden Reichspostdampfer-Linien in erster Linie auslösten.[130]

Die Verdoppelung der Abfahrten auf einen vierzehntäglichen Dienst mit alternierenden Anläufen von Bremerhaven und Hamburg ab Oktober 1899, aber auch die Einbeziehung der japanischen Häfen in den Direktverkehr wirkten sich außerordentlich stimulierend auf den Handel in beiden Richtungen aus, da viele deutsche Außenhandelshäuser in Ostasien sich mit ihren Abschlüssen nun stärker auf den deutschen bzw. kontinentalen Markt mit ihren Warenangeboten sowie Lieferkontrakten des europäischen Exports ausrichten konnten. Die sorgfältige Ladungsbehandlung beim Umschlag in den Häfen und während der Reise bis zur Auslieferung an den Kunden, die Pünktlichkeit der Schiffe bei der Einhaltung der Fahrpläne und der wachsende Komfort in der Passagierbeförderung verhalfen den beiden deutschen Linien, insbesondere aber dem Reichspostdampferdienst, zu einem wachsenden Marktanteil in diesen Verkehren.

Auch die Qualität der eingesetzten Tonnage konnte in den folgenden fünfzehn Jahren vom NDL kontinuierlich den wachsenden Ansprüchen angepaßt werden, und diese Schiffe rangierten in puncto technischem Fortschritt und Bequemlichkeit in den Fahrgasteinrichtungen an der Spitze der in jenen Verkehren operierenden internationalen Schiffahrt. Die Reichspostdampfer erfreuten sich insbesondere auch des wachsenden Zuspruchs des britischen Reisepublikums in den Fernen Osten.[131]

Von der ostasiatischen Linie wurden in der erweiterten Phase ab 1899 folgende Häfen im ausgehenden Dienst direkt angelaufen: vierzehntägliche Abfahrten abwechselnd von Bremen und Hamburg über Rotterdam (vierwöchentlich), Antwerpen, Southampton, Gibraltar, Algier, Genua, Neapel nach Port Said, Suez, Aden, Colombo, Penang, Singapore, Hongkong, Shanghai, Tsingtau (vierwöchentlich), Nagasaki (vierwöchentlich), Kobe und Yokohama.

Der heimkehrende Dienst sah die gleiche Rotation vor zuzüglich Foochow (während der Teeverschiffungszeit) und Manila (während der Hauptreisesaison; Ladung: Tabak, Zigarren) sowie Amsterdam (während der Tabak-Saison von Sumatra).

Gibraltar und Algier wurden für Passagiere angelaufen. Nach Algier hatte sich in den letzten Jahren ein lebhafter Touristenverkehr entwickelt. Foochow wurde seit Anfang der 90er Jahre auf der Heimreise während der Teeverschiffungssaison regelmäßig von den Reichspostdampfern angelaufen, da der deutsche Handel mit bis zu 50 % an der jährlichen Ausfuhrquote dieser hochempfindlichen Ladung Foochows (1912: total 13.500 tons à 40 cbf) beteiligt war.

Dem Lloyd gelang es über seine Vertretung in Singapore, der Firma Behn, Meyer & Co., jährlich 75.000 Ballen Sumatra-Tabak von Belawan mit seinem Küstenzubringerdienst zu kontrahieren, für Entlöschung in Amsterdam.[132]

Ostasiatische Küstendienste und Zubringerverkehre des NDL

Die sechsmonatige Ostasienreise von Dr. Wiegand im Jahre 1899 gab den Anstoß zu einem systematischen Ausbau der Küstenlinien und des Zubringerverkehrs des NDL zu den asiatischen Haupthäfen der Reichspostdampferlinien von und nach Europa und der Südsee. Sie wurden ohne irgendwelche Reichszuschüsse vom NDL aufgebaut und unterhalten und bildeten eine wesentliche Voraussetzung für die Leistungsfähigkeit und den wirtschaftlichen Betrieb seines Ostasiendienstes.

Noch im gleichen Jahr wurde unter Einschaltung der Firma Behn, Meyer & Co., Singapore, die im südostasiatischen Raum operierende East Indian Ocean Steamship Company der Firma Alfred Holt, Liverpool, und die Scottish Oriental Steamship Company mit zusammen 26 Dampfern und 35.145 BRT erworben. Durch diesen gewaltigen Flottenzuwachs, der durch weitere Neubauten für die ostasiatische Küstenfahrt ergänzt wurde, konnte der Zubringer-

Linien der Orient-Küstenfahrt des Norddeutschen Lloyd, Bremen.

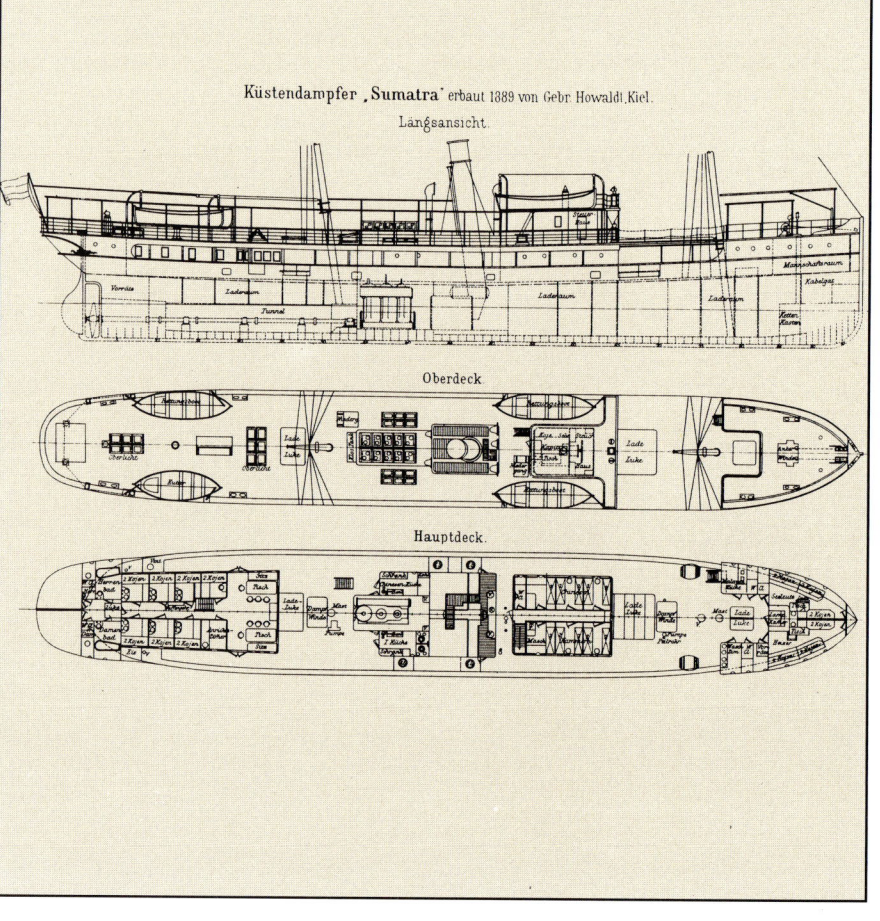

Küstendampfer „Sumatra" erbaut 1889 von Gebr. Howaldt, Kiel.
Längsansicht.

Oberdeck.

Hauptdeck.

◁

„Princess Alice" ex „Kiautschou" (Hapag) nach
Übernahme durch den NDL im Februar 1904
im Reichspostdampferdienst

◁

Die Reichspostdampfer der „Feldherrn"-
Klasse des Nordd. Lloyd, hier D. „Scharnhorst", Bauj. 1904, 8.400 BRT, 14,5 Kn,
Pass.: 114 I., 115 II., 116 III., waren wegen ihrer
für die Tropenfahrt besonders komfortablen
Passagiereinrichtungen sehr beliebt und
haben sich hervorragend bewährt

◁

Reichspostdampfer „Kleist" des Nordd. Lloyd
in Genua (1907)

Diese Karte vermittelt einen guten Eindruck
von der territorialen Ausdehnung der 16 Linien
der Orient-Küstenfahrt, die von Wiegand ab
1899 systematisch als Zubringerverkehre für
den ostasiatischen Reichspostdampferdienst
ohne staatliche Zuwendung ausgebaut
wurden und diesen überhaupt erst rentabel
machten

Der 600 BRT große Küstendampfer „Sumatra"
versah für den DNL von der Zentrale in Rabaul
den Inseldienst im Bismarck-Archipel als
Zubringerlinie für die Austral-Japan-Linie und
die Querverbindungen zu den Reichspostdampferlinien von und nach Australien und
Ostasien

▷

Das wunderschöne Verwaltungsgebäude der
Firma Melchers & Co., Hongkong, die als
Generalagent des Reichspostdampferdienstes
für den Nordd. Lloyd ab 1886 wirkte

▷

Panoramablick auf Hongkong-Reede

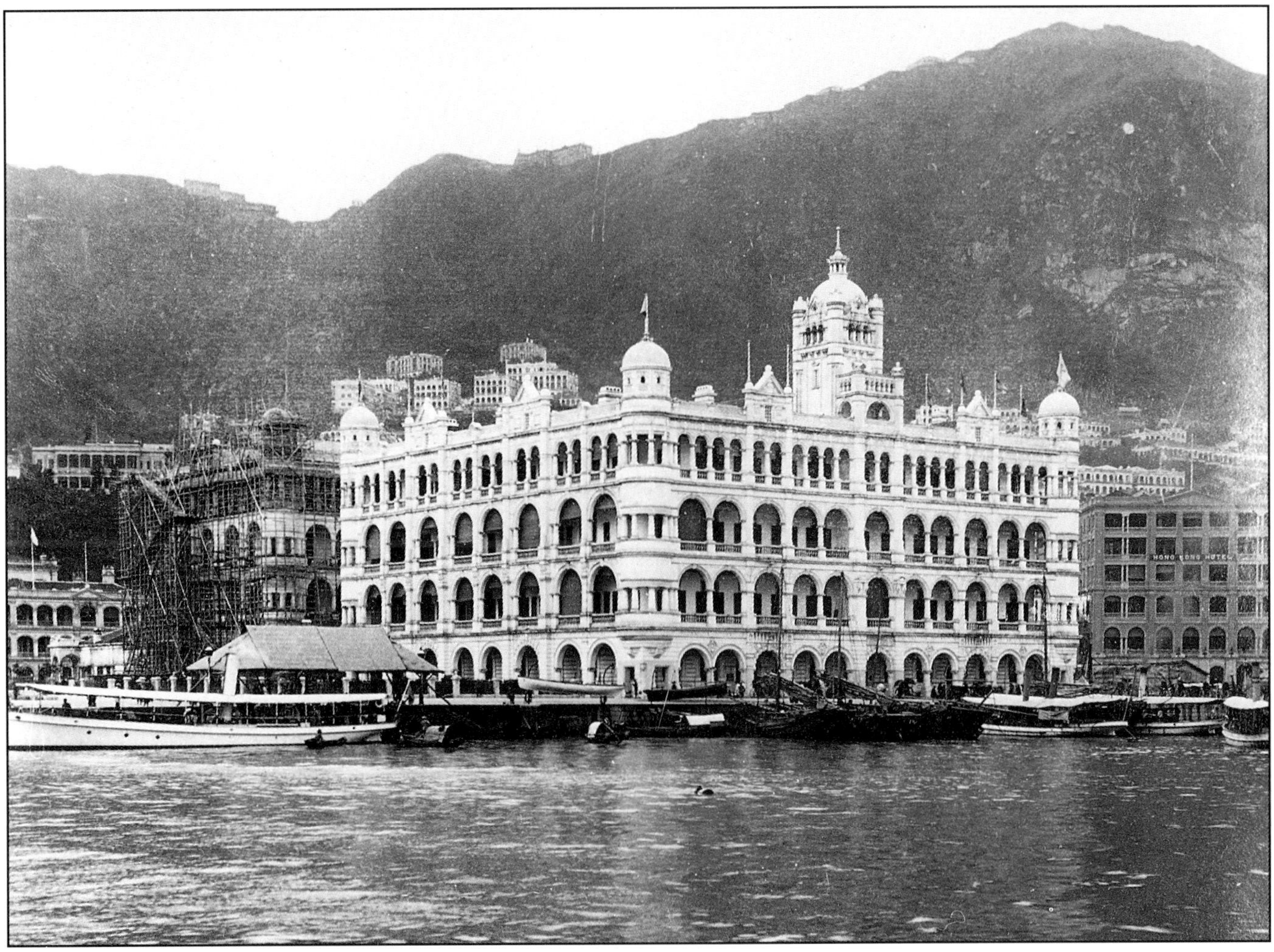

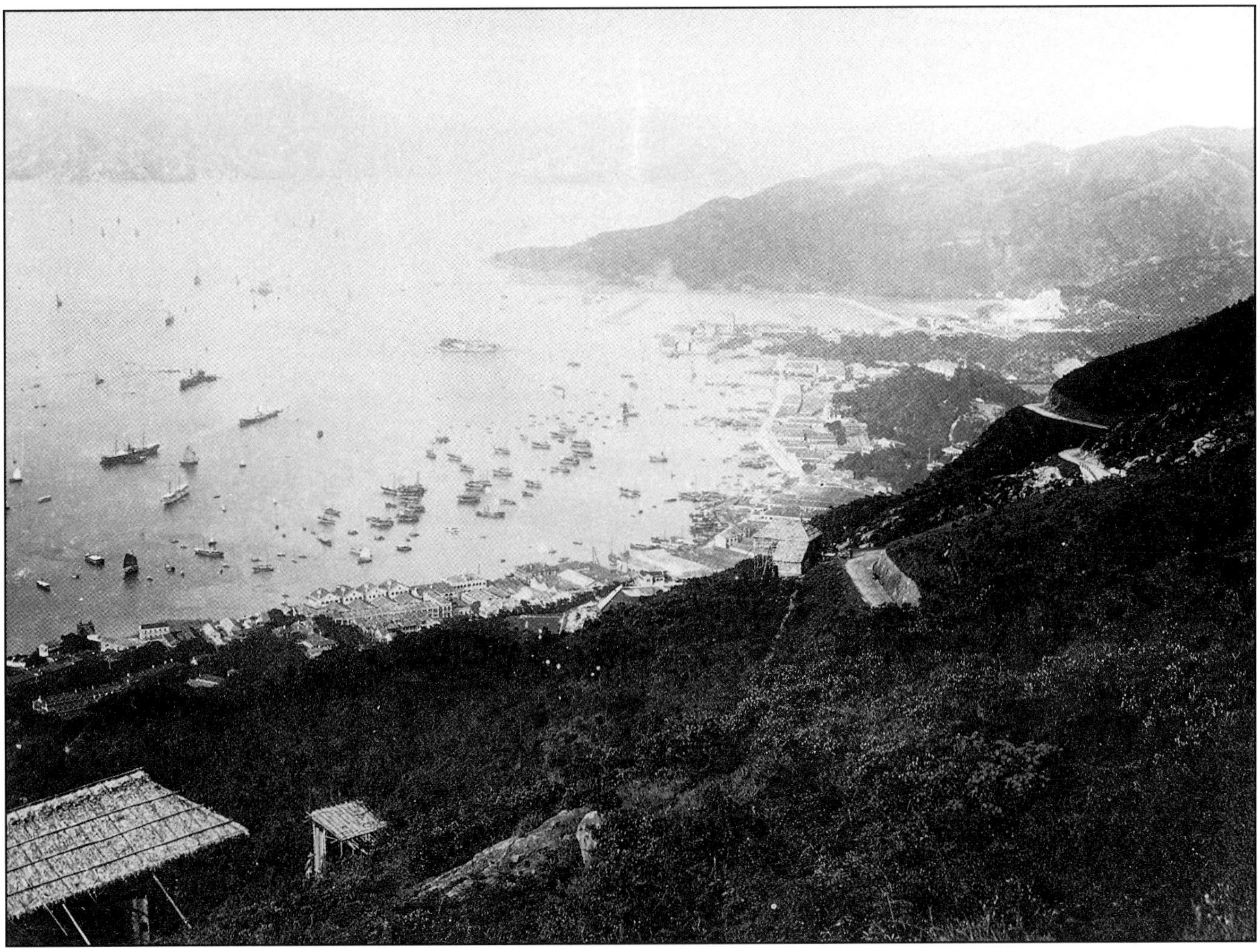

verkehr Hinterindiens und Südchinas weitgehend in eigene Regie genommen werden, um sie den Bedürfnissen der Hauptlinie anzupassen.

Außerdem wurde mit der Firma Melchers & Co., Shanghai, 1899 auf dem Yangtsekiang eine Linie für den regelmäßigen Verkehr zwischen Shanghai und Hankow errichtet, mit der Absicht, sie später bis zu dem 2.000 Seemeilen entfernten Chungking flußabwärts auszudehnen. Zusätzlich wurde noch ein separater Dienst zwischen Hankow, Chinkiang und Swatow eröffnet.

Mit der holländischen Koninklijke Paketvaart Maatschappij wurde ein Anschlußdienst nach den Java-Häfen, mit der British Indian Ocean Steamship ein solcher nach Birma sowie mit der Reederei M. Jebsen ein Dienst von Shanghai nach den nördlichen Chinahäfen kontrahiert.[133]

Nachstehender Auszug aus dem Jahrbuch 1910/11 des NDL vermittelt einen Eindruck von der gewaltigen räumlichen Ausdehnung dieses ostasiatischen Liniennetzes, auf den sich der damalige Reichspostdampferdienst erstreckte:

„Anschluß und Durchverkehr
von Penang nach Belawan (Deli) durch Dampfer des Norddeutschen Lloyd;
von Penang nach Rangoon durch Dampfer der Brit. India S. N. Co.;
von Singapore nach der Ostküste Sumatras (Belawan), Bangkok, Britisch-Nord-Borneo (Labuan, Jesselton, Kudat, Sandakan, Lahad-Datu), Sulu, Zamboanga, Celebes, Molukken (Makassar, Menado, Gorontalo, Sangir- und Talaur-Inseln, Ternate) durch Dampfer des Norddeutschen Lloyd;
von Singapore nach Batavia, Semarang, Soerabaya durch Dampfer der Koninklijen Paketvaart Maatschappij;
von Singapore nach Neu-Guinea mittels des Postdampfers der Singapore-Neu-Guinea-Linie;
von Hongkong nach Manila durch Dampfer des N. D. L. und der China Navigation-Co. Ltd.;
von Hongkong nach Neu-Guinea, Queensland und Sydney mittels der Postdampfer der Austral-Japan-Linie;

von Shanghai nach Tsingtau (Kiautschou), Chefoo, Tientsin durch Dampfer der Hamburg-Amerika-Linie;
von Shanghai nach Hankow und anderen Plätzen am Yangtze (Chinkiang, Nanking, Wuhu, Kiukiang) durch Dampfer des Norddeutschen Lloyd."

Über die Qualität und Frequenz dieser Küstendienste hier ebenfalls einige Beispiele, wie sie in einer kritischen Wertung aus dem Jahre 1913 in einer internen Studie des NDL aufgelistet wurden:

Die *Singapore-Bangkok-Linie* für Ladung und Passagiere. Es verkehren heute auf dieser Linie im Anschluß an die Postdampfer zwei im Jahre 1900 erbaute, den Verhältnissen angepaßte Passagierdampfer, außerdem werden für den Durchgüterverkehr drei Frachtdampfer unserer Flotte ebenfalls in regelmäßiger Fahrt beschäftigt, weitere Dampfer fahren nach Bedarf.
Eine *Singapore-Borneo-Linie,* die heute in regelmäßiger Fahrt mit vier Dampfern betrieben wird und auch für Passagierbeförderung eingerichtet ist.
Eine *Singapore-Celebes/Molukken-Fahrt,* auf der heute zwei Dampfer beschäftigt sind.

In welchem Maße die Küstenschifffahrt des Norddeutschen Lloyd zur Hebung des Verkehrs unter deutscher Flagge beigetragen hat, zeigen recht anschaulich die folgenden Zahlen des Schiffverkehrs in Bangkok aus den Jahren 1909 und 1910:

Es gingen in dieser Zeit von Bangkok ab
345 Dampfer deutscher Nationalität mit 370.533 Reg.tons
484 Dampfer anderer Nationalität mit 403.277 Reg.tons
= 829 Dampfer mit 773.810 Reg.-tons.

Dieser Küstenverkehr war ein wichtiger Bestandteil der Infrastruktur des ostasiatischen Raumes und der Südsee.

Sämtliche deutschen Schutzgebiete in der Südsee wurden mit den beiden Reichspostdampfer-Diensten durch *Querverbindungen* z. B. von Singapore über Batavia nach Neu Guinea und weiter nach Sydney bzw. von Australien nach Japan und Hongkong verbunden. Hierzu hatte der NDL in dem auf Neu-Pommern im Bismarckarchipel gelegenen *Rabaul* einen als Verkehrszentrale eingerichteten Stützpunkt etabliert, von dem aus durch den 600 BRT großen Dampfer „Sumatra" die Inseln Neu-Mecklenburgs, Neu-Hannovers, die Admiralitätsinseln sowie das Kaiser-Wilhelm-Land im Rahmen des Süd-

Der Küstendampfer „Deli" (NDL) versah den Zubringerdienst für die Reichspostdampferlinie von den Häfen Assahan und Belawan auf Sumatra nach Penang sowie Singapore.

An Deck des Dampfers „Deli"

Zollgebäude im Hafen von Singapore (um 1900)

Küstendampfer „Kwong Eng" (NDL)

Tender „Bremen" (NDL) in Shanghai

Reichspostdampfer „Prinz Sigismund" (NDL) in Rabaul (Simpsonhafen); verkehrte zusammen mit seinem Schwesterschiff „Prinz Waldemar" auf der Australien-Japan-Linie (Sydney–Neu Guinea–Hongkong–Kobe–Yokohama), Bauj. 1903, 3.300 BRT, 12 Kn, 90 Passagiere

seeverkehrs *des NDL regelmäßig* bedient wurden.

Mit ihren erst im Aufbau begriffenen *Plantagen,* die erst nach Jahren mit ihren Tropenprodukten in nennenswertem Umfang exportfähig wurden, waren diese Gebiete auf diese vom Reich subventionierten Schiffsverbindungen mit der Außenwelt angewiesen, ohne daß diese Reisen auch nur annähernd kostendeckend sein konnten. Auch ermöglichten die Reichszuschüsse, ungeachtet des niedrigen Ladungsanfalls *niedrige Raten* anzubieten.

Selbst in den größeren Kolonialgebieten fehlte das für den Transport notwendige Straßen- und Schienennetz, auch wenn manche Pflanzungen durch Schmalspurbahnen mit dem Hafen verbunden waren. Den Küstenschiffen fiel somit die wichtige Aufgabe der Warendistribution in der Fläche zu.

Zu dem umfangreichen Küstenverkehr gehörten *eigene Pieranlagen* in Belawan und Rabaul, ein *eigener Leichterbetrieb* auf dem Menam (Bangkok), eigene Anleger, Dampfleichter und Schleppbetrieb sowie Pontons auf dem Yangtzekiang. Die *Küstenflotte des NDL* umfaßte 1913 33 Dampfer und sonstige Fahrzeuge im Werte von über 25 Millionen Goldmark.

Im Jahre 1913 errichtete neben der Hapag auch der *NDL* eine eigene *Frachtdampferlinie* nach Ostasien. Durch zweiwöchentliche Abfahrten war es dem NDL möglich, von da ab in Kombination mit den Reichspostdampfern dem Handel *wöchentliche Abfahrten* von den Nordkontinenthäfen nach Ostasien zu bieten. Von dieser Erweiterung des Dienstes versprach sich der Norddeutsche Lloyd im Hinblick auf die stetige Aufwärtsentwicklung des ostasiatischen Außenhandelsvolumens große Erfolge.[134]

Der Reichspostdampferdienst des NDL allein konnte in den 25 Jahren von 1888 bis 1913 folgende Verkehrssteigerungen für sich verbuchen:

Jahr	Passagiere	Ladung
1888	6.500	34.000 Tons
1913	29.500	225.000 Tons

In welch starkem Maße die schnellen und zuverlässigen Seeverkehrsverbindungen der beiden großen deutschen Reedereien den Außenhandel mit Ostasien zu beflügeln vermochten, verdeutlichen die nachstehenden Zuwachsraten im deutschen Spezialhandel im Zeitraum zwischen 1885 und 1913:[135]

	Der deutsche Spezialhandel (Ausfuhr und Einfuhr zusammen) nach Gewicht und Wert			
	China		Japan	
Im Jahre	1000 Tonnen	Million M	1000 Tonnen	Million M
1885	19	18	14	5
1890	38	38	38	23
1895	45	53	73	34
1900	145	77	98	84
1905	163	127	174	103
1910	308	170	245	126
1911	312	180	314	151

Der Ausbruch des Ersten Weltkrieges, von dessen Verlauf sich einige Handelskreise in Europa eine mögliche Verminderung des überseeischen Wettbewerbs versprachen, machte die gesamte Aufbauarbeit von 28 Jahren deutscher Linienschiffahrt nach Ostasien mit einem Schlage zunichte. Die völlige Niederlage Deutschlands mit den folgenden nicht minder destruktiven Bestimmungen des Versailler Vertrages legte indes bereits den Keim für die große Weltwirtschaftskrise der beginnenden 30er Jahre sowie für die zweite Runde eines selbstmörderischen europäischen Bürgerkrieges, der diesen Halbkontinent in der Weltgeschichte endgültig auf den zweiten Rang verwies.[136]

Freudenberg & Co., Colombo/Sri Lanka

Unsere älteste überseeische Vertretung in der Ostasienfahrt, die mit uns in diesem Jahr gemeinsam ihr hundertjähriges Agentenjubiläum begeht, ist die Firma Freudenberg & Co. in Colombo. Sie hat Hapag-Lloyd trotz zweier Weltkriege mit ihren Enteignungen und Zwangsinternierungen all die Jahre hindurch die Treue gehalten. Die Freudenbergs waren in mehrfacher Hinsicht Pioniere bei der Anbahnung neuer Außenhandelsaktivitäten und weltweiter Geschäftsbeziehungen, auf die der von Bismarck geprägte Begriff „königlicher Kaufleute" in vollem Umfang zutrifft.

„Zweimal und auf ganz verschiedene Weise haben sich Freudenbergs in das Buch der Deutschen Wirtschaft im 19. und 20. Jahrhundert eingeschrieben: Die Großgerber und Lederfabrikanten in Weinheim in Baden und die Großkaufleute auf Ceylon. Ahnenforschung hat gemeinsamen Ursprung der Familien vor 1600 in Freudenberg bei Siegen nachgewiesen. Eine Ehe zwischen Bremen und Weinheim schloß 1914 die Verwandt-

▷
Weltkarte mit den Schnell- und Postdampferlinien des Norddeutschen Lloyd aus dem Jahre 1906

Hafen von Colombo (Ceylon) – Wellenbrecher an der Mole

Hafen von Colombo (um 1900)

76

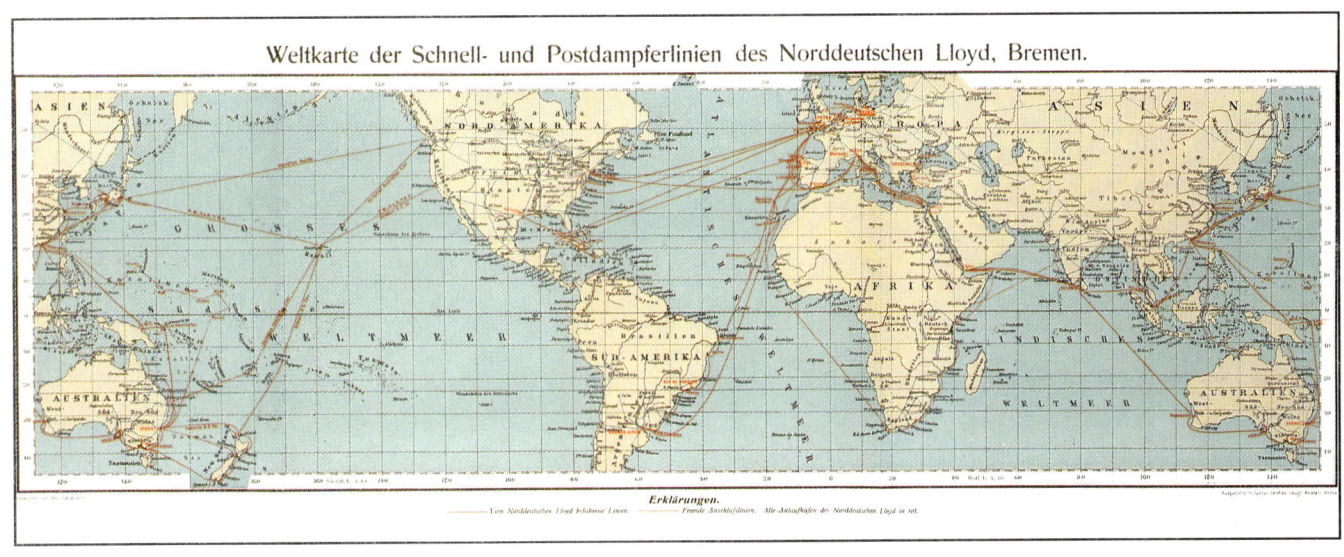

Weltkarte der Schnell- und Postdampferlinien des Norddeutschen Lloyd, Bremen.

schaft neu in heutiger Zeit" schrieb Theodor Bohner. In den Handelsbeziehungen zwischen Deutschland und Sri Lanka (Ceylon) hat die Firma Freudenberg & Co. seit ihrer Gründung im Jahre 1873 stets eine maßgebliche Rolle gespielt.[137]

Großvater und Vater der Ceyloner Kaufleute waren Hüttenbesitzer im Rheinland. Philipp Freudenberg (1843–1911), der noch in einem Weißblechwalzwerk der Familie – dem berühmten Rasselsteiner Werk – in die Lehre ging, wechselte dann in den internationalen Kaffeehandel und eröffnete am 1. Juli 1873 seine eigene Firma in Colombo, mit der Absicht, den Kaffee künftig im Ursprungsland zur direkten Verschiffung an seine Kundschaft am Kontinent aufzukaufen, um auf diese Weise den doppelten Umschlag und verteuernden Zwischenhandel über den damals noch dominierenden Londoner Markt zu vermeiden.[138]

„Noch auf dem Schiff arbeitete Freudenberg seinen Kode aus, der es ihm möglich machte, in Stichworten und mit den geringsten Telegrammkosten die eingehendsten Beschreibungen des jeweiligen Kaffeeangebotes zu geben. Es war der erste Kode im Kaffeehandel und wohl überhaupt einer der frühesten kaufmännischen Kodes und war zuerst in Holländisch abgefaßt, also in der alten Kaufmannssprache des Ostens."[139]

Die Eröffnung des Suezkanals (1869) erleichterte Freudenbergs Bestrebungen direkter Abladungen zum Kontinent, so daß die Kaffeeausfuhr von Ceylon zwischen 1870 und 1880 von 50.000 auf 327.000 to anstieg, von dem alsbald der größte Teil über Freudenberg abgewickelt wurde. Eine nicht zu bekämpfende Pilzerkrankung vernichtete in den achtziger Jahren jedoch den größten Teil der Kaffeekulturen Ceylons, so daß sich die Firma auf andere Produkte umstellen mußte.[140]

Für eine Reihe von Jahren waren deutsche Chininfabriken regelmäßige Abnehmer eines steigenden Exports von Chinarinde. Bedeutend war auch der Gewürzhandel des Hauses, insbesondere mit Zimt und Kardamom. So konnte die Ausfuhr von Kardamom zwischen 1880 und 1910 um das Vierzigfache gesteigert werden. Ein Hauptausfuhrartikel nach Deutschland wurde Graphit, dessen in eigenen Labors getesteter niedriger Schwefelgehalt zur Herstellung von Schmelztiegeln in der Stahlindustrie besonders begehrt war und

andere Produzenten ausstach. Philipp Freudenberg war mit Alfred Krupp persönlich befreundet, der ihm seinerzeit diese Zusammenhänge an Bord eines Reichspostdampfers erläuterte und damit den Anstoß zu diesem neuen Exportzweig gab.

1896 erwarb die Firma Freudenberg eine Ölmühle zur Herstellung von Kokosöl und Ölkuchen. Als sie zwei Jahre später abbrannte, ließ Philipp Freudenberg sie zur größten und modernsten Anlage in der östlichen Hemisphäre wiederaufbauen. Ferner widmete man sich der Züchtung von hochwertigen Zigarrentabaken, die in einer eigenen Zigarrenfabrik verarbeitet wurden und nicht zuletzt auf den zahlreichen in Colombo anlaufenden Schiffen reißenden Absatz fanden.

Ebenso vielgestaltig entwickelte sich das Importgeschäft. In eigenen Labortests ließ man die geeignetsten Kunstdüngermischungen für den ceylonesischen Boden prüfen und sie in einer eigenen Fabrik aus deutschen Kunstdüngerimporten zusammenstellen.

Außerdem wurden Freudenbergs mit der Vertretung bedeutender deutscher und britischer Industrieunternehmen für den Import von hochwertigen Industrieerzeugnissen betraut, um den wachsenden Einfuhrbedarf des Landes abzudecken.

So war es auch Freudenberg, der seit 1876 als kaiserlich-deutscher Konsul in seinen Konsulatsberichten beim Auswärtigen Amt wiederholt die Errichtung einer leistungsfähigen und regelmäßigen deutschen Postdampferlinie forderte und damit zu den Initiatoren unserer Ostasienfahrt gerechnet werden muß. Seit Eröffnung dieses Dienstes durch den NDL und seiner Generalvertretung durch die Firma Freudenberg erfuhr der direkte Verkehr Ceylons, dem heutigen Sri Lanka, mit Deutschland und anderen europäischen Ländern in beiden Richtungen einen gewaltigen Aufschwung.[141]

In Europa gehen die Lichter aus (1914–1918)

In welch starkem Maße die deutschen Übersee-Reedereien, deren privatwirtschaftliches Kapital überwiegend in Schiffen und Auslandsfazilitäten angelegt ist, von der Politik abhängen, auf deren Gestaltung sie so gut wie keinen Einfluß haben, wurde in den beiden Weltkriegen besonders deutlich. Sie, die als Brückenbauer an dem friedlichen internationalen Handelsaustausch einen beachtlichen Anteil hatten, wurden durch den Verlust ihrer gesamten Tonnage ohne angemessene staatliche Entschädigung am härtesten getroffen. Der Sieger diktiert den Frieden, und der Unterlegene hat sich ihm zu fügen, das war so, seit Carthago von den Römern dem Erdboden gleichgemacht wurde, und daran hat sich bis heute nichts geändert. Die vielgeschmähten Monarchien hatten unter der Regie des österreichischen Staatsmannes Metternich im Jahre 1815 einen Frieden zustande gebracht, der Europa für fast einhundert Jahre zu verhältnismäßiger politischer Stabilität verhalf.[142]

Daß in diesen beiden großen Kriegen die Seemächte den Ausgang bestimmen würden, darüber bestand in einschlägigen deutschen Kreisen an unserer Küste von Anfang an wohl kein Zweifel.

Je länger der Kampf jedoch währte, um so empfindlicher machten sich die den deutschen Reedereien entstandenen großen Schäden bemerkbar. Die Einnahmequellen der deutschen Schiffahrtsgesellschaften waren vollkommen versiegt. Sie konnten nur auf ein baldiges Kriegsende und auf einen gerechten Ausgleich der erlittenen Verluste an Schiffen, Dockanlagen usw. hoffen.[143]

In der Ostasienfahrt des NDL allein waren 1914 zusammen 18 Reichspost- und Frachtdampfer mit insgesamt 126.000 BRT beschäftigt. Die Austral-Linie hatte 1914 zwanzig Reichspost- und Frachtdampfer mit 132.000 BRT im Einsatz.[144]

Von den vorgenannten Schiffen wurden während des Krieges 12 des Ostasien- und 12 des Australdienstes von feindlicher Seite beschlagnahmt, und zwar 6 von Australien, 7 von den Vereinigten Staaten von Amerika, 4 von Großbritannien, 2 von Italien, 2 von Brasilien, 2 von Portugal und 1 Schiff von Belgien. Die Küstenflotte ging total verloren.

Die Gesamtverluste des Norddeutschen Lloyd an schwimmendem Vermögen betrugen allein in der Ost-asien- und Australfahrt unter Hinzurechnung der Verluste im Zubringerdienst 400.000 BRT, im Buchwert von 93 Mio. Mark. Dazu traten die Schäden, die ihm durch die Fortnahme der eigenen Anlagen in Ostasien und in der Südsee entstanden.[145]

Auch die Hapag verlor ihre gesamte Tonnage bzw. mußte sie nach den Bestimmungen von Versailles an die Siegermächte ausliefern. Beide Reedereien waren buchstäblich wieder bei Null angelangt.

Natürlich leisteten auch die in der Ostasienfahrt eingesetzten deutschen Handelsschiffe, soweit sie sich nach Kriegsbeginn dem Zugriff der Alliierten zu entziehen vermochten, ihren Beitrag, um entweder als Blockadebrecher, Hilfskreuzer oder Versorgungsschiffe des deutschen Ostasien-Geschwaders ihren Teil zu einem günstigen Ausgang des Konfliktes beizusteuern.

Allein 52 deutsche Handelsschiffe kamen zur Versorgung des Geschwaders des Admirals Graf Spee mit Kohlen, Schmieröl und Proviant zum Einsatz und trugen durch ihre Unterstützung wesentlich dazu bei, daß dieses Geschwader trotz seines hohen Brennstoffverbrauchs vom 1. August 1914 bis zu seiner Vernichtung am 8. Dezember 1914 bei den Falklandinseln erfolgreich im Pazifik operieren konnte.[146]

Dem berühmten Kreuzer „Emden" wurde für seinen Kaperkrieg im Indischen Ozean der Hapag-Dampfer „Markomannia", Kapitän Faaß, zugeteilt, der am 6. August 1914 Tsingtau mit 5.400 Tonnen Kohlen und 45.000 Kilo Schmieröl verlassen hatte, um am 13. 8. in Pagan (Marianen) zu ihm zu stoßen. In der Frühe des 14. August ging auf dem Flaggschiff des Admirals Graf Spee, dem Panzerkreuzer „Scharnhorst", das Signal hoch: „,Emden' und ,Markomannia' detachiert. Wünsche guten Erfolg." Nachdem das Schiff dann für volle zwei Monate der ,Emden' ein treuer Begleiter gewesen war, wurde die ,Markomannia' bei der Kohlenübernahme aus einem Griechen am 12. September an der Küste von Sumatra vom britischen Kreuzer „Yarmouth" überrascht und innerhalb der holländischen Hoheitsgewässer zur Prise erklärt und versenkt.

Besondere Erwähnung verdient auch der Reichspostdampfer „Prinz Eitel Friedrich" (NDL), Kapitän Mundt, 8.800 BRT, 15,5 kn. Die Reichspostdampfer waren für den

Kriegsfall als Hilfskreuzer vorgesehen, so daß ein gewisser Teil der Besatzungen bei der Marine gedient haben mußte. Auf der Heimreise von Japan nach Deutschland erreichte die Schiffsleitung am 1. August 1914 in Shanghai die telegrafische Anweisung des Gouverneurs von Kiautschau, unverzüglich Tsingtau anzulaufen. Am 2. August traf der Dampfer dort ein, nachdem er zuvor in Shanghai Post und Passagiere gelandet hatte. Innerhalb weniger Tage wurde der Schnelldampfer auf der dortigen Werft zum Hilfskreuzer umgerüstet und mit vier 10,5-cm- und sechs 8,8-cm-Geschützen versehen, die er von den Kanonenbooten „Tiger" und „Luchs" übernahm.

Unter der Führung des Korvettenkapitäns Thierichsen ging der Hilfskreuzer im schwarzbraunen Anstrich eines P. & O.-Dampfers am 6. August in See. Ihn begleiteten für kurze Zeit der Kreuzer „Emden" und der Hilfskreuzer „Cormoran", den die „Emden" wenige Tage zuvor als den kurz zuvor bei Schichau gebauten russischen Passagierdampfer „Rjäsan" auf der Reise von Wladiwostok nach Shanghai aufgebracht hatte.

Die „Prinz Eitel Friedrich" führte dann über eine Distanz von 30.000 Seemeilen erfolgreichen Kaperkrieg, bis sie sich, als der Brennstoff zur Neige ging, am 10. März 1915 in Newport News internieren ließ. Der Hilfskreuzer hatte insgesamt 11 Schiffe der Alliierten mit 33.424 BRT versenkt.[147]

Einer der erfolgreichsten deutschen Hilfskreuzer dieses Krieges war ohne Zweifel die „Wolf", Korvettenkapitän Nerger, der ehemalige „Hansa"-Dampfer „Wachtfels" von 5.800 BRT und 11,5 kn Geschwindigkeit. Besatzungsstärke 350 Mann. Um die Spionage zu täuschen, machte das Schiff vor seiner Ausreise noch einige Küstenreisen in heimischen Gewässern, um dann am 4. Dezember 1916 bei schwerem Wetter aus der Deutschen Bucht auszulaufen und 6 Tage später unbemerkt von den britischen Bewachern den freien Atlantik zu erreichen. Er war mit sieben 15-cm-Geschützen und zwei Torpedorohren ausgerüstet sowie vollbeladen mit Kohlen und 500 Minen. Außerdem war er mit einem eigenen Bordflugzeug – dem „Wölfchen" – versehen, das seinen Operationsradius ganz erheblich ausweitete. Nach 445tägiger teilweise dramatischer Reise, die sich auch auf den Indischen Ozean und Pazifik erstreckte, kehrte der Hilfskreuzer am 24. Februar 1918 nach

Versenkung von insgesamt 286.700 BRT an feindlicher Handelstonnage nach Wilhelmshaven zurück.

Der Chef des Admiralstabs schloß seine amtliche Mitteilung damals mit dem Satz: „Diese unter schwierigsten Verhältnissen ohne jeden Stützpunkt und ohne jegliche Verbindung mit der Heimat durchgeführte Kreuzfahrt des S.M.S. ‚Wolf' stellt eine einzigartige Leistung dar."[148]

Hapag-Lloyd Gemeinschaftsdienste (1921–1939) – die schwierigen dreißiger Jahre am Rande der Verstaatlichung

1914 hatte die Hapag als größte Reederei der Welt insgesamt 190 Seeschiffe (davon 19 Schiffe in Bau) mit einer Tonnage von 1.360.000 BRT im weltweiten Einsatz, gefolgt vom Norddeutschen Lloyd als größter Passagierschiffsreederei mit 135 Seeschiffen und 800.000 BRT. Unter Einbeziehung der Küstenschiffahrt erhöht sich die Zahl beim NDL auf 494 Schiffe und 983.000 BRT. Hapag und Lloyd beschäftigten zusammen in jenem Jahr 51.000 Mitarbeiter, darunter 30.000 Seeleute. Auch die kapitalmäßige Ausstattung mit den angesammelten Reserven verlieh diesen Gesellschaften eine beneidenswerte Stabilität. Der Krieg und seine „Friedensbedingungen" hatten ihre Substanz jedoch vernichtet, und mit dieser schweren Hypothek vollzog sich ihr Wiederaufbau.[149]

Soweit die Schiffe nicht bereits während des Krieges versenkt oder beschlagnahmt worden waren, mußten alle Schiffe über 1.600 BRT, die Hälfte derer zwischen 1.000 und 1.600 BRT sowie alle Neubauten, deren Kiel bis zum Tage des Friedensschlusses bereits gestreckt war, abgeliefert werden. Dem Norddeutschen Lloyd verblieb nur ein Konglomerat von kleinen Schiffen der Hafen- und Küstenfahrt – das größte war der Seebäderdampfer „Grüßgott" von 780 BRT – mit zusammen 57.700 BRT. Dies waren nur ca. 6 % der Flottengröße von 1914. Bei der Hapag sah es ähnlich aus.

Der gesamte Flottenbestand der Reichspostdampferlinien war beschlagnahmt oder gesunken, die firmeneigenen Anlagen in Ostasien zerstört oder entschädigungslos enteignet worden.

In mühseliger Kleinarbeit und unter großen Schwierigkeiten ging man daran, eine Ausgangsposition für einen Wiederbeginn zu schaffen. Zuerst konnten der NDL und die Hapag die Vertretungen der englischen Reedereien Alfred Holt & Co., Liverpool (Blue Funnel), und Ellerman Lines, London, sowie der japanischen Nippon Yusen Kaisha (NYK) in Bremen (NDL) und Hamburg (Hapag) übernehmen. Der Agenturvertrag sah bereits für beide Reedereien eine spätere Beteiligung mit eigener Tonnage an einem Gemeinschaftsdienst nach Ostasien vor.

Ab 1921 konnte der Wiederaufbau beim *Norddeutschen Lloyd* dann zügig vorangetrieben werden. Den Grundstock der Flotte bildeten 6 Dampfer, die der Reederei aufgrund des „Columbus"-Abkommens ge-

lassen worden waren. Die Fertigstellung dieses noch bei der Schichau-Werft in Danzig in Bau befindlichen Passagierdampfers von 35.000 BRT war von den Werftarbeitern sabotiert worden. Da Danzig, inzwischen Freistaat, von der Ablieferpflicht ausgenommen wurde, einigte man sich mit den Engländern „freiwillig" auf die beschleunigte Fertigstellung und Auslieferung der „Columbus", um dafür die 6 Frachter behalten zu können.

Ergänzt wurde diese Flotte durch Rückkäufe ehemaliger Lloydschiffe von den Alliierten, deren neue Besitzer begrüßten, die überflüssigen Schiffe auf diese gewinnbringende Art und Weise loszuwerden.

Am *7. Januar 1922* – vier Jahre nach Kriegsende – wurde der Ostasiendienst des Norddeutschen Lloyd mit der Abfahrt der „Westfalen" (5.100 BRT, 12 kn, Bj. 1906) wieder aufgenommen, allerdings nicht mehr als Reichspostdampferdienst, denn eine Verlängerung des alten Vertrages wurde durch den Krieg vereitelt. Der NDL blieb aber *weiterhin Vertragspartner der Post,* denn auch der neue Dienst erfüllte alle Bedingungen, die an die Seebeförderung von Post gestellt sind und die Schiffe berechtigen, in der Signalrah die Reichs-, später die Bundespost-Flagge zu führen.

Mit dem Dampfer „Weser", 9.450 BRT, 12,5 kn, dem ersten Nachkriegsneubau, wurde auf der Fernostroute im Oktober 1922 auch der Passagierdienst wieder aufgenommen, allerdings nun den geänderten Verhältnissen entsprechend mit zwei anstatt drei Klassen. Hatten vor dem Kriege die Postdampfer noch Platz für 700 bis 2.000 Passagiere, so boten die neuen Schiffe nur noch Raum für 75 in der 1. und 90 in der Touristenklasse, denn das Frachtgeschäft hatte nun eindeutig Vorrang.

Im September 1923 wurde die „Weser" bei dem schweren Erdbeben in Tokio und Yokohama zur Unterbringung von 279 Flüchtlingen von zwanzig Nationen aus beiden Städten unentgeltlich zur Verfügung gestellt, um sie und den Rest ihrer Habe nach Kobe zu befördern. Alle Flüchtlinge wurden als 1.-Klasse-Passagiere behandelt und verpflegt.

Bemerkenswert ein Artikel der „Japan Chronicle" über diese Hilfsaktion: „Auch die größte Katastrophe kann ihre guten Seiten haben. Schon während der ersten Septembertage fühlten sich die Fremden aller Nationalitäten zum ersten Mal nach dem

Reichspostdampfer „Prinz Eitel Friedrich" läuft in Tsingtau ein. Bei Kriegsausbruch 1914 wurde er in Shanghai vom Reich als Hilfskreuzer umgerüstet. Im März 1915 lief er nach erfolgreichem Kaperkrieg aus Brennstoffmangel in den amerikanischen Hafen Newport News ein, wo er 1917 von den USA beschlagnahmt wurde

Kleiner Kreuzer „Emden" wurde während seines Kreuzerkrieges im Indischen Ozean 1914 u. a. vom Hapag-Schiff „Markomannia" versorgt

Das Wasserflugzeug „Wölfchen" des deutschen Hilfskreuzers „Wolf" versah als Aufklärer bei seinen mehrmonatigen Operationen im Indik und Pazifik 1916/17 wertvolle Hilfsdienste

Kriege wieder als eine große Familie. Der schreckliche Gegensatz zwischen Deutschen und den Angehörigen der alliierten Nationen war mit einem Schlage verschwunden, und wir alle waren mit einem Male nur Menschen."

In einem 1921 zwischen China und Deutschland geschlossenen Handelsvertrag wurde den deutschen Auslandskaufleuten, die China während des Krieges verlassen mußten, die Rückkehr nach dem Osten gestattet, gegen eine Teilentschädigung ihres beschlagnahmten Eigentums, was alsbald zu einer spürbaren Ausdehnung des bilateralen Warenaustausches führte. So konnte die anfängliche Abfahrtsfrequenz von 6 Wochen bereits 1923 auf einen monatlichen Dienst verdichtet werden.

Die anhaltende Besserung der Handelsbeziehungen zwischen Deutschland und Ostasien ermutigte den NDL zur Einstellung weiterer Neubauten in den Ostasiendienst.

Bereits 1924 konnte mit der Hapag ein Abkommen geschlossen werden, demzufolge die Kombischiffe, d. h. die Schiffe mit Passagiereinrichtungen, nur die Haupthäfen bedienten, während die reinen Frachtschiffe bei Bedarf auch die Nebenhäfen anlaufen sollten. In jenem Jahr hatte der NDL bereits wieder 16 Schiffe im Ostasiendienst im Einsatz.

Der Gemeinschaftsdienst mit den britischen Linien wurde bis 1927 fortgesetzt. Von da ab fuhren nur noch Hapag und NDL gemeinsam. Die Reedereien blieben aber in Fühlung miteinander, um ihre Fahrpläne zweckmäßig aufeinander abzustimmen und einen Ratenkampf zu vermeiden. 1928 wurden vom NDL bereits wieder 44 Abfahrten geboten und damit die wöchentliche Frequenz der Vorkriegszeit fast wiederhergestellt. Damit war aber auch der Höhepunkt erreicht. Die im Oktober 1929 einsetzende Weltwirtschaftskrise und der dadurch ausgelöste rapide Rückgang des internationalen Handels nötigte den NDL, seine Frequenz 1932 auf 34 Abfahrten zu reduzieren.

Getreu dem Grundsatz, die Ladung möglichst nah zum Kunden zu bringen oder von ihm abzuholen, wurden im Fernen Osten auch wieder Zubringerdienste eingerichtet. So eröffnete der NDL Anfang 1929 mit dem D. „Bremerhaven", 2.500 tdw, 9 kn, eine neue Linie zwischen Rabaul (Neuguinea) und Hongkong, die ab 1932 um ein weiteres Schiff verstärkt wurde. In den Jahren 1933/34 wurden von beiden Dampfern über 60 verschiedene Plätze in der Südsee angelaufen![150]

Auch bei der *Hamburg-Amerika Linie (Hapag)* vollzog sich der Wiederaufbau im ersten Jahrzehnt unter ähnlichen Vorzeichen. Mit dem vorzeitigen Tod von Albert Ballin am 9. November 1918 verlor die Gesellschaft ihren fähigsten Kopf. „Sein Wirken war zu groß und umfassend" hieß es im Geschäftsbericht vom April 1921, „um es in kurzen Worten zu erschöpfen. Er war, wenn auch nicht der Zeit, so der Tat nach der Gründer unserer Gesellschaft und einer der großen Baumeister der deutschen Weltwirtschaft ... Seiner Initiative ist das 1917 erlassene Gesetz für den Wiederaufbau der Handelsflotte in erster Linie zu verdanken."

Auch sein großer Gegenpart, Dr. Heinrich Wiegand, der nicht nur in der Reederei, sondern auch im wirtschaftlichen, gesellschaftlichen und kulturellen Leben Bremens eine treibende Kraft war, wurde bereits 1909 durch einen viel zu frühen Tod abberufen. Beide Gesellschaften fanden jedoch in den Geheimräten Dr. Wilhelm Cuno (Hapag) und Dr. h. c. Carl Joachim Stimming (Lloyd) würdige Nachfolger von ähnlicher Dynamik.

Daß diesen Reedereien trotz achtjähriger Unterbrechung ihrer Aktivitäten der unternehmerische Schwung und „drive for excellence" nicht abhanden gekommen war, entnehmen wir weiteren Passagen des gleichen Berichtes:

„Dem Wiederaufbau und der Arbeitsbeschaffung auf neuen Gebieten galt auch unsere systematisch durchgeführte Beteiligung an verschiedenen Unternehmungen. Zum beschleunigten Wiederaufbau der Handelsflotte nach dem Kriege wurde im Jahre 1916 von der AEG, Berlin, der Gutehoffnungshütte, Oberhausen, und unserer Gesellschaft ein in kleinem Umfange gehaltenes Schiffbauunternehmen, die „Hamburger Werft", und später die in wesentlich größerem Rahmen aufgebaute „Deutsche Werft A.-G.", Hamburg, gegründet. Beide Unternehmungen wurden später verschmolzen. Der Grundgedanke bei dieser Gründung war die serienweise Herstellung gleichartiger Schiffe, unter weitgehender Vorbearbeitung des Schiffbaumaterials auf den inländischen Werken und die Herstellung der Maschinen oder Mo-

tore ebenfalls dort. Wir erwarben ferner im Zusammenhang hiermit von der Firma Burmeister & Wain in Kopenhagen die Lizenz für die Benutzung ihrer Patente für die Herstellung von Dieselmotoren für Deutschland und brachten diese Lizenz in die mit befreundeten Firmen gegründete Deutsche Ölmaschinen-GmbH ein."

Weiter verlautete im Hapag-Geschäftsbericht des Jahres 1922: „Wir waren bestrebt, bei den im Bau befindlichen Schiffen, uns die Fortschritte der Schiffbautechnik zunutze zu machen. Dementsprechend rüsteten wir einen Teil unserer Neubauten mit Dieselmotoren aus."

Es waren die ersten Neubauten für den wiedereröffneten Ostasien-Dienst, die bei Blohm & Voss, Hamburg, erbauten vier Schiffe der „Havelland"-Klasse von ca. 6.500 BRT, 10.000 tdw und 12/12.5 kn Geschwindigkeit und zugleich die ersten Hochsee-Motorschiffe unter deutscher Flagge.

Am *14. Dezember 1921* wurde die „Havelland" als erstes deutsches Schiff nach dem Kriege von Hamburg über Bremen und Rotterdam nach Ostasien expediert. Sie fuhr in einem Gemeinschaftsdienst mit dem NDL sowie den Firmen Alfred Holt & Co. und Ellerman & Bucknall Steamship Co. in 12tägigem Rhythmus. Der „Havelland" wurde in sämtlichen ostasiatischen Häfen von den Einheimischen und Auslandsdeutschen ein herzlicher Empfang zuteil, insbesondere in Yokohama.

Acht weitere Schiffe folgten den ersten vier und ermöglichten mit ihren behaglichen Kajüteinrichtungen für 12–50 Passagiere I. Klasse in bescheidenem Rahmen auch die Wiederaufnahme des Hapag-Passagierverkehrs.

Die internationale Schiffahrtskrise als unmittelbare Folge der großen Weltwirtschaftskrise der Jahre 1930/32 traf auch die beiden Großreedereien Hapag und Lloyd inmitten der zweiten Aufbauphase nach anfänglicher Konsolidierung in ganzer Härte. Die vorzeitige Kündigung von staatlichen Schiffbaukrediten in Millionenhöhe brachte beide Unternehmen in unmittelbare Liquiditätsschwierigkeiten und zwang sie, bei den Großbanken als ihren Hauptanteilseignern um einen Überbrückungskredit in Höhe von 8 Mio. Mark nachzusuchen. Diese forderten ihrerseits von der Reichsregierung hierfür eine staatliche Bürgschaft. Sie löste eine

Kettenreaktion von Kapitalzusammenlegungen, Verpfändungen eines großen Teils der Tonnage als dingliche Sicherheiten usw. aus und führten schließlich nach dem Regierungswechsel im Januar 1933 zu einer Mehrheitsbeteiligung des Staates an beiden Unternehmen sowie zu einer Teilentflechtung ihrer überseeischen Dienste in den Jahren 1934/35.

Bereits im Jahre 1930 hatten sich beide Reedereien angesichts der sich rapide verschlechternden internationalen Wirtschaftslage zur „Union" zusammengeschlossen. Zwar behielten sie formal ihre Firmenidentität, betrieben aber durch paritätische Besetzung beider Vorstände aus Mitgliedern beider Unternehmungen, deren Anteilseigner quasi identisch waren, künftig eine gemeinsame Geschäftspolitik. So wurden sämtliche Übersee-Dienste ab sofort gemeinschaftlich betrieben unter Poolung der Netto-Einnahmen. Ferner wurde ein großer Teil der beschäftigungslosen Tonnage aufgelegt oder abgewrackt. In den Betrieben wurden neben Fahrplanstraffungen und anderen drastischen Einsparungen auch Gehaltskürzungen vorgenommen, als ein weiterer Schritt zur Reduzierung der Kosten. Die Summe dieser einschneidenden Maßnahmen brachte zwar eine fühlbare Entlastung in den Betriebskosten, konnte aber die zuvor erwähnten Reaktionen der öffentlichen Hand nicht mehr abwenden.[151]

Die in diesem Zusammenhang in der Öffentlichkeit zur Diskussion gestellte Frage nach der Notwendigkeit einer überseeischen Handelsschiffahrt unter nationaler Flagge, die im übrigen von der deutschen Regierung weder vor noch nach dem Machtwechsel jemals in Frage gestellt wurde, führte zu einigen grundsätzlichen Stellungnahmen beider Unternehmungsleitungen, die auch heute noch unsere Aufmerksamkeit verdienen:

So hieß es im Jahresbericht der Hapag für 1931 unter Bezug auf Importrestriktionen zum Schutz der deutschen Landwirtschaft u. a.: „In der Erkenntnis, daß das Allgemeininteresse dem Einzelinteresse vorangeht, hat die deutsche Schiffahrt es bisher unterlassen, öffentlich solchen Maßnahmen gegenüber auf die nachteiligen Folgen hinzuweisen, die sich aus ihnen für Entwicklung und Fortbestand einer auf sich selbst gestellten deutschen Handelsflotte ergeben. Selbst unter voller Wahrung dieses Standpunktes

◁◁◁
D. „Westfalen", Bauj. 1905, 5.100 BRT, 12 Kn, eröffnete am 7. Januar 1922 den Nachkriegsdienst des Nordd. Lloyd nach Ostasien

Mit D. „Weser", 9.450 BRT, 12,5 Kn, Pass.: 74 I., 90 Tour.-Klasse, wurde auf der Fernostroute im Oktober 1922 vom Nordd. Lloyd der Passagierdienst wiederaufgenommen

Ostasiendampfer beim Bekohlen in Moji/Japan

D. „Werra" (NDL), ein Schwesterschiff der „Weser"

D. „Saarbrücken" (NDL), wurde im November 1923 als Typschiff einer besonders für Tropenfahrten ausgerüsteten Serie von kombinierten Fahrgast- und Frachtdampfern in Dienst gestellt, bei etwa gleichen Abmessungen wie die „Weser"-Klasse

Zubringerdampfer „Friderun" (2.464 BRT) des Nordd. Lloyd im 1929 wiederaufgenommenen Hongkong-Neu-Guinea-Südsee-Dienst; (siehe Fahrplan darunter)

▷▷
D. „Oldenburg", (Hapag), Bauj. 1923, 8.500 BRT, 12 Kn, bot für etwa 50 Passagiere ebenfalls geräumige Kabinen und komfortable Aufenthaltsräume

Gesellschaftsraum des Dampfers „Oldenburg"

Doppelkabine auf der „Oldenburg"

MS. „Havelland" (Hapag)
Bauj. 1921, 6.300 BRT/10.000 tdw, 12 Kn, war mit ihren Schwesterschiffen „Münsterland" und „Rheinland" der erste von Blohm & Voss erbaute Frachtdampfer der deutschen Handelsflotte mit Dieselantrieb. Sie wurde mit zwei ehemaligen U-Boot-Dieseln ausgerüstet (2 Schr.)

MS „Burgenland" (Hapag), 7.320 BRT/ 10.000 tdw, 13,5 Kn, ging 1928 auf ihre Jungfernreise Hamburg–Ostasien

Ein Ostasiendampfer lädt Sojaöl aus Tankwagen in Dairen/Mandschurei

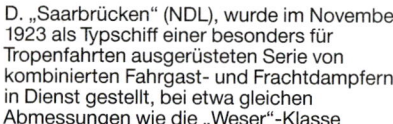

aber kann angesichts der immer drohenderen Schritte nicht darauf verzichtet werden, auf den ganzen Ernst der Lage nachdrücklichst aufmerksam zu machen. Während nahezu alle ausländischen Schiffahrtsländer ihrer Handelsflotte durch Unterstützungen jeglicher Art – namentlich durch Zuweisung von Passagieren und Gütern an die eigene Flagge – eine besonders pflegliche Behandlung angedeihen lassen, ist die deutsche Schiffahrt ganz auf ihre eigene Kraft gestellt. Sie ist obendrein im Vergleich zu den ausländischen Reedereien durch Steuern, soziale Lasten und tarifmäßig gebundene Personalausgaben in einem Maße vorbelastet, welches ihr selbst bei größter Sparsamkeit und bester Organisation eine gedeihliche Entwicklung auf der Basis der international gebundenen Raten kaum noch ermöglicht. Wenn sie darüber hinaus infolge Maßnahmen der eigenen Regierung in ihren Lebensinteressen getroffen wird, so drängt sich mit Nachdruck die Frage auf, ob dieser lebenswichtige Zweig unserer Wirtschaft aus eigenem Können überhaupt noch eine Entwicklung nehmen kann, wie sie nicht als Selbstzweck, sondern als Exponent für die Teilnahme Deutschlands an der Weltwirtschaft und im Interesse unserer Zahlungsbilanz unentbehrlich ist, der sie schon heute jährlich mehr als 350 Millionen Goldmark Devisen zuführt."

Fusionen oder ähnliche Zusammenschlüsse, wie sie die im Jahre 1930 zwischen Hapag und Lloyd auf 50 Jahre beschlossene „Union" darstellte, gleichen schweren chirurgischen Eingriffen in einen Organismus und bilden daher die gefährlichsten Klippen in der Geschichte solcher Unternehmen. Diese Verbindung war aus der Not geboren und konnte durch die ihr folgenden turbulenten politischen Ereignisse nicht von Dauer sein. Zu groß waren noch immer die gegenseitigen Vorurteile, aber auch die Rivalitäten ihrer beiden Paten, der Hansestädte Hamburg und Bremen, die eifersüchtig darüber wachten, daß ihre wettbewerbsmäßige Position dadurch keinen Schaden erlitt.

Im Jahresbericht von 1930 wird hierzu treffend vermerkt: „Nimmt schon in normaler Zeit die Umstellung zweier seit Jahrzehnten in bewußtem Wettbewerb arbeitenden Gesellschaften auf Zusammenarbeit geraume Zeit in Anspruch, ehe sie sich in allen Teilen der Organisation durchsetzt, so wird dies noch mehr erschwert, wenn die Umstellung in eine Zeit rückläufiger Konjunktur fällt

und ohne Verschmelzung der Gesellschaften und ihrer Organisationen erfolgt, was zur Erhaltung der langbewährten Individualität und zur Vermeidung lähmender Bürokratisierung notwendig war."

Die „Union" fand daher auf Anordnung der Reichsregierung schon 1935 ihr vorzeitiges Ende und wurde durch eine vertragliche Neuregelung und Aufteilung der großen Überseeverkehre abgelöst. Da das Reich inzwischen an beiden Gesellschaften mit 51% am aufgestockten Aktienkapital beteiligt war und somit über die Majorität verfügte, gab sein Votum natürlich den Ausschlag. Nur der zähen Verhandlungsführung beider Aufsichtsratsvorsitzenden, des Staatsrates Emil Helfferich (Hapag) und Karl Lindemann (Lloyd), sowie ihrer Vorstandssprecher war es zu verdanken, wenn die vom damaligen „Reichsbeauftragten für die Deutsche Seeschiffahrt" geforderte völlige Zerschlagung der beiden großen Schiffahrtsunternehmen in ihre einzelnen Verkehrsbereiche verhindert wurde.

Die meisten Überseeverkehre wurden von Hapag und Lloyd auch weiterhin als Gemeinschaftsdienste – so auch der Frachtdienst nach Ostasien – fortgeführt, während der Passagierdienst nach Ostasien dem Norddeutschen Lloyd als Einzeldienst übertragen wurde. Die Hapag erhielt jedoch die Option, sich künftig auch an diesem paritätisch zu beteiligen, „sobald diese Fahrt mit mehr als den heute beschäftigten 3 Schnelldampfern betrieben wird". Diese Neuregelung trat am 1. Januar 1935 in Kraft und war auf 15 Jahre festgelegt.

Zu Beginn der dreißiger Jahre hatte sich der internationale Wettbewerb auf der ostasiatischen Linie so verschärft, daß die vom NDL und der Hapag eingesetzten 7./9.000 BRT großen und nur 12–13 sm laufenden Schiffe beispielsweise der „Saarbrücken"-Klasse den größeren und schnelleren Schiffen der ausländischen Konkurrenz nicht länger gewachsen waren. Man beschloß sie daher durch Inauftraggabe von drei kombinierten Fahrgast- und Frachtschiffen von je etwa 18.000 BRT, mit Fahrgasteinrichtungen für 186 Passagiere in der 1. Klasse, 150 in der Touristenklasse sowie 14.000 cbm Laderaum und einer Geschwindigkeit von 20 Seemeilen zu ersetzen. Sie sollten in ihrer Ausstattung allen Ansprüchen der Tropenfahrt genügen und damit wieder Anschluß an die großen ausländischen Konkurrenten gewinnen.[152]

Hapag-Poster von 1930 mit der stilisierten „Burgenland"

Zwei weitere Farbposter der Ostasienfahrt aus den zwanziger Jahren

Seit der Fusion mit der Deutsch-Austral (DADG) erhielten die Hapag-Schiffe ab 1. Januar 1927 gelbe Schornsteine mit schwarz-weiß-roter Kappe, wie sie bis zum 31. 12. 1986 auch für die Hapag-Lloyd AG beibehalten wurden

Der erste Flug von Europa nach Ostasien (Berlin–Tokio)

Am 18. September 1928 starteten E. G. Freiherr v. Hünefeld, der langjährige Leiter des Literarischen Büros des Norddeutschen Lloyd, und der schwedische Chefpilot K. G. Lindner zum ersten Flug von Berlin nach Tokio mit der Junkersmaschine „Europa", wo sie unversehrt am 18. Oktober 1928 unter großer öffentlicher Anteilnahme eintrafen. Das Foto zeigt die Maschine auf ihrer Zwischenlandung in Kanton.

Bereits im April des gleichen Jahres hatten Hauptmann Hermann Köhl, der Ire Oberst James C. Fitzmaurice und Hünefeld in einem Nonstop-Flug von Baldonell/Irland nach Greeny Island/St.-Lorenz-Bucht zum ersten Mal den Atlantik ebenfalls mit einer einmotorigen Junkers-Maschine „Bremen" in Ost-West-Richtung bezwungen.

Während ihrer Zwischenlandung in Shanghai besuchten v. Hünefeld und der schwedische Pilot Lindner den Lloyd-Dampfer „Derfflinger".

Die sportbegeisterten Japaner bereiteten den beiden Ostasien-Fliegern bei ihrer Ankunft in Tokio einen herzlichen Empfang. Der Tenno ließ ihnen als große Ehrung einen Satz wertvoller silberner Sakeschalen überreichen.

Der Flug nach Tokio erfolgte mit Zwischenstops in Sofia, Angora, Bagdad, Buschir, Karachi, Allahabad, Kalkutta, Mandalay, Hanoi, Kanton und Shanghai. In 90 Flugstunden wurden 14.250 km bei einer Reisegeschwindigkeit von durchschnittlich 160 km in der Stunde zurückgelegt. Bei fast sämtlichen Zwischenaufenthalten wurde den Fliegern großzügige Unterstützung zuteil. Der ursprünglich geplante Non-Stop-Flug über den Pazifik mußte wegen der fortgeschrittenen Jahreszeit aufgegeben werden. Die Junkers-Maschine wurde dem kaiserlich-japanischen Aeroclub als Gastgeschenk überlassen.

Wie richtig Hünefeld mit diesem Pionierflug die weitere Entwicklung des Flugverkehrs voraussah, geht aus seinen damaligen Zeitungsinterviews in Tokio hervor: „Hünefeld sieht für die Zukunft eine gewaltige Entwicklung des Flugpostverkehrs zwischen Europa und dem Fernen Osten voraus. Tokio wird, wie er sagt, die ‚große Luft-Endstation' der Luftstrecken werden, und es ist nur noch eine Frage der Zeit, daß man in der Lage sein wird, Briefe und Postpakete zwischen Berlin und Tokio auf dem Luftwege befördern zu können. „Sie werden dann", erklärte er, „einen Brief am Montag in Berlin in den Postkasten werfen, und der Adressat in Tokio wird ihn am Sonnabend in Empfang nehmen können."

Schon wenige Monate später erlag Hünefeld am 5. Februar 1929 einem langjährigen Leiden, als er sich in einer Klinik einer Operation unterzog.[153]

▷
Zwischenlandung des Freiherrn v. Hünefeld und des Schweden K. G. Lindner mit der einmotorigen Junkersmaschine „Europa" in Kanton während ihres Pionierfluges von Berlin nach Tokio im Oktober 1928

Die beiden Ostasienflieger an Bord des NDL-Dampfers „Derfflinger" während ihrer Zwischenlandung in Shanghai: v. l. n. r. K. G. Lindner, Kapitän Heinrich Hashagen, Freiherr v. Hünefeld

Verleihungsurkunde eines Satzes silberner Sakeschalen für die Pionierflieger durch den Mikado von Japan (links unten das kaiserliche Siegel)

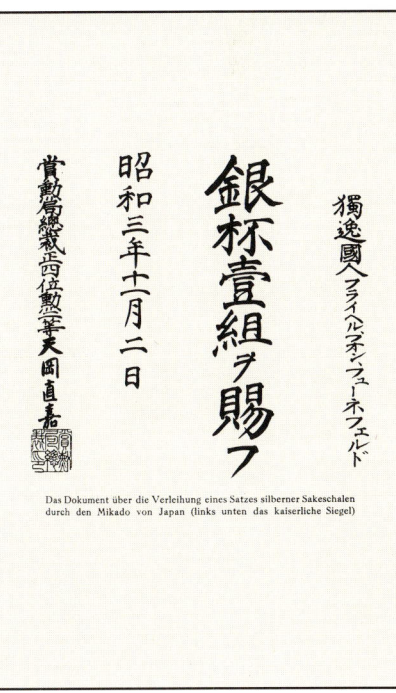

獨逸國人フライヘルオンヒューネフェルド

銀杯壹組ヲ賜フ

昭和三年十一月二日

賞勲局総裁正四位勲菫天岡直嘉

Das Dokument über die Verleihung eines Satzes silberner Sakeschalen
durch den Mikado von Japan (links unten das kaiserliche Siegel)

Die Ostasienreise von Rudolph Firle (1934)

Dr. Rudolph Firle war von 1934 bis 1946 Vorsitzender des Vorstandes des Norddeutschen Lloyd, Bremen. Siehe auch seinen zweiten Reisebericht über Ostasien an Bord des TS. „Nabob" auf den Seiten 106–110

▷
1926 erwarb die Hapag von der mit ihr befreundeten United American Lines, New York, die beiden noch vor dem Kriege von ihr auf deutschen Werften georderten Schnelldampfer „Resolute" (ex „William O'swald") und „Reliance" (ex „Johann Heinrich Burchard") von je 20.000 BRT, 3 Schr. und 17 Kn zurück und setzte sie im Kreuzfahrtengeschäft auf Weltreisen ein. Ihre Passagierkapazität betrug 290 I., 320 II., 400 III. Klasse. Diese Schiffe liefen auf diesen Reisen auch regelmäßig Häfen in Ostasien an (Poster)

▷▷
TS. „Resolute" vor Tarakan/Borneo (1927)

TS. „Reliance" in Manila (1934)

Auf einer mehrmonatigen Rundreise hatte sich der neue Vorsitzende des Vorstandes des NDL, Dr. Rudolph Firle, einen genauen Überblick über die wirtschaftspolitische und Konkurrenzsituation in den Ländern Ostasiens verschafft und seine Eindrücke in einem viel beachteten Vortrag in Berlin wiedergegeben: Er hatte in den Jahren 1912–1914 in Ostasien gelebt, so daß gerade aus dieser Kenntnis heraus sich die inzwischen eingetretenen Veränderungen besonders deutlich abhoben. Sein Lagebericht besticht noch heute und nach fünfzig Jahren hinsichtlich der zutreffenden Bewertung der sich anbahnenden Entwicklungen, auch wenn sich seine Hoffnung, daß größere kriegerische Auseinandersetzungen vermieden werden können, nicht bestätigten:

„Dem Pazifischen Raum gehört die Zukunft

‚Asien den Asiaten' — Dieses Wort, in einer Zeit geprägt, wo noch niemand die durch den Weltkrieg hervorgerufene Umwertung aller Werte erkennen konnte, hat durch die in den beiden letzten Jahrzehnten eingetretene Entwicklung der Verhältnisse in den Ländern des Fernen Ostens einen tieferen Sinn erhalten. Gebieterisch drängt sich dem wirtschaftspolitischen Denken des Europäers bei einer solchen Reise die Erkenntnis auf, in welch starkem Maße Europa und auch Amerika im allgemeinen und durch den Ausgang des Krieges Deutschland im besonderen geschwächt worden sind. Weder den europäischen Staaten noch dem amerikanischen Volke haben der Krieg und die eineinhalb Jahrzehnte sogenannten Friedens wirkliche Vorteile gebracht. Der Weltkrieg ist auf dem Boden Europas zugunsten des Fernen Ostens ausgetragen worden. Der Schatten Japans, politisch und wirtschaftlich gesehen, liegt auf der ganzen Anmarschstrecke vom Mittelmeer zum Fernen Osten, um so stärker, je weiter man nach Osten vordringt ...

Auf den Philippinen tritt die Veränderung, die in den letzten Jahrzehnten vor sich ging, besonders deutlich in Erscheinung. Die Vereinigten Staaten haben hier gewaltige Kapitalien investiert und modernste Hafenanlagen errichtet. Zucker, Hanf und Kopra sind die wichtigsten Ausfuhrartikel. Die philippinische Unabhängigkeitsbewegung setzt heute Amerika auch aus wirtschaftspolitischen Gründen keinen Widerstand mehr entgegen ...

China hat in den beiden letzten Jahrzehnten alles in allem gesehen einen starken wirtschaftlichen und vor allem technischen Aufschwung genommen. Ich bereiste Südchina, Kanton, Hongkong, Mittelchina, Shanghai, den Jangtsze bis Hankau, Nanking sowie Nordchina, Tientsien, Peking und später die Mandschurei. Shanghai und Kanton sind ganz moderne Städte amerikanischer Prägung geworden. Verkehrswesen, Eisenbahn, Schiffahrt, Flugwesen und Straßen sind in ganz China gegen früher erheblich entwickelt. Am stärksten wirkt hier natürlich in politischer und wirtschaftlicher Beziehung die Nähe Japans.

Die japanische Konkurrenz ist in China für den fremden Handel natürlich am gefährlichsten. In China herrscht offensichtlich das Bestreben der Annäherung an Japan vor. Auch der Verlust der Mandschurei spielt hierbei realpolitisch keine so große Rolle mehr. Japan seinerseits hat das größte Interesse am chinesischen Absatzmarkt, der fast 50 % seines gesamten Exportes aufnimmt. Trotzdem glaube ich, daß der deutsche Markt in Spezialartikeln, wie Farben, medizinisch-pharmazeutischen Produkten, in Gegenständen der optischen Industrie sowie Werkzeug-Maschinen noch eine ausichtsreiche Zukunft haben wird. Andererseits tritt die Stärke der Engländer und Amerikaner durch die Überlegenheit ihrer Finanzierungsmöglichkeiten sehr stark in Erscheinung.

Wenn man dann Japan nach langer Abwesenheit wieder betritt, dann sucht man sich ein Bild zu machen, wie eigentlich bevölkerungsmäßig, wirtschaftlich und politisch dieses Land beschaffen ist, das ein so hohes Spiel spielt. Alle Romantik vergangener Zeiten ist verschwunden. Man erlebt eines der hochentwikkeltsten Länder mit modernsten Einrichtungen, vor allem technischer Art, das ganze Entwicklungsstufen übersprungen hat. Das große Erdbeben im Jahre 1923 hat viel zu der Schnelligkeit der Modernisierung der Städte beigetragen.

Der Arbeitsaufbau ist ein ganz anderer als in Europa. Es gibt keine Gewerkschaften. Die Arbeitsstätten haben patriarchalische Arbeitsformen, es ist Familien-Heimarbeit. Die Altersversorgung langjähriger Mitarbeiter ist eine traditionsüberkommene Pflicht eines jeden Unternehmens. Hinzu kommt die erstaunliche Genügsamkeit des Japaners in allen Lebensgewohnheiten, in der Woh-

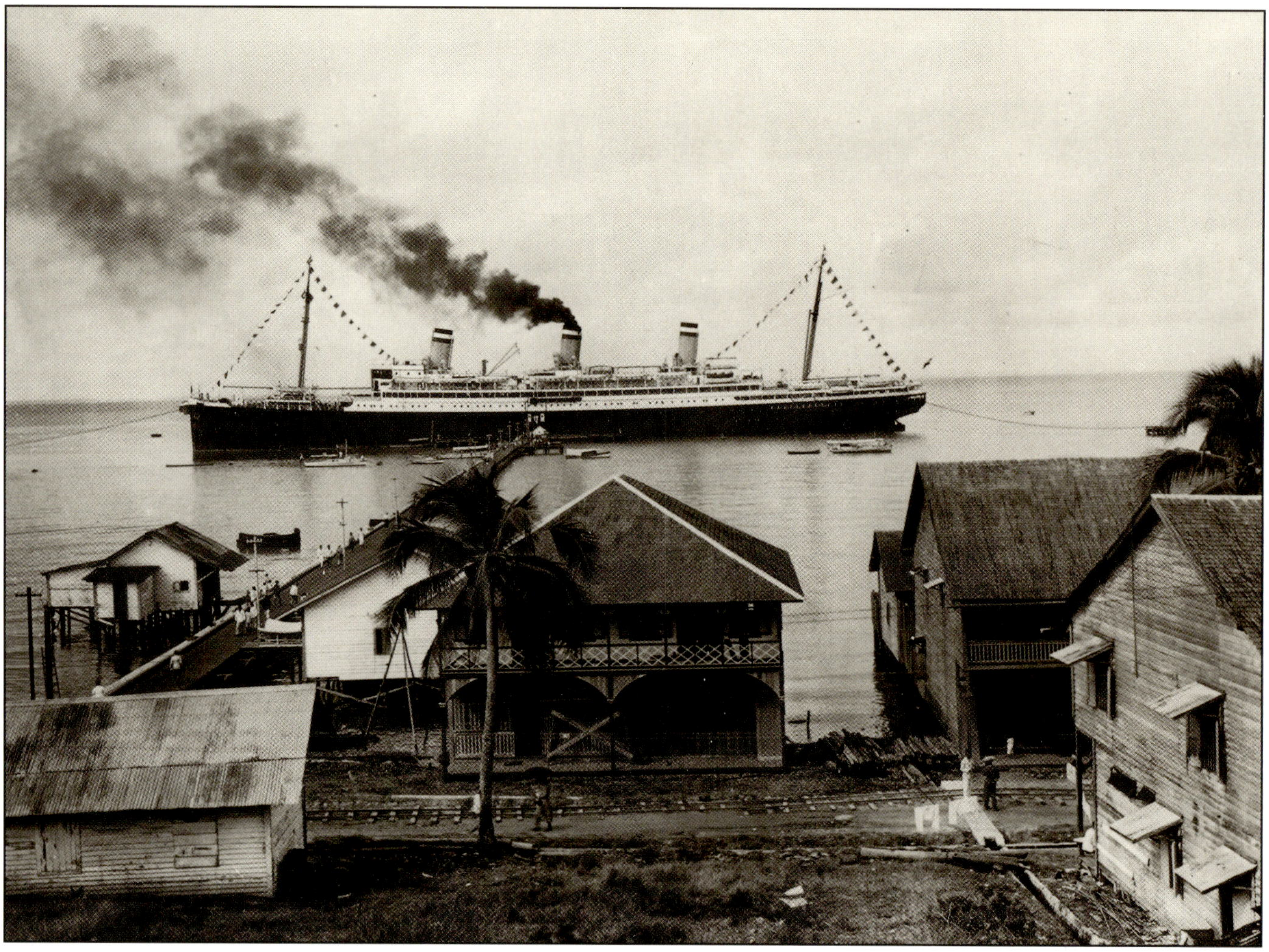

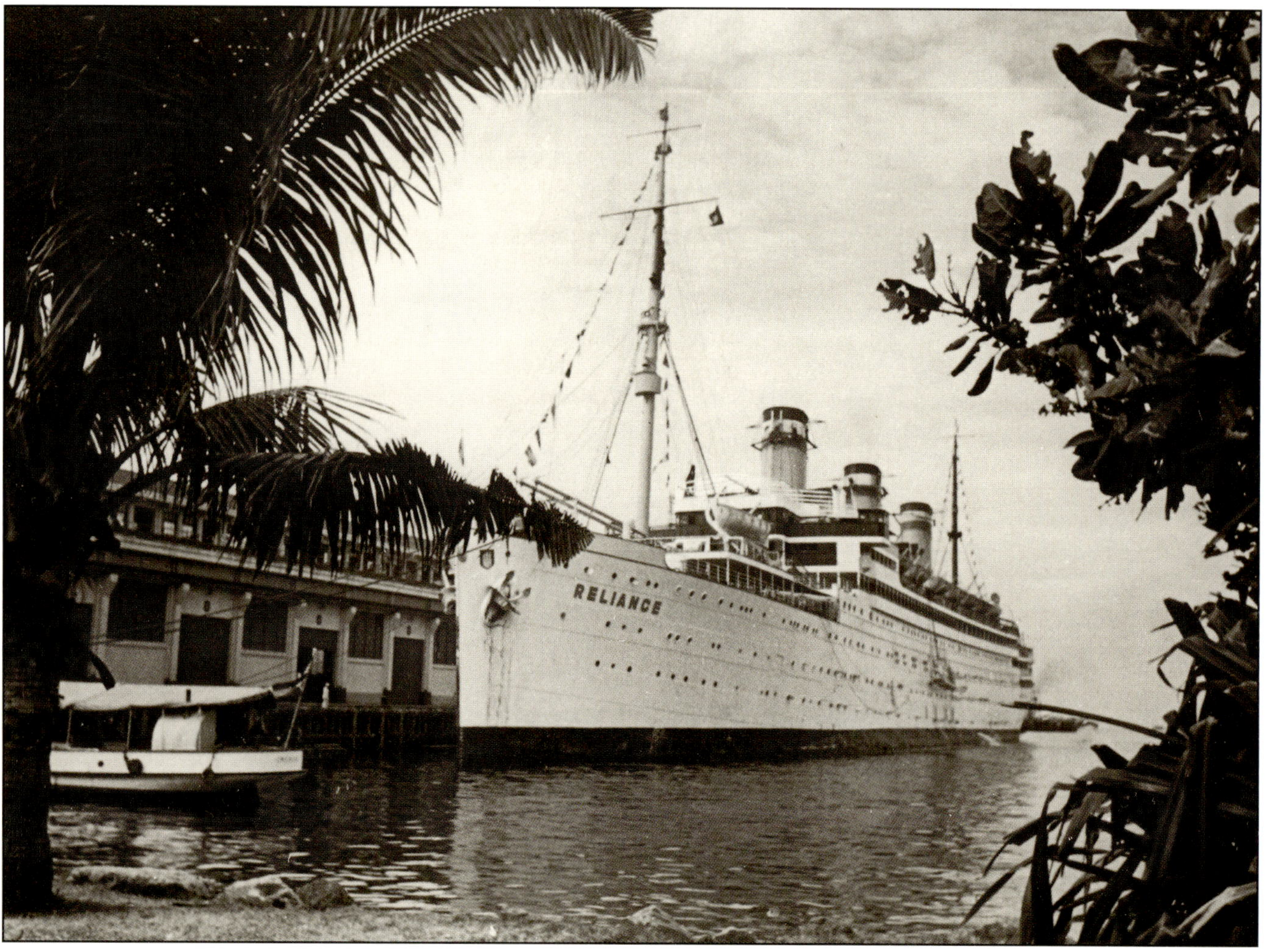
RELIANCE

nung und Nahrung im besonderen. Es ist kraß ausgedrückt der Unterschied zwischen Reisesser und Fleischesser. Im Gegensatz zu Europa gibt es daher auch in Japan kaum eine nennenswerte Arbeitslosigkeit, wohl aber in manchen Produktionszweigen Arbeitermangel.

Die Stellung Japans zu Deutschland ist in jeder Hinsicht ausgeglichen, wenn nicht freundschaftlich. Beide Länder haben keine entgegenstehenden Interessen. Unsere Handelsbilanz mit Japan ist aktiv. Die führenden japanischen Politiker und Wirtschaftler, mit denen ich Gelegenheit hatte, in aller Offenheit über das gegenseitige Verhältnis Japans zu Deutschland zu sprechen, zeigten volles Verständnis für unsere heutige Lage und hoben immer dankbar hervor, wieviel Deutschland in der Vergangenheit für die Entwicklung Japans getan hätte. Deshalb glaube ich auch, daß dem deutschen Handel im ganzen fernöstlichen Raume noch gute Aussichten zuzusprechen sind."

Dann folgt ein Überblick über die zukünftigen Entwicklungsmöglichkeiten des fernöstlichen Raumes für die Schiffahrt, worin die großen Anstrengungen aufgezeigt werden, die die anderen Schiffahrtsnationen seit Kriegsende überwiegend mit starker staatlicher finanzieller Unterstützung unternommen hatten, als einem Eckpfeiler ihrer Außenhandelsbeziehungen:

„Es handelt sich dabei einmal um die Liniendienste der europäischen Großreedereien auf dem alten Anmarschwege vom Mittelmeer nach Ostasien und Japan und andererseits um die Schiffahrtsmöglichkeiten in dem großen indonesischen oder malaiischen Raum und zuletzt auch um die Schiffahrt in dem gewaltigen, in sich abgeschlossenen Gebiet des Pazifik in Verbindung mit den Möglichkeiten eines ‚Um-die-Welt-Dienstes'.

Die englische Peninsular & Oriental Steam Navigation Company war die erste Linie, die im Jahre 1857 ihren bestehenden Mittelmeerdienst so erweiterte, daß sie von Port Said nach dem Osten bestimmte Passagiere über die Landenge beförderte, wo sie von Seglern der ältesten englischen Segelschiffsreederei in China, „Jardine Matheson & Co.", nach Hongkong gebracht wurden. Die Franzosen richteten durch die „Messageries Maritimes" 1872 durch den Suezkanal eine regelmäßige Linie nach ihren Kolonien in China ein. Deutschland kam sehr viel später, da seine Großschiffahrt sich nach ihrer

Gründung in der Hauptsache dem Auswanderergeschäft nach Amerika zugewandt hatte.

Der Platz des Lloyd in der Passagierfahrt wurde nach dem Kriege von dem in italienischen Besitz übergegangenen österreichischen Lloyd als „Lloyd Triestino" übernommen. In seinem „Expreßdienst" Triest–Bombay–Shanghai verkehren 18.500 BRT große Dampfer mit einer Geschwindigkeit von 18 Seemeilen, die wie der „Conte Verde" und der „Conte Rosso" die Strecke in 23 Tagen gegenüber 42 bis 45 Tagen der deutschen Schiffe zurücklegen.

Die beiden holländischen Reedereien „Nederland" und „Rotterdamsche Lloyd" bieten einen wöchentlichen Ostasiendienst. Ihnen stehen 14 Schiffe zur Verfügung, darunter 7 Motorschiffe in der Größe bis zu 19.000 BRT. Der Endpunkt dieser Linien ist Batavia. Das Schiffsmaterial ist vorzüglich. Die Schnelligkeit beträgt 17 Knoten, so daß für die Reise nach Singapore 18 Tage gebraucht werden. Ich selbst habe die Reise an Bord eines dieser Schiffe, auf der „Sibajak", gemacht.

Die vorstehenden Ausführungen über das in diesem Hauptlinienverkehr Europa–Ostasien von den fremden Nationen verwandte Schiffsmaterial zeigen deutlich die Unterlegenheit der beiden deutschen Reedereien. Es ist daher nur eine Frage der Zeit, daß bei nicht rechtzeitigem Ersatz Deutschland aus diesem Dienst ausscheiden müßte.

Chinesische Küsten- und Flußschiffahrt: Die Chinesen verlangen eine nationale Schiffahrt und streben vor allem die Zurückdrängung der fremden Flaggen in der Flußschiffahrt an. Die Nanking-Regierung bringt der Schiffahrt großes Interesse entgegen, vornehmlich der jetzige Verkehrsminister Chu-Chia-Hua, der in Freiburg und Berlin studiert hat ...

Schiffahrt im Pazifik

... So ist der Pazifik ein ganz in sich geschlossenes und für die moderne Schiffahrt verhältnismäßig neues Gebiet, das gewaltigste Meer, doppelt so groß wie der Atlantische Ozean (166 gegenüber 82 Millionen Quadratkilometer). Seine Erschließung hing ursächlich ganz natürlicherweise von der Entwicklung seiner beiden großen Küstenländer ab, des amerikanischen Kontinents im Osten und des ostasiatischen mit China und Rußland als Festland sowie der vorgelagerten Insel Japan, die im Ge-

gensatz zu Europa ... hier ganz allein Träger der Schiffahrt wurde ...

Das japanische Frachtschiffmaterial der Osaka Shosen Kaisha Linie ist in diesem Pazifikverkehr vorherrschend und mit großem Vorsprung führend. Etwa 30 ganz moderne Motorschiffe in der Größe von 8–10.000 t, von denen die Hälfte durchschnittlich 15, der Rest 18 bis 20 Seemeilen Geschwindigkeit aufweisen, bilden den Kern. Es fährt fast jeden Tag ein japanisches Schiff. Im Jahre 1933 zahlten die Amerikaner 3,5 Mio. Dollar, die Japaner 5,5 Mio. Yen als Regierungsbeihilfen für den Postverkehr an ihre Reedereien. Die „Canadian Pacific" gilt als rein staatliches Verkehrsunternehmen.

Zudem besteht sowohl im Passagier- als auch im Frachtverkehr eine starke Abhängigkeit von den großen Küstenstaaten Amerika und Japan, die bei der engen Verbindung von Produktion, Export und Schiffahrt ihrer Länder alle Transporte weitgehendst ihren eigenen Flaggen vorbehalten ...

Größere Zukunftsmöglichkeiten liegen in reinen Frachtdampferlinien in diesem Verkehr. Voraussetzung für einen deutschen Liniendienst ist aber zunächst ein guter Ausbau der Vorstrecken, d. h. ein guter und schneller Frachtdampferdienst unserer deutschen Reedereien durch den Panamakanal nach den Westküsten Nord- und Südamerikas und auf der westlichen Seite ein materialmäßig erstklassiger Dienst unserer bestehenden Europa-Ostasienlinien, um dann später bei günstiger Konjunktur nur das Verbindungsstück über den Pazifik einfügen zu brauchen."

Er schließt dann mit der noch heute gültigen Feststellung:

„Der Ferne Osten mit dem Pazifik ist mit seinen noch voll im Fluß und in aufsteigender Entwicklung befindlichen Nationen, Ländern und wirtschaftlichen Möglichkeiten ein Raum, der sowohl der deutschen Schiffahrt als auch dem deutschen Handel noch große Zukunftsmöglichkeiten bietet.

Im fernöstlichen Raum ist für Deutschland die Tatsache, daß es weitgesteckte machtpolitische Ziele dort niemals verfolgt hat, heute ein wirtschaftlich großer Vorteil, ebenso, daß auch für die weitere Zukunft in dieser Hinsicht keine Möglichkeiten von Zusammenstößen deutscher Interessen mit den Ländern in diesem Raum vorhanden sind und sein werden."[154]

Die Schnelldampfer „Scharnhorst", „Gneisenau" und „Potsdam" (1935–1939)

94

Nach dieser grundlegenden Situationsanalyse ging man in Bremen und Hamburg mit Nachdruck an die Erneuerung des Schiffsmaterials. Noch im Jahre 1933 wurden die Neubauaufträge für die 3 Kombi-Schiffe erteilt – die „Scharnhorst" und „Gneisenau" an die A. G. „Weser" in Bremen (für NDL) und die „Potsdam" an Blohm & Voss, Hamburg (für die Hapag). Sie bildeten mit ihren wunderschönen Silhouetten neben den beiden Schnelldampfern „Bremen" und „Europa" des NDL, die nach einer Unterbrechung von 23 Jahren zum ersten Mal wieder für Deutschland das „Blaue Band" für die schnellsten Atlantik-Passagen errangen, einen denkwürdigen Höhepunkt deutscher Schiffbau-Kunst der dreißiger Jahre.

Am 10. 5. 1935 trat unter dem Kommando von Kapitän Stein die „Scharnhorst" ihre Jungfernreise nach Ostasien an und eröffnete damit den NDL-Ostasien-Schnelldienst. Neben den Nordkontinent-Häfen wurden bedient: Southampton, Palma de Mallorca, Barcelona, Genua, Port Said, Suez, Colombo, Penang, Singapore, Manila, Hongkong, Shanghai, Yokohama und Kobe. Heimkehrend wurden zusätzlich zu den vorgenannten Plätzen noch Belawan (Sumatra) und Marseille angelaufen.

Am 5. 7. 1935 trat dann die „Potsdam" unter Kapitän Arndt ihre Jungfernreise nach Fernost an, gefolgt am 3. 1. 1936 von der „Gneisenau" unter Kapitän Hengstenberg. Für die Strecke Genua/Shanghai benötigten diese Schnelläufer 21 Tage und für die Reise von Bremen nach Shanghai 34 Tage, während die Saarbrücken-Klasse für letztere Strecke noch 52 Tage benötigte.

Die „Potsdam" wurde unmittelbar nach Fertigstellung im Rahmen der Neuregelung von der Hapag an den NDL übergeben. Sie verfügte bei ansonsten gleichen Abmessungen über Fahrgasteinrichtungen für 227 Passagiere in der 1. Klasse sowie 166 Passagiere in der Touristenklasse. Die Besatzungsstärke betrug 275 Mann. Alle drei Schiffe liefen 21 Knoten.

Erstmalig wurde in der deutschen Seeschiffahrt für Schiffe dieser Größenordnung für die „Scharnhorst" und „Potsdam" der turbo-elektrische Schiffsantrieb von je 26.000 PS verwandt, während die „Gneisenau" eine Höchstdruck-Getriebeturbinenanlage erhielt. Alle hatten Doppelschrauben-Antrieb.

Besondere Sorgfalt wurde auch auf eine allen modernen Anforderungen auf Komfort unter den wechselnden klimatischen Bedingungen der Tropenfahrt entsprechende Ausgestaltung der Fahrgasträume gelegt. Im Gegensatz zur Hapag, die mit der Innenausstattung beispielsweise der drei großen Vorkriegs-Passagierdampfer der „Imperator"-Klasse noch ausländische Architekten beauftragte, hatte der Norddeutsche Lloyd bereits für seine ersten Schnelldampfer in den achtziger Jahren führende deutsche Architekten eingeschaltet, und dieses mit großem Erfolg. An der Spitze rangierte der bremische Architekt Johann Poppe, der dem von ihm geprägten Begriff „Raumkunst an Bord" alsbald auf diesen Schiffen zu internationaler Anerkennung verhalf, da seine Dekorationen genau den Geschmack der Zeit trafen. Mit der Innenausstattung der neuen Ostasien-Dampfer wurde Woldemar Brinkmann betraut, der mit der Ausführung renommierte deutsche und bremische Einrichtungshäuser wie die Vereinigten Werkstätten, die Firma Schäfer & Co. sowie die Bremer Holzkunstwerkstätten von Johannes Andresen beauftragte.

„Die auf den oberen Decks gelegenen Speise- und Gesellschaftsräume sind vornehm und gediegen ausgestattet", heißt es in der Jubiläumsbroschüre „Fünfzig Jahre Ostasien- und Australdienste" des NDL vom Juni 1936, „auf Schaffung großer Promenaden-, Spiel- und Sportdecks wurde besonderer Wert gelegt. Die außerordentlich geräumig gehaltenen Fahrgastzimmer stehen in der 1. Klasse zum weitaus größten Teil mit Privatbädern, Brausen usw. in Verbindung. Eine weitverzweigte elektrische Lüftungsanlage sorgt in allen Teilen des Schiffes für ständige Lufterneuerung."

Auch diese Schiffe gewannen sehr bald große Beliebtheit beim in- und ausländischen Reisepublikum und erfüllten alle an sie gestellten Erwartungen des Unternehmens.

Aber auch die Ladungseinrichtungen entsprachen dem neuesten technischen Entwicklungsstand. So standen auf jedem Schiff sechs große Laderäume mit einem Gesamtfassungsvermögen von rund 14.000 cbm zur Verfügung, bestückt mit modernstem Ladegeschirr. Mehrere voneinander getrennte Kühlräume ermöglichten die Mitnahme verderblicher Ladungen der unterschiedlichsten Art und konnten unter genauer Beachtung der jeweils benötigten Temperaturen gefahren werden.

„Für besonders wertvolle Ladung sind stark gesicherte Räume, für gefährliche Chemikalien Säureräume und für flüssige Ladung (Palm-, Soja-, Holzöl) von einander abgeschlossene Tanks auf allen Schiffen vorhanden."

Neben dem großen Wandel im Passagierdampfer-Geschäft gab es auch im Frachtdampfer-Verkehr nach Ostasien wesentliche Verbesserungen. Die umgebauten NDL-Motorschiffe „Coburg", „Marburg", „Elbe" und „Regensburg" waren auf eine Reisegeschwindigkeit von 16 sm ausgerichtet und eröffneten auch auf dem Frachtsektor eine Schnellverbindung nach Fernost.

In den 10 Jahren bis 1935 verdoppelte sich das Passagieraufkommen im Ostasiendienst des NDL nur noch von 4.000 auf 9.000 Passagiere, während sich die Ladung in beiden Richtungen fast vervierfachte, nämlich von knapp 300.000 auf ca. 1 Mio. Frachttons.[155]

Die Hapag meldete in ihrer Dokumentation zum 90. Geburtstag vom 27. 5. 1937: „Die weitere Entwicklung ging über die Lösung von der englischen Linie und durch die Weltkrise in die Gegenwart, die nach Jahren der Depression ein erfreuliches Bild bietet. In einem wöchentlichen Gemeinschaftsdienst mit dem Norddeutschen Lloyd fahren nicht weniger als 25 Hapag-Schiffe von zusammen 270.000 Tonnen Tragfähigkeit von Hamburg und Bremen über Antwerpen, Rotterdam und zum Teil über Genua durch den Suezkanal nach Colombo (Ceylon), Penang, Port Swettenham, Singapore, Manila, Cebu, Hongkong, Shanghai, Taku Barre (Tientsin), Tsingtau, Dairen, Yokohama, Kobe/Osaka und anderen Häfen. Hauptgüter sind ausgehend Stickstoff und Kali, Eisen, Draht, Eisenbahnmaterial, Maschinen, Röhren, Zement, Farben, Chemikalien und Papier und heimkehrend in erster Linie Sojabohnen, Erdnüsse, Erze und tierische Produkte, Baumwollwaren, Manilahanf und Kopra.

Es entspricht der Bedeutung des Ostasien-Dienstes im Liniennetz der Hamburg-Amerika Linie, daß die Gesellschaft im Rahmen ihres Neubauprogramms für ihn zwei große Frachtschiffe von je 12.000 Tonnen Tragfähigkeit in Bau gegeben und eine weitere Erneuerung seines Schiffsparks vorgesehen hat."

Es war nur ein konsequenter Schritt der bereits von Dr. Firle aufgezeigten

Verkehrsentwicklung (siehe S. 93), daß die Hapag noch im September des Jubiläumsjahres (1937) mit ihrem MS „Friesland" einen regelmäßigen Frachtdienst vom US-Golf durch den Panama-Kanal nach Ostasien eröffnete. Schon im ersten Betriebsjahr konnten 16 Abfahrten auf dieser neuen Route geboten werden.

Die Ostasien-Dienste von NDL und Hapag hatten sich wieder internationale Geltung verschafft und sich reederseitig zu einem der bedeutendsten Dienste entwickelt. Gemeinsam offerierten NDL und Hapag 1938 fast 90 Abfahrten, die alle Hauptplätze des ostasiatischen Raumes bedienten. Der deutsche Ostasiendienst setzte aber auch Maßstäbe für die Konkurrenz.[156]

Die deutsche Seeschiffahrt im Zweiten Weltkrieg (1939–1945)

Schnelldampfer „Scharnhorst" in Hongkong. Davor der Zubringerdampfer „Bremerhaven". Die „Scharnhorst" hatte turbo-elektrischen Antrieb und lief wie ihre zwei Schwesternschiffe 21 Knoten

„Scharnhorst" in Colombo/Ceylon (Sri Lanka)

Schnelldampfer „Gneisenau" passiert die Columbuskaje in Bremerhaven, an der im Vordergrund die beiden Flaggschiffe des NDL „Europa" und „Bremen" festgemacht haben, ein seltener Anblick! Beide Schiffe waren zwischen 1929 und 1933 Träger des Blauen Bandes als schnellste Antlantiküberquerer

Als der zweite Weltkrieg am 1. September 1939 ausbrach, war der Wiederaufbau der beiden deutschen Reedereien noch nicht abgeschlossen. Die beiden neuen von der Hapag für den Ostasien-Dienst bei der Germaniawerft der Friedrich Krupp AG in Kiel georderten Frachter „Steiermark" und „Ostmark" von 8.750 BRT/12.000 tdw – wunderschöne Doppelschrauben-Motorschiffe mit diesel-elektrischem Antrieb und 18 kn – kamen nicht mehr zur Auslieferung. Die „Steiermark" wurde statt dessen 1940 zum Hilfskreuzer „Kormoran" umgebaut, der im November 1941 nach erfolgreicher Kaperfahrt in einem Gefecht im Indischen Ozean den australischen Kreuzer „Sydney" versenkte und dabei selbst so schwer beschädigt wurde, daß er aufgegeben werden mußte.[157]

Erst in Krisenzeiten erweist sich, welcher Geist in einem Unternehmen steckt und ob man auch bei schwersten menschlichen und materiellen Belastungen zu bestehen vermag. Auch hier entscheidet letztendlich die Einzelpersönlichkeit. Wenn wir in dieser Dokumentation nicht nur die Sonnenseiten, sondern auch die schwersten Stunden und Jahre in der Geschichte beider Gesellschaften behandeln, so sind wir dieses schon unseren Firmenangehörigen schuldig, die vor diesen Schwierigkeiten damals nicht kapitulierten, sondern durch ihren Einsatz versuchten, diesen Krieg so schnell wie möglich zu einem glücklichen Ende zu bringen. Denn nur wenige hatten zu jener Zeit schon den Einblick, um das Abgründige dieser Gewaltherrschaft in ihrem vollen Umfange zu erkennen und daraus ein Widerstandsrecht abzuleiten.[158]

Anders als im Ersten Weltkrieg wurde die gesamte deutsche Handelsschiffahrt von Anbeginn zur kontinuierlichen Versorgung der Kriegswirtschaft in allen europäischen Kriegsschauplätzen und zu Blockadedurchbrüchen nach Ostasien eingesetzt, oder sie fanden als Hilfskreuzer und andere Hilfsschiffe der Kriegsmarine Verwendung.

Die Zusammenarbeit zwischen Handelsschiffahrt und Marine war eine sehr enge und kameradschaftliche und hat sich auch unter schwersten Belastungen bewährt. Eine große Zahl von Handelsschiffsoffizieren wurde als Reserveoffiziere von der Marine übernommen und teilweise mit anspruchsvollen Führungsaufgaben, z. B. der erfolgreichen Heimführung von Prisen, betraut.

Bei Kriegsbeginn verfügte die Hapag über 108 Schiffe mit 740.000 BRT, davon waren 48 Schiffe mit 222.000 BRT in den Linienverkehren Südafrika, Australien, Neuseeland, Indonesien und Ostasien beschäftigt. Beim Lloyd wies der letzte Geschäftsbericht von 1938 73 Seeschiffe mit 566.000 BRT aus, wovon 19 Schiffe mit 179.000 BRT in den erwähnten Fahrtgebieten der östlichen Hemisphäre im Einsatz waren.[159]

Eine große Anzahl von Schiffen bei der Reedereien konnten bei Kriegsausbruch trotz einer früheren Vorwarnzeit ihre Heimathäfen nicht mehr erreichen und mußten, soweit sie dem feindlichen Zugriff entgingen, neutrale Häfen anlaufen. Einigen von ihnen gelang noch Monate später auf Schleichwegen der Durchbruch in die Heimat.

Die Schicksale von einigen unserer Ostasien-Schiffe — in Stichworten —, u. a. der dreibändigen Biographie der Hapag-Schiffe von Arnold Kludas/ Herbert Bischoff entnommen, finden sich im Anhang 1.[160]

Die „Scharnhorst" wurde während des Krieges zu einem japanischen Flugzeugträger umgebaut und endete auf einer amerikanischen Mine. Die „Potsdam" brachte noch Anfang der sechziger Jahre unter pakistanischer Flagge malaysische Pilger in der Hadsch-Zeit nach Djeddah. Sie wurde erst 1976, also nach 40 Jahren, abgewrackt.[161]

Der erste Inspekteur und Schöpfer der neuen deutschen Bundesmarine, Vizeadmiral Friedrich Ruge, im Kriege unter Feldmarschall Rommel ab 1943 verantwortlich für die Sicherung der seewärtigen Verbindungen von der holländischen Grenze bis zu den Pyrenäen, würdigte in seiner knappen, aber deshalb um so fesselnderen Geschichte „Der Seekrieg 1939–1945" den Beitrag der Handelsflotte wie folgt:[162]

„Eine besondere Leistung vollbrachten Kapitäne und Besatzungen der Blockadebrecher. Im ersten und zweiten Kriegswinter kamen eine ganze Anzahl von Handelsschiffen aus neutralen Häfen zurück, ein Teil von ihnen mit Ladung. Später wurden Schiffe in der Heimat für die Kriegsfahrt nach Ostasien besonders ausgerüstet. Genau wie bei den Hilfskreuzern legte man großen Wert auf gute Tarnmöglichkeiten durch falsche Schornsteine und Aufbauten, Neutralitätsabzeichen und Wechsel des Farbanstrichs. Geplant war, je-den Winter etwa 12 Schiffe hinauszuschicken, um Rohstoffe von Japan zu holen, die der deutschen Kriegswirtschaft fehlten. Das war hauptsächlich Naturkautschuk, der als Beimischung für den künstlichen Gummi unentbehrlich war; einige Tausend Tonnen genügten für den Bedarf mehrerer Monate.

Ferner wurden benötigt Molybdän und Wolfram für die Herstellung von Edelstählen sowie Jute, Medikamente und Chemikalien; Kupfer und Zinn kamen auch mit, waren aber nicht so wesentlich, da man in Frankreich sehr große Vorräte erbeutet hatte. Glimmer wurde von der Marine dringend für Wasserstandsgläser gebraucht, Kaffee und Tee waren erwünschte Beiladungen. Als Gegenleistung gingen hauptsächlich Maschinen hinaus; später erhielten die Japaner zwei kriegsbereite IX-C-Boote.

Die Gesamtmenge der Einfuhr sollte nach den ursprünglichen Plänen 50 000 t im Jahr betragen. Das war zu optimistisch gedacht. Im Winter 1941/42 gelangen sieben Fahrten, soweit sich feststellen läßt, und brachten etwa 30 000 t wertvollster Rohstoffe. Im folgenden Winter gingen von 7 Schiffen 2 oder 3 verloren, und 1944 schlug sich ein einziges Schiff von 5 durch, die ‚Osorno' (Kapitän Hellmann). Dazu kamen noch einige Schiffe, die schon in Ostasien lagen oder aus Chile als Prisen dorthin geschickt wurden. Insgesamt verließen 31 Schiffe Südostasien mit Ladung für Deutschland, 17 erreichten ihr Ziel.

In den letzten beiden Kriegsjahren transportierten U-Boote geringe Mengen der am dringendsten gebrauchten Stoffe. Sie hatten noch schwerere Verluste, von 13 kamen nur 5 an.

Die Ladungen betrugen insgesamt 217 000 t; davon erreichten 114 000 t ihr Ziel, darunter allein 45 000 t Rohgummi."

Noch während des Krieges, im Jahre 1941, trennte sich die damalige Reichsregierung von ihren Mehrheitsbeteiligungen bei Hapag und Lloyd und verkaufte ihre Aktien an Philipp Reemtsma, so daß von diesem Zeitpunkt an beide Reedereien wieder im *Privatbesitz* waren. Die ursprüngliche Absicht von Herrn Reemtsma, die Reedereien in Gesellschaften mit beschränkter Haftung umzuwandeln, die damals zum Rücktritt des langjährigen und verdienten Aufsichtsratsvorsitzenden der Hapag, Staatsrat Emil Helfferich, führte, wurde von Reemtsma, möglicherweise aufgrund der sich rapide verschlechternden Kriegslage, nicht weiter verfolgt.

Lediglich im ausgegliederten Nordatlantik-Dienst hielt der Staat auch weiterhin seine Mehrheitsbeteiligung, um den beiden Reedereien in diesem noch immer wichtigsten Fahrtgebiet eine finanzielle Absicherung zu geben.[163]

Der sowjetische Eisbrecher „Kaganowitsch"
macht die im Eis festgefahrene „Komet"
wieder flott.

Das Verhältnis zwischen Hilfskreuzer-
Kommandanten und Zivil-Kapitänen der
deutschen Versorger war äußerst herzlich:
Fregattenkapitän Weyher des HSK „Orion"
begrüßt Kapitän Pschunder von der „Kulmerland" (Hapag) in der Südsee.

Rogge als Zivilist mit Bowler inspiziert den
Umbau seines Schiffes. Das Deckshaus ist
die Tarnverkleidung eines Geschützes.

Noch einmal Neubeginn im Zeichen der Zusammenarbeit zwischen Hapag und Lloyd – kombinierter Passagier-Frachtdienst (1953–1970)

Der Neubeginn nach 1945 stand für die deutschen Reedereien unter einem noch schwierigeren Vorzeichen als das Jahr 1918, da ihnen aufgrund des Potsdamer Abkommens bis zur Lockerung und schließlichen Aufhebung der Schiffbau- und Schiffahrtsbeschränkungen für die Dauer von fünf Jahren nach Kriegsende jegliche Überseeschiffahrt untersagt blieb. Erst das von Konrad Adenauer mit den Westmächten im April 1951 abgeschlossene sog. Godesberger Abkommen setzte für die Bundesrepublik Deutschland einen Schlußstrich unter die Vergangenheit.

Ein zweites Mal mußten die deutschen Schiffahrtsgesellschaften innerhalb einer Generation ihre gesamte, überwiegend mit Fremdmitteln finanzierte privatwirtschaftliche Flotte, soweit sie die Kriegshandlungen überlebt hatte, an die Siegermächte ausliefern. Die deutschen Schiffbaukapazitäten wurden zum großen Teil demontiert. Auch darin unterschied sich die Situation von jener von vor 27 Jahren.[164]

Im Hapag-Geschäftsbericht zum 101. Geschäftsjahr (1947) wird dem hundertjährigen Jubiläum der Gründung der Gesellschaft – die Hapag beging dieses Jubiläum ohne Seeschiffe (!) – eine knappe Würdigung gewidmet, worin es u. a. heißt: „Das unserer Reederei in hundert Jahren von unzähligen Passagieren und Verladern aller Nationen bewiesene Vertrauen bestätigt uns, daß wir in unserem Bestreben, dem Wohle aller Völker in friedlichem Wettbewerb zu dienen, auf dem richtigen Wege waren. Wir sehen deshalb auch für die Zukunft unsere Aufgabe darin, der Tradition der Gründer unserer Reederei treu zu bleiben."

Wie 1857 und 1918 begann der NDL ein drittes Mal mit der Schleppschifffahrt zwischen Bremen und Hamburg und später auch zwischen anderen deutschen Häfen.

Hapag und Lloyd betätigten sich in den ersten Nachkriegsjahren im Liebesgaben-Paketdienst sowie auf dem gastronomischen Sektor mittels Hotelschiffen wie dem „Knurrhahn" in Bremen und dem ehemaligen Hapag-Passagierschiff „St. Louis" in Hamburg, um dadurch wenigstens einen kleinen Stamm ihres Küchen- und Steward-Personals in Arbeit und Lohn zu halten. Symbolisch für die veränderten Verhältnisse war auch die Verlegung der Verwaltungszentrale des Norddeutschen Lloyd von seinem im Bombenkrieg 1944 zerstörten wunderschönen Verwaltungsgebäude aus dem Jubiläumsjahr 1907 in der Papenstraße in die ehemalige Gepäckhalle des Lloyd gegenüber dem Hauptbahnhof, wo sie bis heute ihren Sitz hat. Dem NDL verblieb lediglich das kleinste Seeschiff, das MS „Bogota", 1.230 BRT. Die „Bogota" operierte vor dem Krieg als Zubringerschiff zwischen der Westküste von Südamerika und dem Panamakanal, war im Kriege nach Japan überführt worden und versah während des Krieges mit NDL-Besatzung Versorgungsdienste für die deutsche Marine in Ostasien. Von dort wurde sie 1950 an den NDL zurückgegeben. Die Rückgabe erfolgte seitens der Japaner in einem feierlichen Zeremoniell mit klingendem Spiel und der ihnen eigenen Höflichkeit als Geste der Hochachtung gegenüber dem Kapitän und seiner Besatzung.[165]

„Erst im Laufe des Jahres 1950, nachdem die der deutschen Seeschiffahrt auferlegten Beschränkungen wenigstens teilweise gelockert waren, konnten wir mit dem Aufbau unseres Übersee-Reedereigeschäftes beginnen." hieß es im Bericht des Vorstandes vom November des gleichen Jahres über die DM-Eröffnungsbilanz für den 21. Juni 1948. „Im April 1950 nahmen wir unseren Liniendienst nach Westindien wieder auf und im weiteren Verlauf des Jahres die Nordamerika-Frachtfahrt sowie den Cuba-Mexiko-Dienst. Bis jetzt waren wir hierbei auf gecharterte Tonnage angewiesen."[166]

Es sollten indes noch weitere drei Jahre vergehen, bis Hapag und Lloyd in der Lage waren, mit den ersten Neubauten auch den Ostasien-Dienst wiederaufzunehmen.

Am *7. Juli 1953* wurde das Turbinenschiff „Weserstein" (NDL) als erste Abfahrt des neuen *Hapag-Lloyd Gemeinschaftsdienstes* von Bremen nach Ostasien expediert. Es war das Typ-Schiff einer Serie von insgesamt 7 Linienfrachtern von 7.000 BRT mit einer Tragfähigkeit von 10.000 tdw bei einer Dienstgeschwindigkeit von 16 kn.

Auch die Hapag stellte in den neuen Dienst sechs gleichgroße Schiffe der „Braunschweig"-Klasse ein, die ebenfalls im Laufe der folgenden Monate zur Auslieferung gelangten.

Zunächst wurde ein 3wöchentlicher Dienst geboten mit Abfahrten ab Hamburg, Bremen, Antwerpen und Rotterdam nach Colombo, Penang, Port Swettenham (dem späteren

Am 7. Juli 1953 wurde das Turbinenschiff „Weserstein" (NDL) als erste Abfahrt des neuen Hapag-Lloyd Gemeinschaftsdienstes von Bremen nach Ostasien expediert (7.000 BRT/ 10.000 tdw, 16 Kn)

Überwiegend im Australien- und Ostasien-Dienst waren die neuen Turbinenschiffe der Braunschweig-Klasse (Hapag) eingesetzt: Hier die „Braunschweig" beim Auslaufen aus dem Hamburger Hafen. Sie hatte etwa gleiche Abmessungen wie die „Weserstein"

MS „Hannover" – eines der 6 Kombischiffe – in Hongkong. Sie waren mit eleganten und komfortablen Passagiereinrichtungen für die Tropenfahrt eingerichtet und knüpften damit an die Vorkriegstradition, wenn auch in bescheideneren Dimensionen, an

Port Kelang), Singapore, Hongkong, Manila, Kobe und Yokohama.

Auch das Agenturnetz in Fernost mußte völlig neu aufgebaut werden, da die meisten deutschen Häuser nicht mehr existierten oder doch noch nicht wieder präsent waren. Andere ausländische Vorkriegsagenturen hatten inzwischen die Vertretungen für Konkurrenzlinien übernommen und kamen daher nicht mehr in Frage. Lediglich in Colombo konnte mit der Firma Freudenberg & Co. die alte seit Gründung des Reichspostdampferdienstes bestehende Agenturverbindung wieder aufgenommen werden.

Erschwerend wirkten sich die politischen Veränderungen in China aus, wo, bedingt durch die kommunistische Machtergreifung, die Schiffahrtsvertretungen staatlichen Organisationen übertragen werden mußten und der Handel sich durch den jahrelangen Krieg und die gesellschaftlichen Umschichtungen nur sehr langsam neu entwickeln konnte.

Als Mitglied der *Far Eastern Freight Conference* wurden dem Ostasien-Gemeinschaftsdienst erhebliche Beschränkungen auferlegt, die des öfteren dazu führten, daß angebotene Ladung abgelehnt werden mußte. Nach jahrelangem geduldigen Verhandeln gelang es dann, beiden Linien einen dem deutschen Außenhandel in etwa angemessenen Marktanteil in diesem Verkehr neu zu erkämpfen.

Seit 1893 und auch nach der Wiederaufnahme des Ostasien-Dienstes 1922 waren der NDL und seit der Jahrhundertwende auch die Hapag Mitglied der Fernost-Konferenz oder, wie sie offiziell heißt, der Far Eastern Freight Conference, zu der sich 1880 die britischen Linien der Ostasienfahrt als einem der ältesten Schiffahrts-Kombinate zusammenschlossen. Zweck dieser *Konferenzen,* von denen gegenwärtig weltweit etwa dreihundert existieren, sind Tarifgemeinschaften mit zum Teil weitergehenden Absprachen und Selbstbeschränkungen hinsichtlich Abfahrtenfrequenz und Tonnageeinsatz zur Vermeidung eines ruinösen Wettbewerbs, der in der Vergangenheit immer wieder innerhalb kürzester Fristen zur Aushöhlung der Tarifstrukturen und dadurch hervorgerufenen hohen Betriebsverlusten aller Beteiligten geführt hatte. Der Wettbewerb sollte sich daher nicht mehr über den Preis, sondern durch den gebotenen Dienst am Kunden und der Qualität der eingesetzten Tonnage abspielen und zugleich zu einem rationelleren Tonnageeinsatz durch Koordinierung der Abfahrten führen. Diese vielfältigen Vorteile auch für den Handel waren ursächlich, daß die Linien-Konferenzen von den Kartellgesetzen der einzelnen Schiffahrtsnationen aufgrund ihren volkswirtschaftlichen Nutzens unter Mißbrauchsaufsicht geduldet wurden.[167]

Man trifft sich als Mitglieder mehrmals im Jahr zur Abstimmung der Tarife etc. in einer Konferenz, um die anstehenden Fragen am runden Tisch zu erörtern und zu entscheiden, woraus sich der Begriff „Konferenz" ableitete. Es ist ein typisches Produkt angelsächsischen demokratischen Verhaltens, anstehende Probleme auf dem Verhandlungswege zu lösen. Einer der großen Architekten dieser Konferenz-Organisationen war Albert Ballin, der in den neunziger Jahren u. a. die großen Nordatlantik-Konferenzen aus der Taufe hob und bis 1914 zu höchst effektiven Instrumenten entwickelte.

Die großen Konferenz-Sekretariate arbeiten unter der Leitung erfahrener Schiffahrtsmanager mit einem Stab von Tarif- und Währungsexperten in engem Kontakt mit den Mitgliedsreedereien und Seeverladerkomitees.[168]

Die Wiedereröffnung des Hapag-Lloyd Dienstes fiel in eine Zeit, in der im Ostasienverkehr gerade ein heftiger Ratenkampf tobte. Eine japanische Reederei hatte einen Liniendienst zwischen dem Fernen Osten und Europa außerhalb der FEFC-Konferenz eröffnet und brach in den Besitzstand der etablierten Konferenzreedereien ein, die ihrerseits mit drastischen Ratenermäßigungen diesen Außenseiter bekämpften. Das drückte natürlich ganz erheblich auf die Frachtergebnisse.

Mit den neuen Schiffen des NDL landeten wir in der „Steinzeit", wie es ihr langjähriger Fahrtenleiter – Heinz Allerheiligen – in einem kürzlichen Vortrag humorvoll formulierte. Denn alle Nachkriegsneubauten des Lloyd endeten auf „Stein", was insofern hilfreich war, als beide Reedereien von Anbeginn ihren Schiffen die Namen der Städte, Flüsse und Landschaften ihrer Fahrtgebiete beiderseits des Verkehrs gaben, um damit ihre enge Verbundenheit zu diesen Ländern und ihrer eigenen Heimat zu dokumentieren. Noch immer übernehmen die Städte und Häfen, deren Namen unsere Schiffe führen, als eine schöne Tradition die Patenschaft für diese Schiffe und ihre Besatzungen. So war es in der Vergangenheit oft schwierig, vor der Fusion beider Gesellschaften bei Nennung eines Schiffsnamens sofort zu erkennen, ob es sich um ein Schiff der Bremer oder Hamburger Reederei handelte. Mag man auch sonst über die Vorzüge dieser neuen Endung geteilter Meinung gewesen sein, so verschaffte sie zumindest in diesem Punkte zukünftig Klarheit.

1954 wurde die alte Passagierschiffstradition des Reichspostdampferdienstes mit der Infahrtsetzung von *sechs kombinierten Fahrgast-Frachtschiffen,* den Motorschiffen „Schwabenstein", „Hessenstein" und „Bayernstein" des NDL und den entsprechenden Schwesterschiffen „Hamburg", „Hannover" und „Frankfurt" der Hapag fortgesetzt. Diese 9.000 BRT großen Kombischiffe liefen 17 kn und konnten neben 86 Fahrgästen in vollklimatisierten Kabinen auch noch 9.500 tons Ladung befördern. Sie gewannen beim internationalen Reisepublikum rasch große Beliebtheit. Bauwerft war der Bremer Vulkan.
Als erstes Schiff trat die „Hamburg" am 1. April 1954 ihre Jungfernreise von Hamburg nach Ostasien an.

Außer den *Nordkontinenthäfen* liefen die sechs Schiffe zusätzlich *Southampton* für die britischen Fahrgäste an, die damals die Mehrzahl bildeten und unseren Service an Bord dieser Schiffe, besonders aber die Betreuung von Kindern zu schätzen wußten, sowie *Genua* für die Passagiere vom Kontinent.

Die Passagierauslastung der Kombi-Schiffe war sehr gut, während das Ladungsaufkommen, nicht zuletzt wegen der jahrelang gekappten Verbindungen nach Übersee sich nur langsam entwickelte. Die ausgehende Ladungspalette umfaßte praktisch sämtliche Halbfertig- und Fertigfabrikate der europäischen Industrie, wobei besonders die deutsche Wirtschaft dem jungen Dienst sehr hilfreich zur Seite stand.
In keinem anderen Hafen war die Unterstützung unserer deutschen Dienste prozentual jedoch so stark wie in *Bremen.* Diese Stadt – ihre Landesregierung, Hafenwirtschaft und Außenhandelskreise – hat sich im Laufe der Geschichte von Hapag und Lloyd immer wieder für die Förderung der deutschen Schiffahrt ganz besondere Verdienste erworben.

Die Importe aus Fernost setzten sich vornehmlich aus Rohstoffen und

Agrarprodukten zusammen, und das Frachtniveau war entsprechend niedrig. So war es nicht verwunderlich, daß das Rundreiseergebnis sich zu zwei Dritteln aus den Frachten der Ausreise und zu einem Drittel aus denjenigen der Heimreise zusammensetzte. Die erste Schließung des Suezkanals von Juli 1956 bis März 1957 bewirkte eine erhebliche Reiseverlängerung um das Kap, ohne daß diese Mehrkosten durch entsprechende Ratenerhöhungen ausgeglichen werden konnten.

Erst gegen Ende der fünfziger Jahre trat eine fühlbare Besserung ein. Nicht nur wurden in der Bundesrepublik die Einfuhren liberalisiert, sondern in Ostasien, besonders in Japan entwickelte sich parallel eine moderne Konsumgüterindustrie, die angesichts des in Europa bestehenden Nachholbedarfs dort einen sehr aufnahmefähigen Markt fand. Andere Lieferanten preisgünstiger Fertigprodukte, wie Hongkong, Taiwan, Südkorea und später auch Thailand, Singapore und die Philippinen, folgten. Eine Ausnahme bildete vorerst noch die Volksrepublik China, die bis zum Tode Mao Tsetungs noch zu sehr mit ihren internen Problemen belastet war, um in nennenswertem Maße an der internationalen Arbeitsteilung teilnehmen zu können.

Die in Deutschland herrschende Vollbeschäftigung mit steigenden Lohnkosten führte zu Produktionsverlagerungen u. a. nach Fernost, so daß sich das alte Verhältnis der Frachteinnahmen von zwei Drittel Exporte nach Fernost und ein Drittel Importe von dort ins Gegenteil verkehrte. Seit Anfang der sechziger Jahre bestimmt das Importvolumen das Betriebsergebnis der Reedereien.

Der Gemeinschaftsdienst von NDL und Hapag wurde den sich verändernden Verhältnissen angepaßt, und bereits 1955 konnten 15tägliche Abfahrten angeboten werden, die bald von 10täglichen abgelöst wurden. Zusätzliche Häfen wurden bedient.

Zuerst war die *V. R. China* noch im Fahrplan mit einbezogen, infolge der wachsenden Schwierigkeiten bei der Schiffsabfertigung in ihren Häfen mußten diese jedoch bald aus dem Fahrplan ausgeklammert und bis auf weiteres der Rickmers-Linie überlassen werden.

Die Häfen von *Taiwan* wurden zunächst nur sporadisch für die Dauer der Ananas-Saison angelaufen. Später aber, ausgelöst durch das enorm

gewachsene Import- und Exportvolumen, das sich besonders über den südlichen Hafen Kaohsiung entwickelte, wurde Taiwan zu einem der wichtigsten Plätze im Fahrplan des Ostasien-Dienstes, der jetzt regelmäßig viermal pro Monat bedient wird. Taiwan war übrigens das erste Schwellenland des Fernen Ostens, das aufgrund seiner schnellen wirtschaftlichen Entwicklung bald nicht mehr auf die finanzielle und wirtschaftliche Hilfe der Industrieländer angewiesen war. Später wurden dann auch noch *Busan* und *Bangkok* in den regelmäßigen Liniendienst mit einbezogen.

Die fortschreitende Industrialisierung der Länder in Fernost, die Importliberalisierung in Europa sowie der Nachholbedarf von Industrie und Konsumenten brachten tiefgreifende Veränderungen im Produktions- als auch im Handelssektor mit sich. Wurden früher die Importe aus Fernost von Agrarprodukten und Rohstoffen bestimmt, so wurden diese rasch durch Industrieprodukte und Konsumgüter verdrängt.

Neben den alteingesessenen Importeuren in den Häfen traten nun neue Käufer im Inland auf, z. B. Kaufhäuser, Versandhandel und Ladenketten. Eine möglichst geringe Lagerhaltung war eine wichtige Voraussetzung, um im harten vom Preis bestimmten Konkurrenzkampf mithalten zu können. Es wurden keine größeren Stapelkäufe mehr getätigt. Vielmehr kaufte man in mittleren Größenordnungen über das ganze Jahr verteilt. Hierbei war eine schnelle Reisezeit von außerordentlicher Bedeutung, um das investierte Warenkapital schnell wieder zu Geld zu machen.

Das *Schiff* als „schwimmendes Lagerhaus" war Teil der Handelskette. Von der Reisezeit hing die Zeitspanne ab, innerhalb der man das in der Ladung gebundene Kapital wieder zu Geld machen konnte.

Hapag und NDL boten daher ab 1959 mit den sechs Kombischiffen einen heimgehenden Schnelldienst, der nur noch wenige Haupthäfen bediente und die Reisedauer heimkehrend um ein Drittel reduzierte. Die daneben laufenden Frachter boten weiter den normalen Dienst an. Auf Dauer war dies jedoch keine Lösung, denn auch die Kunden in Fernost drängten auf schnellere Transitzeiten von Europa.

Ab 1964 wurde daher der Gemeinschaftsdienst mit den sieben neuen

bei Blohm & Voss gebauten Schnellfrachtern der Hapag, im internen Jargon „ia"-Schiffe genannt, der „Westfalia", „Hammonia", „Alemania", „Borussia", „Bavaria", „Holsatia" und „Thuringia" und der nunmehr mit Dieselmotoren ausgerüsteten und vergrößerten „Weserstein"-Klasse – ebenfalls sieben Einheiten – betrieben. Die Dienstgeschwindigkeit betrug 21 kn und ermöglichte nun, auch ausgehend einen Schnelldienst nach Fernost zu bieten, dessen Transitzeit gegenüber dem alten Fahrplan damit um nicht weniger als 33¹⁄₃ Prozent verkürzt wurde. Die Heimreise von Hongkong nach Hamburg konnte man in 24 Tagen zurücklegen. Durch den Einsatz der neuen Schiffe war man in der Lage, die Abfahrtenfrequenz von 3 auf 4 pro Monat zu erhöhen.

Gleichzeitig aber neigte sich das Zeitalter der Passagierschiffahrt dem Ende zu. Die Einführung des Düsenflugzeugs verkürzte die Reisezeit erheblich und ließ die Schiffs-Passagepreise sinken. 1967 wurden die Kombischiffe daher an die Tung-Gruppe in Hongkong verkauft. 81 Jahre deutscher Passagierschiffahrt nach Ostasien — und mit ihr ein „Way of life" — gingen sang- und klanglos zu Ende.[169]

Auch die noch verbleibende Passagierkapazität auf den Frachtern mußte bald aufgegeben werden, da die Kosten in keiner Relation mehr zu den Einnahmen standen.

1967 und 1968 stellte der NDL die sieben Schnellfrachter der „Friesenstein"-Klasse in Dienst. Diese 21 kn laufenden Frachter waren für einen schnellen Umschlag ausgelegt, um die Hafenliegezeiten zu verkürzen. Eine „offene Luke", 80 to Schwergutgeschirr, große Kühlkapazität und viel Tankraum für Chemikalien zeugten von der Vielseitigkeit der Schiffe.

Als Schlager bei der Kundschaft erwiesen sich aber auch die zu den Schiffen gehörenden Trachtenpuppen, gekleidet in den Kostümen der Landsmannschaft, deren Namen das Schiff trug und die auf den Jungfernreisen als Gastgeschenk zur Verteilung gelangten. Ein kompletter Satz von sieben war eine vielgesuchte Rarität, und es wurde so manche große Ladungspartie dafür gebucht.

Die Schiffe trafen noch gerade im richtigen Moment ein, denn die zweite Schließung des Suezkanals 1967 sollte acht Jahre dauern. Mit ihrer hohen Geschwindigkeit konnten sie die erzwungene Verlängerung der Reise jetzt ums Kap der Guten Hoffnung auf 6 Tage drücken, und durch das erzwungene Auslassen der Mittelmeerhäfen blieb es doch bei einer nur geringfügigen Verlängerung der Reisezeit Hongkong-Hamburg von 24 auf 26 Tage. Je nach Bedarf wurden auch viele Reisen durch den Panamakanal geführt, denn hier war die Reisezeit Europa-Japan etwa gleich der ums Kap der Guten Hoffnung. Mit diesen Routungen wurde auch der Forderung der Kundschaft nach schnellen und pünktlichen Transitzeiten Rechnung getragen.

Noch drei Jahre vor der Fusion und ein Jahr vor der Containerisierung des Nordatlantiks als erstem Hapag-Lloyd-Fahrtgebiet hatte die Hapag ihre letzte und wohl gelungenste Serie von konventionellen Frachtern, die vier Schiffe der „Omni"-Klasse bei HDW, Werk Finkenwerder, in Auftrag gegeben. Wie bereits ihr Name andeutet, waren sie „All-round"-Mehrzweck-Linienfrachter: „Ludwigshafen", „Erlangen", „Leverkusen" und „Hoechst". Ihre Hauptmerkmale: 13.000 BRT, 16.265 tdw, 22.500 PS-Diesel, 23 kn, Bes. 38, 2 x 40t Schwergutgeschirr, 2 11-to- und 2 3-to-Kräne, Garage für Gabelstapler. Die Schiffe waren mit Glattdeckluken und Süßöltanks ausgestattet für den Transport palettierter Ladung und Containern sowie Bulkpartien in fester und flüssiger Form. Sie hatten nur einen Kardinalfehler, daß sie fünf Jahre zu spät, nämlich erst 1970, zur Auslieferung kamen und alsbald durch die neuen Containerschiffe aus dem angestammten Fahrtgebiet verdrängt wurden. Dennoch haben sie in anderen Fahrtgebieten als Semi-Containerschiffe gute Dienste geleistet, bevor sie 1978/79 beim Bremer Vulkan ebenfalls zu Vollcontainer-Schiffen umgebaut wurden.[170]

Bevor wir von der Zeit der konventionellen Frachtschiffahrt Abschied nehmen, noch ein Wort über die vielfältigen menschlichen Bande, die in den langen Jahren der Ostasien-Dienste beider Gesellschaften in Ost und West zwischen den Menschen an Bord und in den Agenturen und unseren Kunden geknüpft wurden und auch die zwei Kriege zu überdauern vermochten.

Unser langjähriger Ostasien-Fahrtenleiter – Herr Heinz Allerheiligen – gab hierzu folgende Döntjes zum besten:

„Gastfreundschaft an Bord wurde großgeschrieben. In allen Fernosthä-fen waren unsere Schiffe Treffpunkt der dort lebenden Deutschen, die die Schiffe als Brücke zur Heimat sahen. Wie sehr die Kombischiffe sich der Beliebtheit in Ostasien erfreuten, zeigte sich, als das Kombischiff ‚Schwabenstein' einen Ritzelschaden auf der Reise von Hongkong nach Manila erlitt und anschließend für längere Zeit in Hongkong repariert werden mußte. Die deutsche Gemeinde betreute die Restbesatzung an Bord in bester Weise. Unter anderem veranstaltete man Parties an Bord, die von den deutschen Gästen selbst arrangiert und geregelt wurden. Ja, die ‚Schwabenstein' war seinerzeit sehr volkstümlich in Hongkong, und der Name des Barkeepers Peggy war vielen ein stärkerer Begriff als der Kapitän. Die Besatzung bildete auch einen Sängerchor, der ein Gastspiel beim Sender Hongkong gab. Solist war der Chefkoch Schaumlöffel. Wenig später erhielten wir einen Brief aus Hongkong von einer englischen Lady. Sie schrieb, daß sie einige Zeit im Matilda-Hospital in Hongkong gelegen hätte und nachts an Schlaflosigkeit litt. Dann habe sie abends im Rundfunk Herrn Schaumlöffel singen gehört und danach zum ersten Mal nach längerer Zeit wieder schlafen können. Ihre Bitte an den NDL, ob wir ihr eine Schallplatte mit dem Gesang unseres Kochkünstlers beschaffen könnten."

Auch über exotische Ladung wußte Herr Allerheiligen wie folgt zu berichten:

„Sehr häufig trat die Tierhandlung und Inhaberin des Tierparks Hagenbeck an uns heran, irgendwelche einheimischen oder exotischen Tiere für Tierparks in Fernost mitzunehmen. So kamen dann Schwäne, Esel, Elefanten, Löwen, Eisbären, Nashörner u.a.m. zur Verschiffung, die meistenteils durch den Bootsmann betreut wurden. Ein ganz besonderes Erlebnis war der Transport eines deutschen Zirkus von Manila nach Hamburg. Das Deck sah mehr nach Manege als nach Schiff aus. So etwas brachte natürlich Abwechslung in den normalen Seemannsalltag. Von Hapag und Lloyd wurden diese Tiertransporte, die frachtlich nicht lukrativ waren, als alte Tradition, die im vorigen Jahrhundert begründet wurde, weitergeführt."[171]

Noch heute fährt auf unseren stark durchrationalisierten Schiffen als Wäscher sowie im integrierten Einsatz im Bedienungssektor jeweils ein Chinese, da die Chinesen in puncto Wäschepflege noch immer konkurrenzlos sind. Sie firmieren innerhalb der Hapag-Lloyd Gemeinde unter dem Kosenamen „Fritz" in Bremen sowie „Max" in Hamburg. Wenn wir von Außenstehenden über unsere Besatzungsstärken angesprochen werden, dann erhalten sie die Zahl der Offiziere und Mannschaftsmitglieder genannt, wobei lakonisch hinzugefügt wird: und dann ist da natürlich noch „Fritz", um dann lächelnd erklärend anzumerken: das ist unser Chinese, denn der gehört zu unserem unentbehrlichen Inventar.

Schnellfrachter „Hammonia" Bj. 1965, 12.500 tdw, 21 Kn, im Hamburger Hafen, nach einem Gemälde von Jochen Sachse.

Zweimal „vom Schiff aus gesehen" – die Reiseberichte von Rudolph Firle: „Wiedersehen mit Ostasien nach zwanzig Jahren" (1954) und von Prof. Helmut Thielicke (1958)

Zwei Reiseberichte liegen uns im Abstand von vier Jahren vor, die jeder für sich uns die ganze buntschillernde Vielfalt dieses östlichen Fahrtgebietes auf das eindruckvollste nahebringt, einmal aus der Sicht des Reeders, der mit dieser Welt von 1912–1914 als junger Marineoffizier zum ersten Male in Berührung kam und sie in Abständen von zweimal zwanzig Jahren neu für uns entdeckte. Der andere Bericht stammt von Professor Thielicke, der diese Fahrt als Passagier auf einem unserer Frachtdampfer mit den Augen eines Philosophen und Theologen erlebte und dabei feststellen mußte, daß die vielfältigen menschlichen Begegnungen an Bord und an Land manche seiner bisherigen Erkenntnisse auf den Kopf zu stellen drohten. Gerade in der unterschiedlichen Interpretation des Erlebten liegt der große Reiz dieser „Bekenntnisse" der beiden Passagiere.

Wir mußten uns auf wenige Ausschnitte beschränken, gleichsam als „Apéritif" für den Leser für eine eventuelle spätere Lektüre des vollen Textes der beiden Quellen. Natürlich sind auch sie in ihren Aussagen Zeitdokumente und als solche zu werten.

Prof. Thielicke schreibt in der Einleitung seines „Tagebuches einer Ostasien-Reise":
„Überhaupt wird mir klar, daß das Schiff etwas Metaphysisches in sich birgt und darum auch immer symbolbildend gewirkt hat: Neben dem aber, was so jenseits der Reling an Land- und Wasserwelten eingefangen wird, ist auch der Mikrokosmos des Schiffes selber ein Endliches, in dem man nach allen Seiten greifen und des Interessanten genug erhaschen kann. In den stillen Tropennächten habe ich mit Offizieren und Matrosen viele Gespräche geführt. Denn da verkroch man sich nicht in seine Kammern, sondern setzte sich unter den südlichen Gestirnen an Deck zusammen. Die Art, wie ganz anders gebaute Menschen existieren, die Gesetze der See und des engsten monatelangen Zusammenlebens haben mich aufs höchste interessiert und mir ebensoviel neue Aspekte geöffnet wie der Blick in fremde Städte, in Dschungel und exotische Gesichter.

Diese scharf umgrenzte und höchst eigenartige Erlebniswelt als eine Totalität zu erkennen und dann auch sichtbar zu machen, habe ich mich all die Monate über bemüht und dadurch neue Reichtümer empfangen."

Er fährt dann fort: „Es geht mir sicher ebenso wie vielen meiner Leser: Aus Büchern und Zeitungen weiß ich eigentlich mehr über die bereisten Länder, als ich von ihnen gesehen habe … Ich durfte dieses uns allen geläufige Wissen aber nicht künstlich in meine Tagebücher hineinstopfen. Denn mir stand ja nur zu, von dem zu erzählen, was ich selber gehört und gesehen hatte. Darum mußte ich die Last und den Segen der Einseitigkeit willig auf mich nehmen."[172]

Dr. Rudolph Firle: „Reise nach Ostasien" (14. März bis 15. August 1954)[173]:

Bremen, 14. März an Bord des NDL-Turbinendampfers „Nabob"
Schiff und Besatzung: „Nabob", 1944 auf der Werft von Takoma/USA ursprünglich als Flugzeugträger gebaut, war 1952 von der A. G. „Weser" als Frachtschiff umgebaut und am 11. Juni in Dienst gestellt worden. Länge 150 m, größte Breite 21 m, Tiefgang 30 Fuß, Dienstgeschwindigkeit 15,5 Meilen, 7.900 BRT, Tragfähigkeit 12.000 tons; ein starkes Schiff mit großen Decks, auf denen man je nach Zeit und Lust kilometerlang laufen konnte.

Der Kapitän, Burchard Heye, fährt seit vierzig Jahren unter der Lloydflagge.

Dazu ein Stab netter Offiziere und Ingenieure, eine seemännische Besatzung, die überwiegend aus achtzehn Kadetten bestand, die als zukünftige Handelsschiffsoffiziere ihre praktische, seemännische Ausbildung erhielten. Es waren sorgsam ausgesuchte, frische Jungens, die Mehrzahl aus Familien von Plätzen an der Weser, aus Brake, Elsfleth, Bremerhaven, deren Vorfahren eng mit der Seefahrt verbunden waren … Sie hatten einen besonderen Ausbildungsoffizier und taten den gesamten seemännischen Dienst, da außer ihnen nur noch vier Vollmatrosen an Bord waren … Das letzte Jahr gehören sie als Offiziersaspiranten zur Offiziersmesse und besuchen dann nach diesen vier Jahren Seefahrt die Seefahrtschule, um ihr Steuermannsexamen nach der entsprechenden Zeit dort abzulegen …

Rotterdam und Antwerpen
Wir liefen zunächst Rotterdam und Antwerpen an, nachdem das Schiff schon in Hamburg geladen hatte … Rotterdam und Antwerpen haben ihre Hafenanlagen, die im übrigen durch den Krieg kaum nennenswerten Schaden gelitten, nach dem

Kriege aufs modernste und großzügigste ausgebaut. Sie übertreffen in ihrer Weiträumigkeit die Anlagen der Hamburger und Bremer Häfen erheblich … So hatte Rotterdam im Jahre 1953 einen Güterumschlag von 40 Millionen Tonnen – soviel wie sämtliche norddeutschen Seehäfen zusammen – davon allein an Stückgütern 8,5 Millionen …

… Man muß sich in aller Nüchternheit darüber klar sein, daß bei der erstrebten weiteren Integration europäischer Wirtschaftsgebiete die deutschen Seehäfen, vor allem die kleineren wie Bremen und Emden, noch weiter zurückgehen werden. Die geographische Lage Antwerpens und Rotterdams ist so unverhältnismäßig günstiger als die der noch dazu in schwierigem Fahrtgebiet weiter östlich gelegenen deutschen Häfen, daß bei einem Fortfall aller nationalen Vergünstigungen die Lage für die deutschen Häfen sich fortschreitend verschlechtern muß."

Wie richtig der damals schon pensionierte Dr. Firle die Hafenentwicklung prognostizierte, und wie radikal sich die Hafenverhältnisse seit der Jahrhundertwende gewandelt haben, beleuchtete Hapag-Lloyd-Vorstandsmitglied, Peter Kulenkampff-Bödecker, 32 Jahre später in seinem Vortrag vor dem Ostasiatischen Verein in Bremen zum Jubiläumsjahr:

„Es mag die anwesenden Vertreter der Bremer Verkehrswirtschaft interessieren, wie der NDL am Anfang dieses Jahrhunderts über den Hafen Rotterdam dachte. Ich zitiere:

‚Das Anlaufen von Rotterdam, welches ja bekanntlich bereits bei den ursprünglichen Beratungen des Reichspostdampfergesetzes in Aussicht genommen war, geschah auf Betreiben rheinischer Handelskammern, welche darin besonders für linksrheinische Häfen glaubten einen wesentlichen Vorteil erblicken zu sollen. In Wirklichkeit ist das Anlaufen von Rotterdam wegen der mangelhaften Hafenverhältnisse zumal für die großen Dampfer, mit denen gegenwärtig die ostasiatische Reichspostlinie betrieben wird, mit großen Schwierigkeiten, ja sogar mit Gefahren für die Schiffahrt verknüpft, ohne daß die Zuführung von Fracht in Rotterdam ausgehend, oder die Anbringung von Fracht einkommend im Verhältnis zu dem aufgewandten Zeitverlust und dem Risiko sowie zu den erforderlichen Geldaufwendungen steht.'[174]

Mich dünkt, daß es wohl besonders diesen Handelskammern zuzuschreiben ist, daß sich auch hier die Welt bis heute restlos umkehrte!"

Doch zurück zur Reise von Dr. Firle: „Am 22. März, nach einer Woche in beiden Häfen, verließen wir mit „Nabob" vollbeladen Antwerpen …

Port Swettenham (Port Kelang)
Ganz Malaya – nach Penang liefen wir Port Swettenham, den Hafen der Hauptstadt Kuala Lumpur, an – ist wirtschaftlich von Chinesen beherrscht. Der chinesische Kaufmann hat seine Banken über das ganze Land verteilt. An den größeren Plätzen haben sich chinesische Handelskammern etabliert. Mit Zinn, Gummi, Tee usw. ist Malaya eines der reichsten Rohstoffländer des Ostens. Die Malayen sind sehr selbstbewußt und politisch unruhig. Sie erstreben die Unabhängigkeit von England und die Bildung eines selbständigen Dominions.

Singapore
Vom 23. bis 25. April löschte und lud „Nabob" im Hafen von Singapore. In seinem gewaltigen Aufschwung macht Singapore einen überwältigenden Eindruck. Die zahlreichen Inseln der großen und schönen Bucht sind mit den Tankanlagen der verschiedenen Ölgesellschaften bedeckt. Kilometerlange Kais mit den neuesten Schuppen, elektrischen Bahnen und ebensolchen Krananlagen sind im Übermaß vorhanden. Singapore ist der größte Umschlags- und Verteilungshafen für ganz Ostasien. An einem Tage müssen die Lotsen 35 Überseeschiffe auf ihre Ankerplätze bringen. Der ganze Schiffsverkehr nach und von Japan, China, Philippinen, Indonesien, Australien, Afrika, Europa konzentriert sich dort.

Hongkong
… Hongkong liegt natürlich immer noch in der wunderbaren Bucht, belebt von unzähligen chinesischen Dschunken mit ihrer alten schönen Takelage, die aber vielfach eingebauten Motoren hat weichen müssen. Die Stadt selber ins Ungeheure gewachsen. Eine Folge der gewaltigen Bevölkerungszunahme, die die britische Kolonie seit 1949, dem Machtwechsel in China, zu verzeichnen hatte. Die Bevölkerung vor dem zweiten Weltkrieg von rund 800.000 war nach der Besetzung durch die Japaner 1941 auf fünfmal hunderttausend zurückgegangen, beträgt aber jetzt 2½ Millionen. Es ist eine große organisatorische Leistung der Behörden, dieses Problem ohne Unruhen und

Seuchen gemeistert zu haben. Gewaltiger Reichtum und kärglichste Armut leben eng beieinander. Alle Hügel sind bedeckt mit den primitivsten Hütten aus Bambus, Stroh und Blech, wo die Flüchtlinge, die „Squatters", wohnen …

… Unsere größte Freude in Hongkong war, vom Schiff aus das Leben und Treiben auf den längsseits liegenden Dschunken zu beobachten. Die ganze Familie lebt darauf. Der Vater als Reeder, Mutter, Großmutter und Großvater und eine ungezählte Kinderschar. Der Hund oder die Katze und das jüngste Kind sind an langen Stricken angebunden, damit sie nicht außenbords fallen können. Die Hühner gucken aus einer Kiste achtern heraus. Die eben gefangenen Fische hängen zum Trocknen an einer Leine. Die kleinen Mädels helfen schon tüchtig an der Ladung mit. Kaum kann das Schwesterchen laufen, wird ihm schon das kleinste Brüderchen auf den Rücken gebunden, oder die Mutter hat es während der Arbeit oder dem Wricken im Zampan auf dem Rücken, wo es schläft oder neugierig in die Welt guckt.

Aber der Amerikanismus ist auch schon bis hierher gedrungen. So sahen wir beim Essenkochen, da auch alles an Deck im Freien vor sich geht, wie die Mutter aus einer Konservendose ihr Fleisch in die Pfanne schüttet. Auf einer anderen Dschunke wurde ein Huhn gerupft und gebraten. Großmutter legte es in heißes Fett und drehte es von einer Seite auf die andere. Die Familie mit den vielen Kindern saß im Kreis auf dem Boden, jeder hatte seine nette Porzellantasse und sein Eßstäbchen und aß seinen Reis. Der Vater bekam hinterher das Huhn, die anderen hartgekochte Eier und Fischstücke.

So spielte sich das ganze Leben auf diesen Dschunken vor unseren Augen ab. Die Kinder helfen alle tüchtig mit und zwei kleine Mädels stemmten und schleppten die gelöschten Kisten mit Becks-Bier. Erst wurden sie von der Mutter dauernd weggeschickt, da sie meistens im Wege waren, aber sie waren nicht fortzukriegen. Auf diesem seit Jahrtausenden unverändert starken Familiengefühl, der Ehrfurcht der Jugend vor dem Alter, der kräftigen und zähen Rasse, der großen Intelligenz und dem unermüdlichen Fleiß ruht dieses gewaltige China mit seinen 600 Millionen, die seine weitere Entwicklung und eine große Zukunft verbürgt…"

Auch Professor Thielicke hat diese Hafenszenen in Hongkong in seinem Tagebuch für uns sehr eindrucksvoll festgehalten:

„16. August 1958
Heute – nein: ich muß nun schon sagen gestern – am späten Vormittag fuhren wir durch das Inselgewirr um Hongkong langsam in den Hafen ein. Aus der Ferne erscheint zunächst – wie immer bei solchen Hafeneinfahrten – der grobe Umriß der Landschaft, bis sich beim Näherkommen dann zunehmend die Humanisierung der Landschaft meldet. Der Mensch wirkt, wenn man weite Meere durchmißt, wie ein mikroskopisch kleines Lebewesen; man muß nahe herangehen oder das Auge bewaffnen, bis man seine Spuren entdeckt …

… Das Landemanöver gestaltet sich diesmal sehr schwierig. Die Zufahrt zum ‚Parkplatz‘ am Pier ist allzu eng. Am Heck ist plötzlich großes Hallo, als eine von den Dschunken, die sich schon jetzt an unser Schiff zu kleben beginnen, einen Augenblick unsere Schraube streift und dabei kentert. Vater, Mutter und Kinder schwimmen im Wasser und greifen schon nach den Töpfen und anderen Geräten, die mit ihnen ins Wasser gepurzelt sind. Wir empfinden die Situation als etwas gefährlich und überschlagen schnell, welcher Schade dieser ärmlichen Familie erwachsen könnte. Aber mit unglaublicher Geschicklichkeit, ohne Geschrei und so selbstverständlich, als ob es um alltägliche Handgriffe ginge, richten sie die Dschunke mit Hilfe anderer Hausschiffe wieder auf – die Kameradschaft zwischen den Dschunkennachbarn ist immer wieder überwältigend! –, bergen das Gerät, ziehen sich um und sind wenige Minuten später schon mit Reinigen und Abtrocknen beschäftigt – als ob nichts gewesen wäre …

… Alles, was wir beim Anlegemanöver an Kommandos, an Pfeifen, Sirenen und anderen Signalen hören, wird übertönt durch das ohrenzerreißende Gehämmer auf einem benachbarten britischen Schiff. Dies Gehämmer soll, wie ich höre, am nächsten Tag auf unser eigenes Schiff und von da auf andere Schiffe hinüberwandern. Diese Attacke auf das Trommelfell stammt von etwa dreihundert Chinesen, die den Rost wegklopfen und dann den Anstrich erneuern. Man hat das Gefühl, daß irgendein Wunderwerk der Technik es zustande gebracht habe, einen Ameisenhaufen zum Tönen zu bringen und die geheimnisvollen Vorgänge in seinem Innern durch akustische Signale zu verdeutlichen.

Erst sorgfältiges Absuchen mit dem Fernrohr läßt die hundertfältigen Ursachen des Gehämmers erkennen: Da balancieren menschliche Termiten auf den Entlüftern, krabbeln an den Hebebäumen herum, stehen und hocken auf riesenlangen Brettern, die den Bordwänden entlang aufgehängt sind und die wie Telegraphendrähte aussehen, auf denen unzählige Stare aufgereiht sind. So entsteht durch das Wegklopfen Tausender von Rost- und Farbpartikeln und durch zahllose kleine Pinselstriche nach wenigen Stunden ein neuer Farbüberzug des riesigen Schiffskörpers. Das alles wird für ein Spottgeld gemacht, denn die Arbeitskraft hier ist sagenhaft billig, und Menschen stehen in nahezu unbegrenzter Zahl zur Verfügung. Diese Kulis haben nur drei Tage Urlaub im Jahr bei etwa zwölfstündiger Arbeitszeit. Wenn sie einen Tag wegbleiben, wird ihnen der Verdienst von zwei Tagen abgezogen …“

Weitere Abschnitte des Tagebuches von Professor Thielicke findet der interessierte Leser im Anhang.

Fortsetzung des Reiseberichtes von Dr. Firle vom Mai 1954:

„Taiwan
… Formosa ist sehr reich, drei Reisernten im Jahr. Tee, Kaffee, Edelhölzer, wie Kampferholz usw. Die Japaner haben in den sechzig Jahren sehr viel hier geleistet. Durch große Talsperren wurde die Bewässerung der Insel, die teilweise sechs Monate keinen Regen hatte, grundlegend verbessert, die Häfen ausgebaut, Straßen und Eisenbahnen angelegt und der Wohlstand in jeder Weise gehoben. Von Kaohsiung fährt die Eisenbahn mit Schlafwagen von Süd nach Nord über Taipch, die Hauptstadt der Insel, nach dem an der Nordseite gelegenen Hafen *Keelung*, wo wir nach einer Nachtfahrt durch die heute viel genannte Formosa-Straße am Sonnabend, dem 8. Mai, am Kai festmachten. Die Einfahrt in die Bucht war malerisch, wie der Rhein bei Bacherach, alles grüne Ufer, hübsch bewaldet. Auch hier wie in Kaohsiung ein schöner, gut angelegter Hafen mit modernsten Schuppen, Kränen und allem Zubehör, so daß das Laden und Löschen ebenso wie in Kaohsiung sehr schnell vonstatten ging …

Korea
Nach sechsunddreißigstündiger Fahrt landeten wir am 11. Mai in Pusan, dem Haupthafen an der Südküste Koreas. Die Fahrt durch das Gelbe Meer war grau und kalt. Ein

plötzlicher Temperatursturz von den seit Aden durchschnittlich 30 bis 32° auf 18° ließ erkennen, daß wir nunmehr in die kältere Zone eintraten mit einer Temperatur, wie sie bei uns im Mai ist, und die Tropen und ihre Vegetation für einige Wochen mit dem Klima des deutschen Frühlings vertauschen würden.

Pusan
Die Einfahrt in die herrliche blaue Bucht von Pusan, vorbei an zwei spitzen Felseninseln, die eine frappierende Ähnlichkeit mit ihren italienischen Schwestern, den „Faraglionis“ bei Capri, hatten, war eindrucksvoll … Vom Schiff aus sieht die auf den Hügeln liegende Stadt Pusan grau und in großen Teilen zerstört aus. Sie erstreckt sich über 25 km, ist weit auseinandergezogen, das Land fruchtbar und gut unter Kultur, soweit der Krieg das Gebiet nicht zerstört hat, Berge und Hügel rundum grün und wie in Hongkong zum größten Teil mit kümmerlichsten Hütten für die Zehntausenden von Flüchtlingen bedeckt …

… Das Leben in der Stadt war bunt und bewegt. Die Männer und Frauen, alle weiß gekleidet, die Frauen mit bunten Überröcken, die hinten oder an der Seite geschlitzt, meist mit einem kleinen Kind auf dem Rücken. Die Männer mit Strohhüten oder dem typischen schwarzen Zylinderhüten aus Roßhaar geflochten und der kleinen Pfeife mit kleinem silbernen Kopf, weiten Pluderhosen und weißen, seidenen Übermänteln. Auch die Frauen trugen weiße Pluderhosen unter dem recht hübschen Rock, an den Füßen Männer und Frauen eine Art Stulpenstrumpf und kleine weiße oder bunte Gummischuhe …

Japan
Am Sonntag, d. 16. Mai, verließen wir am Spätnachmittag bei grauem Wetter die graue Stadt auf den grünen Hügeln, liefen in der Nacht durch die Straße von *Tsushima* und waren beim Morgengrauen in der Enge von *Schiminoseki* und *Moji* und traten damit in die *Japanische Inlandssee* ein. Abends liefen wir in die von Tausenden von Lichtern erleuchtete Bucht von Kobe ein und ankerten in der Nähe der großen Kawasaki-Werft.

Kobe
Kobe, eine Riesenstadt von drei Millionen, die immer mehr in das in der Nähe liegende Osaka hineinwächst, hat wie dieses einen in einer tiefen Bucht liegenden ausgezeichneten Hafen. Löschen und Beladen der

Schiffe geht in vorbildlicher Disziplin und Organisation schnell und reibungslos vor sich. Moderne, große erstklassige japanische Handelsschiffe waren uns schon von Colombo aus in allen Häfen begegnet. Hier lagen sie im Neubau auf den Werften. Die japanischen Städte und Häfen, von denen wir auf der Ausreise Yokohama und Tokio, sowie Otaru auf der nördlichsten Insel Hokkaido, anliefen, auf der Rückreise Schimizu und Nagoya, sind ebenso wie unsere deutschen Hafenplätze durch Luftangriffe stark zerstört worden, Kobe zu achtzig Prozent. Ebenso wie in Deutschland ist aber auch der Japaner sofort an den Wiederaufbau gegangen und in seinem Fleiß, seiner Bedürfnislosigkeit und seinem nationalen Staatsgefühl hat er mindestens das Gleiche geschafft wie Westdeutschland …

In *Yokohama* trafen wir bei einer Gesellschaft an Bord des auf der Jungfernreise befindlichen Dampfers „Hamburg" der Hapag, ein sehr geschmackvoll für 86 Passagiere eingerichtetes Schiff, einen großen Teil der deutschen Kolonie auch aus Tokio, darunter mehrere alte Freunde. Im Gegensatz zu China, wo die Deutschen fast alle evakuiert wurden oder das Land freiwillig verließen, hat sich in Japan noch ein geringer Bestand alteingesessener deutscher Kaufleute gehalten. Tokio hat sich im Wiederaufbau nach großen Zerstörungen noch mehr als vor zwanzig Jahren zu einer modernen Großstadt amerikanischen Stils entwickelt …

… Die Ausfahrt aus Hafen und Bucht von Yokohama war wie bei allen japanischen Häfen durch eine aus vielen hundert Fahrzeugen bestehende Fischerflotte belebt, deren Boote ebenso wie auf den Philippinen heute alle mit helleuchtenden, zahlreichen Acetylenlampen ausgestattet sind, so daß das Ganze bei Nacht für den nichtbeteiligten Zuschauer ein feenhaftes Bild einer Illumination auf See darstellt.

Otaru

Je weiter wir an der Ostküste Hondos nach Norden steuerten, kamen wir um so mehr in richtiges Nordseewetter, grau, Regen, kühl, die Temperatur fiel von den 30°, die wir seit Monaten gehabt hatten, auf 15° und 12°. Die Fahrt durch die *Tsugaru-Straße* litt zum Glück nicht unter dem in diesem Monat hier sehr häufigen Nebel, so daß man beide Ufer mit ihren zum Teil noch mit Schnee bedeckten Bergen klar sehen konnte und an Steuerbordseite die weiträumig am Meer gelegene große Stadt mit Hafenplatz

Hakodate. Nach zweitägiger Seefahrt ankerte „Nabob" in der schönen Bucht von Otaru, wo wir drei Tage Holz luden.

Der Charakter der Insel – so groß wie Bayern – und der Stadt von 190.000 Einwohnern ist ein ganz anderer als der der übrigen japanischen Inseln. Auf der Höhe von Wladiwostok liegend, 41°N und 141°W, im Norden nur durch einen schmalen Wasserarm von Sachalin getrennt, ist die Insel Hokkaido zum Teil noch von einer Urbevölkerung, den Ainos, bewohnt. Die Insel ist mit großen Wäldern bedeckt, in denen es noch Bären gibt. Große und gutartige an der Westküste, kleinere und bösartige an der Ostküste. Sie sind das Wahrzeichen von Otaru und an Bord kamen Händler, die holzgeschnitzte Bären in allen Größen verkauften. Wir machten die Bekanntschaft eines seit Jahrzehnten dort lebenden deutschen Franziskanermissionars, der an der dortigen Handelsuniversität Deutsch und Anthropologie lehrt. Von ihm hörten wir viel über die Insel und ihre Ureinwohner …

Schimizu

Am 27. Mai traten wir mit Kurs auf Schimizu auf der Insel Honshu am Fuße des Fujiyama die Rückreise an. Seit dem 14. März hatten wir 13.456

Seemeilen zurückgelegt. Wieder ging es durch die Tsugaru-Straße, wo die Berge diesmal dick mit Neuschnee bedeckt waren, an der Ostküste Hondos entlang nach Schimizu. Diese kleine Stadt von 60.000 Einwohnern mit viel Industrie liegt in einer tiefen, ganz von bewaldeten Bergketten umgebenen Buch, malerisch am Fuße benen Bucht, malerisch am Fuße des heiligen Berges von Japan, des Fujiyama, 3.676 m hoch. Er hob sich klar am blauen Himmel, sowohl bei der Einfahrt als auch beim Auslaufen, ab, ein Zeichen, daß man ihn im Leben noch einmal wiedersehen soll. Vor zwanzig Jahren hatte die Prophezeiung gestimmt. Diesmal stehen wir ihr aber mit berechtigter Skepsis gegenüber, sind aber für die erste Erfüllung aufrichtig dankbar.

Nagoya

Nagoya ist eine große Industriestadt von 1,5 Mill. Einwohnern, berühmt als Zentrum der japanischen Porzellanindustrie. Sie liegt in einer tiefen Bucht, in die man stundenlang, an vielen, malerischen Inseln vorbei, hineinfährt. Es erinnert an die Inlandsee. Auf einer der Inseln hat Mikimoto seine berühmte Perlenzucht.

Wir frühstückten in einem reizenden japanischen Restaurant, wo man in

Turbinenschiff „Nabob" (unten), auf dem Rudolf Firle seine letzte Ostasienreise antrat, war eines der markantesten Nachkriegsschiffe des NDL. 1944 in Takoma/USA als Hilfsflugzeugträger gebaut, wurde es 1951 von der AG „Weser" für den NDL zum Frachtschiff umgebaut und am 15.6.1952 in Dienst gestellt. Es blieb bis 1967 im Einsatz. Am 6.11.1967 wurde es als „Glory" nach Panama verkauft.

Einzelzimmern an drehenden Tischchen auf kleinen weißen Kissen saß. Die Beine wurden in eine Vertiefung unter dem Tisch gesetzt, die im Winter geheizt ist. Bei jedem Gang erschien der Koch auf einer Drehplatte sitzend, ganz in weiß, und buk vor unseren Augen Shrimps und andere wohlschmeckende kleine Fische braun und knusprig. Zu jedem Gang wurde japanischer grüner Tee serviert ... Den Abschluß bildete Reis in Schalen und eine köstliche Melone, zu der es sehr praktisch vorne mit einer Schneide versehene lange Löffel gab. Alles andere wurde mit Stäbchen gegessen. Zu Anfang und zum Schluß werden immer heiße Tücher gebracht, mit denen man sich Hände und Gesicht abtupft. Natürlich mußten wir beim Eintritt unsere Schuhe ausziehen, bekamen Pantoffeln, die aber vor dem Gastzimmer auch ausgezogen wurden. Die Fußböden sind in diesen guten japanischen Häusern alle mit den feinsten Strohmatten belegt.

Philippinen

Außer Cebu liefen wir die auf verschiedenen Inseln der Philippinengruppe gelegenen Häfen Zamboanga, Siain, Panganiban, an. Landschaftlich war die Fahrt durch die Inseln von besonderem Reiz. Völliger Südseecharakter, alles mit dichten Palmenwäldern bedeckt. Die Eingeborenen leben in ihren malerischen Holz- und Bambushütten auf Pfählen. Alle Siedlungen sehr sauber und durch japanische und amerikanische Anleitung und Unterstützung mit Schulen ausgestattet, aber sonst im Urzustand. Das Essen steht in der Gestalt von Millionen Kokospalmen vor ihrer Tür, ergänzt durch das Meer mit seinem reichen Fischfang. Der Handel ist auch hier völlig in der Hand der Chinesen und die Beschaffung unserer mehrere tausend Tonnen betragenden Kopraladung, die wir in diesen Häfen luden, lag ganz in den Händen eines chinesischen Kaufmanns, der mit uns an Bord fuhr und in den verschiedenen Häfen seine Unteragenten hatte. In den größeren Häfen gibt es überall chinesische Handelskammern, chinesische Schulen und verschiedene Hochschulen. Alle Hauptfirmen waren in chinesischen Händen. Außer Kopra hat die Philippinengruppe vor allem Zucker, Tabak, Hanf und eine große Holzausfuhr. Die übrigen Bodenschätze, die unzweifelhaft in der Inselgruppe noch vorhanden, sind bei weitem noch nicht erschlossen ...

... Der deutsche Ostasiendienst von Lloyd und Hapag mit je drei kombi-

nierten Fracht- und Passagierschiffen, die sich dank ihrer geschmackvollen und modernen Einrichtung, ihres bekannten guten Service sofort wieder großer Beliebtheit erfreuten, sowie je drei 17 sm laufende Frachtdampfer, ist nur ein sehr bescheidener Anfang ...

... In der langen Zwischenzeit von fünfzehn Jahren hat sich die internationale Schiffahrt in Ostasien noch stärker als nach dem ersten Weltkrieg verankert und entwickelt, so daß es für die deutsche Schiffahrt ohne eigenes Kapital und eigene Handelsniederlassungen besonders schwierig sein wird, in diesem Gebiet wieder Fuß zu fassen. Die Möglichkeiten und Beziehungen, welche vor dem ersten Weltkrieg der deutschen Schiffahrt offenstanden und an die man nach diesem Krieg und einer viel längeren Unterbrechung wieder anknüpfen konnte, bestehen heute nirgends mehr. Man muß sich daher darüber im klaren sein, daß auch die großen Schiffahrtsträume für Deutschland wie so vieles andere ausgeträumt sind und daß wir uns bescheiden müssen, eine Handelsflotte aufzubauen, welche den notwendigsten Bedürfnissen unseres Handels entspricht. Hoffentlich dann für eine längere Dauer, als es unseren ersten beiden Versuchen beschieden war ... Schiffahrt braucht nun einmal als Vorbedingung ein freies, wirtschaftlich starkes und politisch ungehemmtes Heimatland und ein Volk mit Verständnis für die See.

Heimreise

Nach elftägigem Aufenthalt nahmen wir am 18. Juni mit Kurs auf Hongkong von den schönen Inseln der Philippinen Abschied. Der Kapitän war froh, daß er bald aus dieser Gegend herauskam, da allmählich die Jahreszeit der Taifune begann, von denen es heißt: "June comes soon, July stand by, August worst, September remember, October soon over."

Auf der Rückreise lief „NABOB" nacheinander Singapore, Port Swettenham, Penang und Belawan auf Sumatra an. Diese Häfen sind durch ihre hochwertigen Ladungen von Zinn, Gummi, Tee und Tabak zur Komplettierung besonders wichtig ...

... Die Heimat empfing uns schon im Kanal mit trübem, kaltem Wetter, das die ganzen Sommermonate in Europa geherrscht hatte. Schön und sonnig war allerdings die Fahrt die Elbe aufwärts, vorbei an all den so bekannten Plätzen von Feuerschiff Elbe I bis Blankenese, die für jeden Seefahrer unseres Alters mit so vie-

len Erinnerungen verknüpft sind. Am Sonntag, dem 15. August, genau nach 150 Tagen lief „NABOB" in die Weser ein und ging zur kurzen Überholung in Bremerhaven ins Dock.

Eine glückliche Seereise von 30 000 Seemeilen und 35 angelaufenen Häfen war damit beendet. Schweren Herzens nahmen wir von dem Schiff, das uns in fünf unvergeßlichen Monaten durch so viele Meere trug, Abschied."

Drei prominente Schiffe der Ostasien- und Australienfahrt von oben nach unten: TS „Saarland" (Hapag), Bauj. 1923/24, 6.863 BRT/9.600 tdw, 12 Kn, Pass.: 47 I., Bes.: 88

Sie gehört zu der ersten von der Hapag für den Ostasiendienst gebauten Nachkriegsserie (Bauwerft Blohm & Voss, Hamburg), versehen mit Namen deutscher Landschaften. Sie waren die ersten deutschen Frachtmotorschiffe, mit Ausnahme dieses Schiffes, das mit Getriebeturbinen ausgerüstet wurde. Auffällig bei diesen Schiffen ist die im Verhältnis zu den Fahrgästen große Besatzung

MS „Potsdam" (NDL), Bauj. 1935, 17.500 BRT/12.000 tdw, zwei turbo-elektrische Anlagen/32.500 PS, 2 Schr., 21 Kn, Pass.: 227 I., 166 II., Bes.: 275

Die „Potsdam" gehört zu dem berühmten Trio der Vorkriegs-Schnelldampfer des Nordd. Lloyd, die ab 1935 bis 1939 den Expreßdienst nach Ostasien durchführten. Im Rahmen des Hapag-Lloyd Unions-Vertrages sollte dieser Dienst ursprünglich als Gemeinschaftsdienst betrieben werden, so daß die „Potsdam" noch von der Hapag in Auftrag gegeben wurde. Im Rahmen der vom Reich ausbedungenen Neuorganisation wurde sie dann jedoch nach Fertigstellung unter NDL-Flagge in Dienst gestellt

CS „Sydney Express" (Hapag-Lloyd), Bauj. 1970, 27.400 BRT/33.350 tdw. 1.589 TEU, Turbinenantrieb, 32.450 PS, 22 Kn, Bes.: 39

Die „Sydney Express" trat am 7. Oktober 1970 im Rahmen des neuen Containergemeinschaftsdienstes (AECS) ihre Jungfernreise von Hamburg nach Australien an und war zu jenem Zeitpunkt das größte Containerschiff der Welt. Sie fand bei ihrer Ankunft in Australien entsprechende Beachtung

Alle drei Farbsilhouetten entstammen den wunderschönen von der Firma Blohm & Voss herausgegebenen Kalendern und wurden mit ihrer freundlichen Genehmigung für diese Dokumentation abgedruckt

TRIO-Container-Konsortium – fruchtbare europäisch-japanische Zusammenarbeit (1971–1986)

Schon der Wiederaufbau der Liniendienste von Hapag und Lloyd ab 1950 fand bis auf wenige Ausnahmen in Form von Gemeinschaftsdiensten statt, zumeist unter Einsatz einer gleichen Anzahl von Schiffen unter weitgehender Harmonisierung des Schiffsmaterials. Die Erfahrungen der zwanziger und dreißiger Jahre hatten gezeigt, wie kostspielig für beide Seiten die Fortsetzung eines gegeneinander gerichteten Konkurrenzkampfes sein kann und man daher besser beraten sei, nach der Devise zu handeln, „if you cannot beat them, join them" (sind sie nicht zu schlagen, verbinde dich mit ihnen). Jedoch erst die enormen Investitionen, die durch die Containerisierung der Verkehre auf beide Gesellschaften zukamen, gaben den letzten Anstoß, diese Transportrevolution mit ihren kaum schon voll im voraus absehbaren Auswirkungen und Risiken gemeinsam anzugehen. Beide Vorstände einigten sich in Konsultationen mit den Aufsichtsräten sehr schnell über den organisatorischen Ablauf und die Bewertung der gegenseitigen Anlagen, so daß am *1. September 1970* rückwirkend per 1. Januar desselben Jahres die beiden renommierten Reedereien in die *Hapag-Lloyd AG* verschmolzen. Um die alten Narben der Auseinandersetzungen der dreißiger Jahre nicht wieder aufzureißen, beschloß man mit Rücksicht auf die Interessen der beiden Heimathäfen, beide Verwaltungszentralen *in Hamburg und Bremen* aufrechtzuerhalten und lediglich eine Konzentrierung ihrer Geschäftsbereiche vorzunehmen.[175]

Während der Nordatlantik 1968 als erster Verkehr bereits eine Gemeinschaftsgründung darstellte, in der Hapag-Lloyd jedoch noch als Einzeldienst agierte, bot sich im Ostasien-Verkehr, der aufgrund der enormen Distanzen wesentlich größere Tonnage-Einheiten notwendig machte, ein Zusammengehen mit anderen Partnern an, um der Kundschaft trotz der wesentlich höheren Produktivität der Schiffe dennoch eine genügende Abfahrtenfrequenz anbieten zu können.

Nicht nur der Container als neuartiges multimodales Transportgefäß, sondern auch die durch ihn ausgelöste neue Form der multinationalen Zusammenarbeit in großen Konsortien wie der *TRIO-Gruppe* läutete ein neues Zeitalter ein.

In diesem japanisch-britisch-deutschen Konsortium sind folgende Partner vertreten: Nippon Yusen Kaisha (NYK), Tokio mit vier Groß-containerschiffen, Mitsui O.S.K. Lines Ltd. (MOL), Osaka, mit zwei Schiffen, die britischen Linien Overseas Containers Limited (OCL), London, mit fünf und Ben Line Containers Ltd. (BLC), Edinburgh, mit drei Schiffen und schließlich Hapag-Lloyd AG mit vier, später fünf Containerschiffen.

Es war im Grunde die konsequente und logische Weiterentwicklung der bereits auf Seite 103 behandelten Linien-Konferenzen. Die überlegene Technik erzwang eine Anpassung der Organisation unter Preisgabe gewisser individueller operationeller Freiheiten zugunsten eines optimalen kaufmännisch-kalkulatorischen Ergebnisses.

Der Container war zunächst die Antwort auf die immer unerträglichere Verzögerung der teuren Linienfrachter in den häufig überlasteten Häfen, in denen all die mit erhöhten PS-Zahlen erzielten Reisebeschleunigungen wieder zunichte wurden. Das Verhältnis von Hafen- zu Seetagen hatte sich teilweise auf 50:50 verschlechtert. Hinzu kamen die steil in die Höhe schnellenden Gebühren der Hafenumschlagsbetriebe, die die Reisekosten innerhalb weniger Jahre verdoppelten. Nur eine drastische Verkürzung der Lade- und Löschzeiten konnte diesen Teufelskreis stoppen und damit den Seetransport im Stückgutbereich wieder rentabel machen. Am größten waren natürlich die Kapazitätsengpässe in den Häfen der Entwicklungs- und Schwellenländer, da ihnen vielfach die modernen mechanisierten Umschlagsfazilitäten fehlten und die Kaischuppen immer häufiger von den Empfängern zu billigen Lagerhäusern umfunktioniert wurden, wodurch der Umschlag eine zusätzliche Verzögerung erfuhr.

Aber auch der Container brauchte zunächst in den *Häfen* die entsprechenden großräumigen Stellflächen und Flurfördergeräte und vor allem die Container-Verladebrücken, wollte man auf die aufwendige und raumfressende Installierung von bordeigenen Kränen verzichten. Es war geradezu erstaunlich, wie schnell die großen Häfen in Europa und Japan, aber auch Singapore, Hongkong und Kaohsiung (Taiwan) auf diese neue technische Herausforderung reagierten und bereit waren, in dem neuen Vorhaben der Trio-Linien termingerecht mitzuziehen.

In dieser Hinsicht ist auch unseren beiden Heimathäfen Bremerhaven und Hamburg und ihren Landesregierungen die Anerkennung auszusprechen, daß sie frühzeitig und mit viel Weitsicht geplant und gehandelt haben, um sie zu den bestfunktionierenden und leistungsfähigsten Containerhäfen der Welt termingerecht auszubauen und damit wesentlich zum Erfolg dieses neuen Transportsystems beizutragen.

Die neuen in Auftrag gegebenen *Schiffe* der dritten Generation mit einer Kapazität von 2.500 bis 3.000 TEU (20′ Container-Stellplätzen) übertrafen in ihren Abmessungen von bis zu 58.000 BRT bereits die Dimensionen der großen Vorkriegs-Schnelldampfer „Bremen" und „Europa" und waren für Geschwindigkeiten von 25–27 kn ausgelegt.

Die Baukosten der ersten vier Hapag-Lloyd-Schiffe beliefen sich auf je ca. DM 90 Mio., von denen je zwei bei Blohm & Voss in Hamburg und beim Bremer Vulkan geordert wurden. Hinzu kamen 16.000 Container, was einem Kapitalwert von nochmals etwa DM 90 Mio. entspricht, so daß es sich bei der TRIO-Gruppe mit ihren 19 Container-Jumbos um die seinerzeit größte Gruppeninvestition in der Geschichte der internationalen Linienschiffahrt handelte. Erst fünfzehn Jahre später kam es mit den Serienbestellungen für die „Um-die-Welt Dienste" zu ähnlichen Großaufträgen. Inzwischen ist der Markt mit Container-Tonnage jedoch bereits stark übersetzt, so daß die Rentabilität dieser neuen Projekte zweifelhaft erscheint, auch wenn diese Schiffe durch die technische Weiterentwicklung etwas günstigere Transportkosten pro Containerstellplatz aufweisen mögen.

Die von der TRIO-Gruppe in Auftrag gegebenen Neubauten waren demgegenüber sorgfältig auf den effektiven Bedarf am Markt ausgerichtet, eine Politik, die sich scharf von der gegenwärtigen Praxis einiger Schiffbauländer abhebt, als Folge einer unsoliden Subventionspolitik, Schiffe auf Halde bzw. spekulativ zu produzieren, in der Hoffnung, damit andere Wettbewerber aus dem Markt verdrängen zu können, was statt dessen lediglich zu einer Erosion der Tarifstrukturen führen und sich somit als Bumerang erweisen dürfte.[176]

Am *20. Dezember 1971* eröffnete das NYK-Schiff TS. „Kamakura Maru" den neuen Vollcontainer-Gemeinschaftsdienst ab Hamburg.

Als erstes Hapag-Lloyd Schiff versegelte das TS. „Hamburg Express" am 12. Juli 1972 ab Hamburg. Nur

wenige technische Einzelheiten mögen die neuen Dimensionen dieser Schiffe verdeutlichen. Während unser erster Ostasien-Dampfer „Oder" eine Ladefähigkeit von 1.600 t bei einer Länge von 105 m aufwies, verfügt die „Hamburg Express" über eine Tragfähigkeit von 48.700 t, bei einer Länge von über 287 m.

Im Jahresvergleich stieg jedoch die Transportleistung pro Schiff von 9.000 tons auf ca. 320.000 Gewichtstons oder um fast das Vierzigfache!

„Ich bewundere noch heute den Mut und die zu jenem Zeitpunkt eigentlich niemandem auch nur annähernd verständliche Weitsicht, mit der man erstmalig auf der Welt derart große Frachtlinienschiffe baute und in den Dienst stellte, immerhin waren diese Containerschiffe fast viermal so groß wie ihre konventionellen Vorgänger", bemerkte Herr Kulenkampff-Bödeker in seiner bereits erwähnten Rede vor dem Ostasiatischen Verein in Bremen am 21. Februar 1986 und fügte hinzu: „Wie wir heute wissen, war es der richtige Schritt im richtigen Augenblick, denn es dauerte keine drei Jahre, bis diese Flotte sozusagen voll ausgelastet und ohne eine Verdrängung anderer Mitbewerber fuhr" und fährt dann fort:

„Es waren nicht nur neue Perspektiven, die sich für die Reedereien dieses Konsortiums ergaben, sondern auch für den Handel, der sich sehr schnell auf das rationellere und einfachere Containersystem und die angebotene enorme Abfahrtenfrequenz umstellte. Beide Seiten haben davon durch die Ausdehnung ihrer Tätigkeiten, durch Rationalisierung des Transportes und durch Vereinfachung der Logistik der Handelspartner an beiden Enden profitiert."[177]

Noch einige weitere technische Angaben dieser ungewöhnlichen Schiffe seien genannt:

Die Elektroanlage entspricht der Kapazität eines Kraftwerkes für eine Stadt von 36.000 Einwohnern. Die Schiffsmaschinen können voll automatisch von der Brücke gesteuert werden. Es waren damals Turbinenschiffe von 2 x 40.600 PS, mit Doppelschraubenantrieb und einer Spitzengeschwindigkeit von 27 kn = 50 km/h. Zwei Bugstrahlruder von je 1.000 PS verleihen diesen großen Schiffen erhöhte Manövrierfähigkeit in Häfen und Schleusen, so daß sie notfalls auch ohne Schlepperassistenz an- und ablegen können. Sie sind mit Stabilisatoren ausgestattet, deren

bewegliche Flossen bei schwerer See die Rollbewegungen vermindern und dadurch Ladungsschäden vermeiden helfen.

Mit wenigen Ausnahmen sind die Containergrößen bei den Reedereien weltweit inzwischen standardisiert und dadurch austauschbar. Bei einem 20-Fuß-Standard-Container beträgt die Länge 20′ (= 6,1 m), die Höhe 8′ 6″ (= 2,60 m) und die Breite 8′ (= 2,438 m). Der überwiegend zum Einsatz kommende 40-Fuß-Container hat die doppelte Länge bei gleicher Breite und Höhe. Die Ostasien-Schiffe können bis zu 9 Lagen hoch Container unter Deck nehmen bzw. 3 Lagen übereinander an Deck fahren. Die Container sind unter Deck in Schienen eingelassen und werden dann noch zusätzlich an Deck mit Laschstangen gesichert.

Neben dem Vollcontainerdienst wurde von Hapag-Lloyd ein *konventioneller Dienst* weiterbetrieben, um mit ihm kleinere Häfen zu bedienen bzw. Ladungen wie Kopra, Schnittholz und Pflanzenöle zu übernehmen, die sich nicht für die Containerisierung eigneten. Andere Häfen, wie *Manila, Bangkog* und *Penang,* werden durch *Container-Zubringerdienste* an die Hauptlinien angeschlossen.

Die neuen Schiffe begannen ihre Reisen noch mit Besatzungsstärken von 36 Mann, die inzwischen durch den Einsatz von sog. integrierten Besatzungen auf nur 24 Mann reduziert werden konnten. Sie können aufgrund ihrer neuen breitgefächerten Ausbildung wechselweise an Deck und in der Maschine eingesetzt werden. Das Schiff der Zukunft läßt sich sogar mit noch geringeren Besatzungsstärken betreiben.

Erst die Ausstattung der großen Containerhäfen mit den bereits erwähnten neuen technischen Umschlagsanlagen verhalf dem Containersystem indes zu den großen Rationalisierungserfolgen. In Ostasien errang Hongkong alsbald eine Spitzenposition als drittgrößter Containerhafen der Welt. Während die Standardleistung in den großen Häfen etwa 1.000 20′ Container pro 24 Stunden beträgt, brachte es Hongkong ähnlich wie die großen Nordseehäfen auf 1.600 Einheiten. 1.000 Standard-Container enthalten ca. 12.000 t konventionelle Ladung, wofür ein konventionelles Schiff für das Laden oder Löschen noch immer mindestens eine Woche benötigt, während für unsere Containerschiffe

eine Liegezeit von nur 24 Stunden pro Hafen fahrplanmäßig vorgesehen ist. Die TRIO-Gruppe konnte dadurch mit ihren 19–20 Containerschiffen 60 konventionelle Schiffe bei gleicher Jahresleistung ersetzen, davon allein 23 Schiffe von Hapag-Lloyd.

Diese 19 Schiffe sind in der Lage, gemeinsam der Kundschaft auf beiden Seiten des Verkehrs alle 3–4 Tage eine Abfahrt anzubieten, wobei mittels sogenannter Raumchartverträge jede Linie ihren Kunden auf jedem der neunzehn Schiffe Container-Stellplätze zur Verfügung stellen kann. Jede einzelne Reederei oder nationale Gruppe wäre individuell nicht im entferntesten imstande, einen ähnlich qualifizierten Dienst anzubieten und die Kosten hierfür auch noch in erträglichen Grenzen zu halten.

Die Identität des einzelnen Anbieters gegenüber dem Kunden bleibt unverändert erhalten, d.h., Hapag-Lloyd akquiriert beim Kunden die Ladung wie bisher in Konkurrenz zu den anderen Partnern hinsichtlich eines durchrationalisierten Haus-Haus-Dienstes, während lediglich der Einsatz der Tonnage gemeinsam über ein „Tonnage Centre" (zentrale Einsatzleitung) gesteuert wird, um eine optimale Auslastung der angebotenen Kapazitäten im Interesse einer Kostenoptimierung sicherzustellen.

Für die nautische und technische Ausrüstung des jeweiligen Schiffes sowie für alle sonstigen Managementfunktionen des Schiffsbetriebs zeichnet die Reederei der zum Einsatz kommenden Tonnage wie bisher verantwortlich. Dagegen werden konsequenterweise die operativen Kosten des Einsatzes, einschließlich der Lade- und Löschkosten, nach dem Marktanteil der gemeinsam operierenden Konsortialmitglieder nach einem ausgeklügelten Schlüssel gepoolt, d.h. Einnahmen und Ausgaben in einen Topf (Pool) getan und entsprechend dem Marktanteil der Partner gegeneinander verrechnet. Der jeweilige Container-Raum auf den Partnerschiffen wird gegenseitig gechartert. Diese Pool-Anteile werden je nach Wettbewerbsposition periodisch berichtigt, so daß entgegen landläufiger Meinung der interne Wettbewerb nach wie vor zum Tragen kommt.

Nach außen ist natürlich eine Gruppe, die über eine solche Kapazität verfügt, gegenüber Marktschwankungen wesentlich anpas-

sungsfähiger als ein Einzeldienst, auch wenn bei ihnen Änderungen des Fahrplanes oder der Servicequalität eine Gruppenabstimmung notwendig machen. Ein weiterer Vorteil ist die größere Risikostreuung. Fällt beispielsweise eines der großen Containerschiffe durch Reparatur, Klassearbeiten oder infolge höherer Gewalt aus, so ist die dadurch entstehende Lücke im Service um so geringer, je mehr Schiffe sich im Einsatz befinden, um durch rechtzeitige Umdispositionen die Ladung dennoch voll abdecken zu können, was in einem Einzeldienst mit reduzierter Schiffsanzahl häufig nur schwer, wenn überhaupt möglich ist.

Die Ölkrisen der 70er Jahre zwangen auch die TRIO-Gruppe, die Schiffsgeschwindigkeiten zu drosseln und den Antrieb zu rationalisieren. Während die englischen Partner sich zu einer Umrüstung auf Dieselmotoren entschlossen, setzte Hapag-Lloyd auf den Umbau der vorhandenen Turbinenanlagen und Veränderungen der Unterwasserform. Bei den so umgebauten Schiffen konnte der Brennstoffverbrauch um gut ein Viertel von 10.000 tons pro Rundreise auf 7.500 tons verringert werden, bei einer Reduzierung der Spitzengeschwindigkeit auf 23 kn.

1981 stellte Hapag-Lloyd mit der „Frankfurt Express" das seinerzeit größte Containerschiff der Welt in Dienst. Als Motorschiff mit Dieselantrieb von 2 x 27.000 PS und 23 Knoten konzipiert, kann es 3.045 TEU befördern.

Erst die Einführung des Containers schaffte die technischen Voraussetzungen, um die einzelnen Land/See/Land-Transportabschnitte zu verketten und der verladenden Wirtschaft den Haus/Haus-Transport, vom Fabriktor des Verladers bis zur Türschwelle des Empfängers, zu ermöglichen.

Der Reeder und/oder mit ihm zusammen arbeitende Partner, wie Makler oder Spediteure, bieten so durch Übernahme der Verantwortung für den gesamten Transportablauf einen Dienst „aus einer Hand". Bei Inanspruchnahme dieser Transportkette braucht sich der Ablader nach Buchung seiner Container um die Art und Weise, wie dieser Transport sich bis zur Auslieferung beim Empfänger abspielt, nicht weiter zu kümmern.

Diese für den Anwender wie Nutzer gleichermaßen tiefgreifende Transportrevolution verlangte teilweise eine völlige Neuorientierung und

Neuorganisation in der Abwicklung der Geschäftsvorgänge, wie z.B.

☐ die verstärkte Hinwendung zum Kunden bereits im Inland
☐ bessere und schnellere Kommunikation und Datenverarbeitung
☐ Einführung von Logistiksystemen, um die erheblichen Investitionen in die Container zu steuern und diese rechtzeitig am richtigen Platz zu haben
☐ Ausbau von Inlandtransport- und Hafenumschlagssystemen, um diese neuen „Boxen" überhaupt wirtschaftlich handhaben zu können.

Wir sind heute mehr denn je davon überzeugt, daß ein multinationaler Konsortialdienst wie Trio mit auf den jeweiligen Verkehr zugeschnittenen gleichsam „maßgeschneiderten" Schiffen und der direkten Bedienung von einer Vielzahl von Häfen sich als wirtschaftlich richtig und effizient und für den Handel als optimal erwiesen hat.[178]

◁
Containerschiffs-Riese „Tokio Express" (3.000 TEU) auf dem Wege nach Ostasien

CS „Hamburg Express", ein Schwesterschiff der „Tokio Express", lädt am Containerterminal in Rotterdam. Das Stadtwappen von Hamburg am Vorsteven beider Schiffe bedeutet, daß sie in Hamburg als Heimathafen und Sitz der Reederei registriert sind

MS „Mai Rickmers", Bauj. 1965, 10.700 BRT/
15.000 tdw, 14 Kn. Die Reederei Rickmers,
an der Hapag-Lloyd mehrheitlich beteiligt ist,
ist die älteste deutsche Linienreederei und
am längsten im Geschäft mit China, der
heutigen V. R. China. Sie betreibt zusammen
mit Hapag-Lloyd einen regelmäßigen konventionellen Frachtdienst nach Südostasien
und der Volksrepublik China

MS „Peter Rickmers", Bauj. 1962, 10.223 BRT/
13.670 tdw, 17 Kn., mit Schwergut beladen auf
der Fahrt nach der V.R. China

MS „Renée Rickmers", Bauj. 1980, 14.000 BRT/
20.400 tdw, 18 Kn. Das Schiff wurde unter
Verwendung von Sektionen des ehemaligen
Hapag-Lloyd-Frachters „Ludwigshafen" im
Juni 1980 vom Bremer Vulkan abgeliefert

Gemeinschafts-
dienst mit der
Rickmers Linie von
Europa nach Südost-
asien und der Volks-
republik China
(1974–1986)

Das einzige große ostasiatische Land, das infolge noch fehlender Infrastruktur in diesen Vollcontainerdienst nicht mit einbezogen werden konnte, ist die Volksrepublik China. Sowohl die Ladungszusammensetzung als auch die technische Ausrüstung ihrer Häfen macht nach wie vor in den meisten Fällen den Einsatz von konventionellen Schiffen notwendig. Das gleiche galt für eine Reihe von Häfen der Asean-Länder, die ebenfalls in diesen konventionellen Dienst mit einzubeziehen waren. Aber auch in diesen Ländern hat die Containerisierung bereits eingesetzt.

Seit dem 1. Januar 1974 war es unserem Haus durch die Kooperation mit der Rickmers Linie KG und der damit verbundenen Mehrheitsbeteiligung der Hapag-Lloyd AG wieder möglich, den seit 1962 unterbrochenen Verkehr in dieser für uns traditionsreichen Fahrt wieder aufzunehmen.

Gemeinschaftlich mit der Rickmers Linie wird zur Zeit ein regelmäßiger konventioneller Dienst von verschiedenen europäischen Häfen inklusive Genua nach Singapore, Hongkong, Shanghai, Xingang und anderen chinesischen und ostasiatischen Häfen angeboten.

Zum Einsatz kommen Linienfrachter konventioneller Bauart sowie Semi-Containerschiffe. Immer mehr Linienladung aus dem südchinesischen Raum nimmt jedoch seinen Weg über Hongkong und wird von den Vollcontainer-Diensten der Far Eastern Freight Conference wie TRIO, Scandutch und Maersk in beiden Richtungen von und nach Europa befördert.

Hauptexportgüter sind Maschinen, Anlagen, Investitionsgüter, Metalle, Chemikalien und Stückgut, während sich die Importe hauptsächlich aus Mineralien, Agrarprodukten, Bulkflüssigkeiten, Kühlladung, Textilien und Stückgütern aller Art zusammensetzen. Wie sich der Handel in den letzten 12 Jahren entwickelte, wird aus folgenden Zahlen ersichtlich:

	BRD Ausfuhr nach China	BRD Einfuhr aus China
1972	430.000 t	300.000 t
1973	860.000 t	330.000 t
1985	1.880.000 t	640.000 t

Mit der Aufnahme diplomatischer Beziehungen zwischen der Bundesrepublik Deutschland und der Volksrepublik China im Jahre 1972 begann ein neues bedeutsames Kapitel in der Geschichte beider Länder, das auch der weiteren Entwicklung des bilateralen Außenhandels neue Impulse gegeben hat. Auch eine verstärkte wissenschaftliche, wirtschaftliche und technische Zusammenarbeit dürfte sich mittel- bis langfristig in einer weiteren Steigerung der Außenhandelsumsätze niederschlagen und sollte verstärkt in Angriff genommen werden.

Eine wesentliche Voraussetzung für eine rationelle und beiderseits befriedigende Abwicklung des Güteraustausches bildet eine beschleunigte Modernisierung der Infrastrukturen des Hinterlandverkehrs (Straße, Bahn und Binnenschiffahrt) zu und von den Seehäfen. Als weitere Engpässe im Seeverkehrsbereich erweisen sich die zu geringen Tiefgänge in den Seehäfen der Volksrepublik (z. Zt. 9 m) sowie die ungenügend durchorganisierte Abfertigung der Seeschiffe dort selbst, die noch immer zu häufigen Verzögerungen führt. Auch die dafür notwendigen Investitionen sollten bei der weiteren Verkehrsplanung Priorität erhalten.[179]

Wir nehmen es als ein besonders glückliches Omen, daß im Jubiläumsjahr des 100. Geburtstages der Hapag-Lloyd Ostasienfahrt die Bürgermeister der beiden größten Hafenstädte Chinas und der Bundesrepublik Deutschland, Shanghai und Hamburg, am 29. 5. 1986 einen Patenschaftsvertrag in Hamburg unterzeichnet haben.

Auch der dritte Besuch von Bundeskanzler Helmut Kohl in der Volksrepublik China vom 12.–19. Juli 1987 in Begleitung zahlreicher führender Vertreter aus Politik und Wirtschaft und nicht zuletzt der Großauftrag der Hapag-Lloyd AG an die Hudong-Werft in Shanghai im Gesamtvolumen von 80 Mio. DM für den Bau eines Großcontainerschiffes von 2.700 TEU für den Australiendienst, ausgerüstet mit den modernsten technischen Neuerungen, signalisieren eine immer engere und freundschaftlichere Zusammenarbeit zwischen unseren beiden Ländern trotz unterschiedlicher Gesellschaftssysteme.

Diese jüngste Entwicklung eröffnet daher hoffnungsvolle Perspektiven für die weitere systematische Ausgestaltung der Beziehungen zwischen beiden Ländern.

Zusammenfassung und Ausblick

Es war ein langer, sehr oft beschwerlicher Weg, der unsere beiden Gesellschaften zunächst als Konkurrenten, dann in immer engerer Partnerschaft von der Eröffnung ihrer Liniendienste durch den Reichspostdampfer „Oder" vor genau einhundert Jahren bis zu den Container-Giganten der Gegenwart geführt hat. Wir haben versucht, die Entwicklung dieser großen „Fahrt" vor dem Hintergrund der wirtschaftlichen, kulturellen und politischen Entwicklung der von ihnen berührten Länder, und zwar vorwiegend aus der zeitgenössischen Sicht, darzustellen. Noch immer findet Geschichte nicht nur in einem anonymen Raum statt, sondern wird von Persönlichkeiten gestaltet, im positiven wie im negativen Sinn, und das gilt in gleichem Maße für die Unternehmensgeschichte. Daß sie keine tote verstaubte Materie bildet, die nur noch den Fachmann interessiert, sondern in uns weiterlebt, ja vielfach den Schlüssel des Verständnisses für die heutigen Probleme liefert, fanden Sie in unserer Einleitung bereits angedeutet.

Daß der Ostasienhandel ohne Seeschiffahrt weder in der Vergangenheit noch in Gegenwart und Zukunft möglich sein wird, dürfte schon beim flüchtigen Durchblättern dieser Broschüre deutlich werden, denn schon die zeitweise Versorgung nur einer einzelnen Großstadt aus der Luft, wie bei der Luftbrücke von Berlin in den Jahren 1948/49, erwies sich als ein sehr kostspieliges und daher nur befristetes Unterfangen. Die *Luftfracht* hat daher prozentual noch immer nur einen geringen Anteil am europäisch-ostasiatischen Handelsaustausch. Daß die *Transsibirische Eisenbahn* in diesem Langstreckenverkehr überhaupt einen nennenswerten Anteil erringen konnte, verdankt sie allein der Tatsache, daß sie als sowjetisches Staatsunternehmen keine Gewinne einzufahren braucht.[180]

Die beiden Reichspostdampfer-Linien waren die einzigen Fahrten von Hapag und Lloyd, bei denen der Staat mit der Aufforderung an uns herantrat, unter befristeter finanzieller Beihilfe einen modernen regelmäßigen und qualifizierten Dienst aufzubauen, zum Nutzen und zur Förderung des nationalen Außenhandels.

Dem Dienstleistungssektor, und insbesondere auch dem Seeverkehr fällt nach wie vor eine bedeutende Aufgabe zu, die nicht allein im privatwirtschaftlichen Interesse, sondern aus gesamtpolitischer staatlicher Verantwortung jedem der großen Handelspartner erwächst. Seeschiffahrt ist daher kein Hobby einzelner Unternehmer oder ein willkommenes Mittel für Kapitalanleger, durch Verlustzuweisungen Steuervorteile zu kassieren, sondern eine Branche, die als Brücke des Außenhandels die lebenswichtigen Verbindungen zu unseren Handelspartnern aufrechterhält und daher in ihrem Leistungswillen und langfristigen Engagement unter Mobilisierung ihres jahrzehntelangen Know-hows auch dem besonderen staatlichen Interesse anempfohlen bleibt.

Alle Außenhandel und Schiffahrt treibenden Länder scheinen aus den geschichtlichen Erfahrungen gelernt zu haben, um aus der Erkenntnis, daß Seefahrt Not ist, ihren Handelsflotten die erforderliche staatliche Rückendeckung zu gewähren.

So ist es nicht der kommerzielle Wettbewerb, den westliche privatwirtschaftliche Reedereien zu scheuen brauchen, denn in ihm wird mit den gleichen Waffen von Effizienz und Dynamik gefochten, sondern die immer stärker um sich greifende Politisierung der Seeverkehrsmärkte, worin nicht länger allein die Güte des Transportangebotes, sondern mehr und mehr die Summe der staatlichen Beihilfen und Subventionen sowie die subtileren Instrumente der flaggenprotektionistischen Gesetzgeber den Ausschlag geben, welche Flaggen den Löwenanteil des internationalen Außenhandels transportieren werden.

Diese Dokumentation wurde überwiegend aus der Sicht eines *europäischen* Schiffahrtsunternehmens geschrieben, aber in dem aufrichtigen Wunsch, unseren Kunden in Ost und West ein guter, zuverlässiger und kommerzieller Partner zur Förderung des beiderseitigen Außenhandels zu bleiben, für den der Kunde stets im Mittelpunkt seiner Bemühungen stehen wird, um damit einen Beitrag zum friedlichen Wettbewerb zwischen den Handelsnationen zu leisten. In diesem Sinne werden unsere Schiffe auch weiterhin Botschafter des guten Willens enger partnerschaftlicher Zusammenarbeit bleiben.

Die sich wandelnde Silhouette unserer
Ostasienschiffe der Jahre 1953 bis 1986,

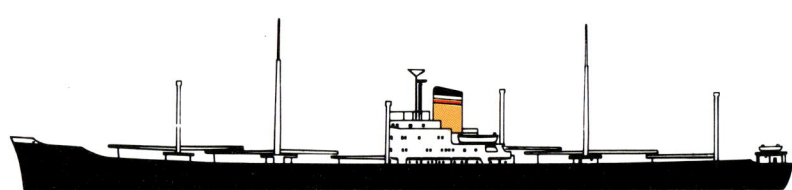

„Weserstein"- und „Braunschweig"-Klasse
Je 7 Schiffe: Bauj. 1953/54, 10.000 tdw, 16,5 Kn

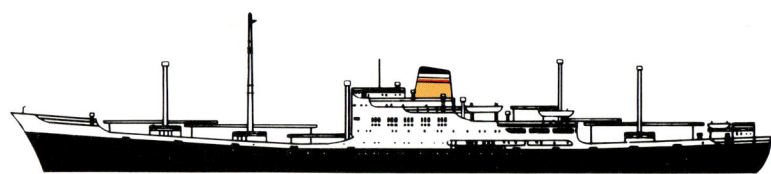

Kombischiffe der „Schwabenstein"- und
„Hamburg"-Klasse
Je 3 Schiffe: Bauj.: 1953/54, 9.500 tdw,
85 Passagiere, 17,5 Kn

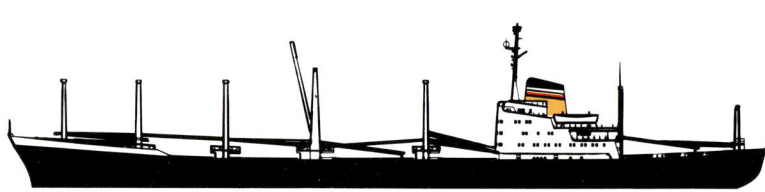

„Westfalia"-Klasse
7 Schiffe: Bauj.: 1964/66, 12.500 tdw, 21 Kn

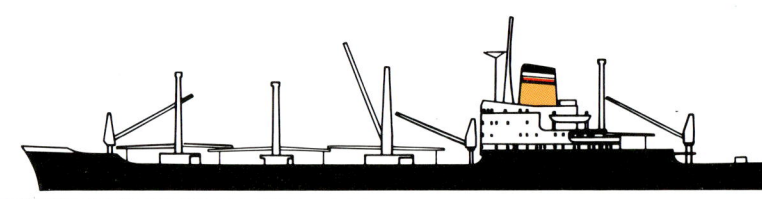

„Friesenstein"-Klasse
7 Schiffe: Bauj.: 1967, 12.500 tdw, 21 Kn

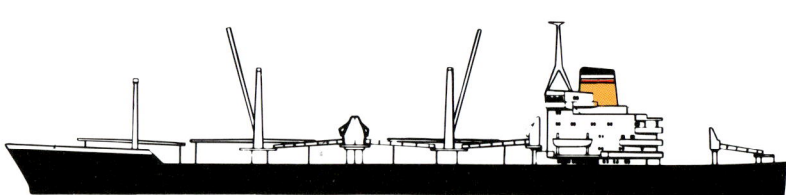

Omni-Schiffe der „Ludwigshafen"-Klasse
4 Schiffe: Bauj.: 1970/71, 16.000 tdw, 22 Kn

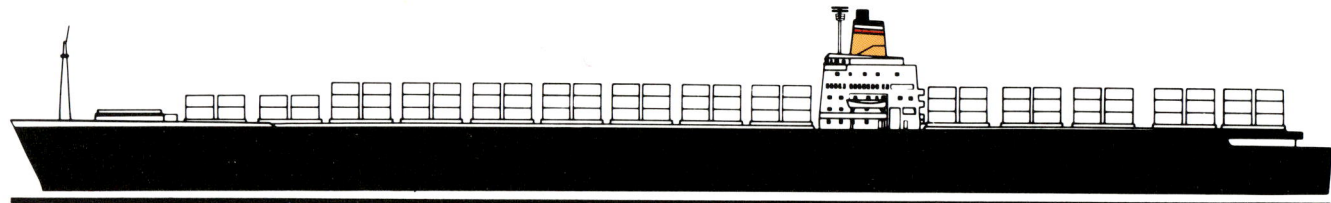

Vollcontainerschiffe für den Trio-Dienst „Hamburg Express"-Klasse, 4 Schiffe: Bauj.: 1972, 48.000 tdw, 3000 Container, 23 Kn

CMS „Frankfurt Express", Bauj.: 1981, 3045 Container, 23 Kn

Die Schicksale einiger Ostasien-Schiffe von Hapag und Lloyd im Zweiten Weltkrieg

Havelland (1) (HAPAG)[181]

Blohm & Voss, Hamburg; Bau-Nr. 461
6334 BRT / 10040 tdw / 136,9 × 17,8 m / zwei Diesel mit Getr. / 2 Schr. / 3300 PSe / 12 kn / Pass.: 12 I. / Bes.: 51

1921 12. Mai: Stapellauf. 30. August: Ablieferung. 10. September: Jungfernreise Hamburg–New Orleans, danach Ostasien-Dienst. **1930** 5. Mai: Südlich Ceylon drei Fischer aus Seenot gerettet. **1939** August: Die auf der Heimreise von Cebu Balboa ansteuernde „Havelland" ändert wegen der Kriegsgefahr den Kurs auf Puntarenas. 8. Oktober: Nach Mazanillo verlegt. **1940** 27. Juni: Auslaufen nach Yokohama, wo das Schiff mit Ritzelschaden am 12. August einläuft.
1942 Nach Reparatur in Ostasien als Nachschubtransporter eingesetzt. **1943** Querab der Kii-Halbinsel in der japanischen Inlandsee von einem US-U-Boot torpediert. Der Torpedo explodiert nicht, setzt jedoch die Maschinen außer Betrieb, die auch nach dem Einschleppen nach Kobe nicht wieder instand gesetzt werden können. Die „Havelland" wird schwimmendes Lager. **1945** September: Während eines Taifuns losgerissen und gestrandet. **1946** Januar: Nach Abbergung in Kobe abgewrackt.

Münsterland (2) (HAPAG)

Blohm & Voss, Hamburg; Bau-Nr. 462
6315 BRT / 10040 tdw / 136,9 × 17,8 m / zwei Diesel mit Getr. / 2 Schr. / 3300 PSe / 12 kn / Pass.: 12 I. / Bes.: 51

1921 13. August: Stapellauf. **1922** 23. Januar: Ablieferung. 2. Februar: Jungfernreise Hamburg–Ostasien. **1939** 7. September: Wegen des Kriegsausbruchs Kobe angelaufen. 29. September bis Oktober **1941** von der Kriegsmarine als Versorger für Hilfskreuzer im Pazifik eingesetzt. **1942** 18. Februar: Aus Yokohama ausgelaufen zum Blockadedurchbruch nach Bordeaux, wo das Schiff am 17. Mai eintrifft. Danach in „Walkenried" umbenannt, um Verwechslung mit dem Marinetanker „Münsterland" zu vermeiden. **1944** 20. Januar: Vor Calais durch britische Küstenartillerie versenkt.

Spreewald (2) (HAPAG)

Deutsche Werft, Hamburg; Bau-Nr. 9
5083 BRT / 8910 tdw / 121,8 × 16,5 m / zwei Diesel / 2 Schr. / 2500 PSe / 11 kn / Pass.: 10 I. / Bes.: 53

1922 12. Oktober: Stapellauf. 31. Dezember: Ablieferung. **1923** 10. Januar: Jungfernreise Hamburg–Westküste Südamerika. **1926/27** Umbau der Passagiereinrichtungen für 26 II. Klasse. **1935** Umbenannt in „Anubis". **1938** Oktober: Wieder „Spreewald". Golf von Mexiko-Ostasien-Dienst. **1939** 20. September: Einlaufen in Yokohama. **1941** 21. Oktober: Ab Dairen zum Blockadedurchbruch nach Frankreich. 17. November: Die „Spreewald" übernimmt im Pazifik von dem Versorger „Kulmerland" Gefangene, die dieser vom Hilfskreuzer „Kormoran" übernommen hatte. **1942** 31. Januar: In der Biskaya auf Position 45.12 N – 24.50 W von „U 333" irrtümlich torpediert und versenkt, wobei eine große Anzahl Menschen ums Leben kam.

Ermland (HAPAG)

Blohm & Voss, Hamburg; Bau-Nr. 414
6521 BRT / 9850 tdw / 136,9 × 17,7 m / zwei Diesel / 2 Schr. / 3500 PSe / 12,5 kn / Pass.: 12 I. / Bes.: 58

1922 18. Februar: Stapellauf. 29. August: Ablieferung. 4. September: Jungfernreise Hamburg–Ostasien. **1939** 3. September: In Takao von der Kriegsmarine erfaßt. **1940** 29. Dezember: Ab Kobe zum Blockadedurchbruch nach Bordeaux, wo das Schiff am 4. April **1941** eintrifft. **1942** In „Weserland" umbenannt, um Verwechslung mit dem Marinetanker „Ermland" zu vermeiden. Wieder nach Ostasien geschickt. 1. Dezember: Einlaufen in Yokohama. **1943** 26. Oktober: Auslaufen zum Blockadedurchbruch nach Frankreich. **1944** 2. Januar: Im Atlantik auf Position 17 S – 21 W selbst versenkt, als der US-Zerstörer „Somers" das Schiff aufbringen will.

Regensburg (NDL)[182]

A.G. Vulkan, Stettin; Baujahr 1927, Umbau 1936, u.a. neue Maschine / 8068 BRT / 11 465 tdw / 154,4 × 18,4 m / Diesel / 10 000 PS / 16 kn / Pass.: 14 I. / Bes.: 57

Lief **1927** als „Trave" vom Stapel und wurde nach dem Umbau **1936** in „Regensburg" umbenannt. Charakteristisch waren seine vier Masten, die in China als „four piece bamboo" bezeichnet wurden. MS „Regensburg" ist durch seine Versorgungsfahrten und einen Blockadedurchbruch unter Kapitän Kurt Harder bekannt geworden. Ende Juli **1939** befand sich das Schiff auf der Heimreise zwischen Hongkong und Bangkok und suchte auf das Warntelegramm hin Zuflucht in Kilun auf Formosa. Von hier wurde die „Regensburg" nach Yokohama beordert und hat im September **1940** den Hilfskreuzer „Orion", ex „Kurmark" der Hapag, im Atoll Ailinglap, Marshallinseln, mit Proviant und Heizöl versorgt. Nach gemeinsamer Kreuzfahrt mit HK „Orion" traf die „Regensburg" bei Lamutrik in der Carolinengruppe mit HK „Komet", früher „Ems" des NDL, zusammen, fuhr nach Yokohama und kehrte mit Ausrüstung für den Hilfskreuzer nach Lamutrik zurück. Die Heimfahrt erfolgte nach Achinoé an der japanischen Ostküste. Darauf Zusammentreffen mit HK „Orion" bei Maug in den Marianen. Im Anschluß daran wurde MS „Regensburg" als Blockadebrecher mit Rohgummi, Fetten, Ölen, Lastwagen, Pneus und Bauxit beladen. Die Abfahrt erfolgte am 5. 5. **1941** als japanischer Frachter. Nach Rundung von Kap Hoorn fuhr das Schiff als Holländer weiter und traf, obwohl durch ein britisches Flugzeug geortet, am 27. 6. in Bordeaux ein.

MS „Regensburg" gelang noch einmal der Blockadedurchbruch nach Japan, auf der Rückreise aber wurde das Schiff am 30. 3. **1942** in der Dänemarkstraße vom britischen Leichten Kreuzer „Glasgow" gestellt und hat sich daraufhin selbst versenkt.

Potsdam (NDL)

Blohm & Voss, Hamburg; Bau-Nr. 497 17 528 BRT / 12 000 tdw / 193,2 × 22,6 m / zwei turbo-elektr. Anlagen / 32 500 PSw / 2 Schr. / 21 kn / Pass.: 227 I., 166 II. / Bes.: 275

1935 16. Januar: Stapellauf des von der Hanseatischen Schiffahrts- und Betriebs-Gesellschaft für Rechnung der Hapag bestellten Schiffes. 1. Februar: Im Rahmen des neuen Betriebsgemeinschaftsvertrages mit dem NDL überläßt die Hapag dem Lloyd die „Potsdam" nach deren Fertigstellung. 28. Juni: Ablieferung. Unmittelbar darauf an den NDL übergeben. Bei der Hapag sollte das Schiff in Gemeinschaft mit dem NDL im Hamburg-Ostasien-Dienst laufen und fuhr dann im berühmten TRIO des neuen NDL-Ostasienschnelldienstes. **1945** 20. Juni: Britische Kriegsbeute. „Empire Jewel", von der P & O Line für das M.o.T. bereedert. Die neuen Eigentümer hatten mit dem komplizierten turbo-elektrischen Antrieb, nicht anders als die Russen im Falle der „Patria" (Hapag) Schwierigkeiten und ersetzten ihn durch eine Getriebeturbine (17 kn). Sie wurde zunächst als Truppentransporter (1312 Mann) verwendet. **1946** Umbenannt in „Empire Fowey". **1960** Mai: „Safina-e-Hujjaj", Pan Islamic S.S.Co., Karatschi. **1976** 20. Februar: Letzte Ankunft in Karatschi, dort abgewrackt.

Bogotà (NDL)

Schiffbau Ges. Unterweser AG, Wesermünde-Lehe; 1230 BRT / 1577 tdw / 75,9 × 19,6 m / zwei Diesel / 2 Schr. / 1680 PS / 13 kn / Pass.: 12 I. / Bes.: 28

Baujahr **1937**. MS „Bogotà" und Schwesterschiff „Quito", das im gleichen Jahr zur Ablieferung gelangte, waren als Zubringer an der Westküste Südamerikas eingesetzt.

Bei Kriegsausbruch lag „Bogotà" in Coquimbo, Chile. Hier erhielt Kapitän Möller am 17. Mai **1941** Befehl, nach Yokohama auszulaufen. Auf halber Strecke fing das Schiff einen Seenotruf von MS „Osorno" (Hapag), 7000 BRT, auf, das mit Schraubenschaden hilflos im Pazifik trieb. Die kleine „Bogotà" nahm das große Schiff in der Nähe der Marschallinseln auf den Haken und schleppte es über 1800 Seemeilen nach Yokohama. Den Brennstoff mußte die „Bogotà" zweimal aus den Bunkern der „Osorno" ergänzen. Diese Schleppfahrt ging als außergewöhnliche Leistung in die Seekriegsge-

schichte ein, zumal sie zwei erfolgreiche Reisen der „Osorno" mit wertvoller Ladung von Japan nach Bordeaux ermöglichte.

In Japan operierte die „Bogotà" als Versorger für Blockadebrecher; ab **1943** verlegte sie ihre Basis nach Singapore. Nach dem Zusammenbruch Deutschlands beschlagnahmten die Japaner das Schiff und ließen es weiter „versorgen". Nach der Kapitulation Japans beförderte MS „Bogotà" „Displaced persons" im Fernen Osten. Es war in erster Linie den Bemühungen des seinerzeitigen US-Landeskommissars Admiral Jeffs in Bremen zu verdanken, daß die „Bogotà" am 9. Oktober **1950** unter der Flagge des NDL und unter ihrem früheren Kapitän Möller mit 1100 to Reis aus Japan in Bremen eintraf.

Sie fuhr dann zeitweise in Charter der „Hansa"-Linie in der Spanienfahrt und wechselte ab **1955** mehrmals den Eigentümer, bis sie **1964** unter griechischer Flagge nach einer Explosion vor Westafrika verlorenging.

Osorno (HAPAG)

Blohm & Voss, Hamburg; Bau-Nr. 517 6951 BRT / 8960 tdw / 149,0 × 18,3 m / diesel-elektr. Anlage / 5850 PSe / 15 kn / Pass.: 33 I. / Bes.: 58

1938 7. September: Stapellauf. 21. Dezember: Ablieferung. **1939** 6. Januar: Jungfernreise Hamburg–Westküste Südamerika. September: Wegen des Kriegsausbruchs in Talcahuano aufgelegt. **1941** Nach Japan überführt. 23. Dezember: Blokkadefahrt nach Bordeaux, wo die „Osorno" am 19. März **1942** eintrifft. **1943** 23. März: Blockadefahrt Bordeaux–Djakarta, dort am 8. Mai eingelaufen. 29. September: Ab Djakarta zu einer weiteren Blockadereise, die am 25. Dezember in Bordeaux beendet wird. **1944** 25. August: Bei Aufgabe Bordeaux von den Deutschen in der Gironde gesprengt.

Helmut Thielicke: Vom Schiff aus gesehen – Tagebuch einer Ostasienreise (Auszüge)

Prof. Helmut Thielicke, der Verfasser des Tagebuches einer Ostasienreise „Vom Schiff aus gesehen", das 1958 im Druck erschien

Schon bald nach Beginn der Fahrt schrieb ich allerlei Notizen in mein Tagebuch. Ich mußte das tun, um die so oft chaotisch anbrandenden Eindrücke zu ordnen und sie zu einem geistigen Vorkommnis werden zu lassen. Ich erlebte das Schreiben ganz jenseits aller literarischen Pläne wie einen Naturvorgang, der sich eigentlich ohne die Zwischenschaltung von Wille und Absicht an mir vollzog.

So habe ich diese Reise durch das Schreiben sehr viel intensiver erlebt. Und erst als ich das merkte, kam allmählich die Freude des Gestaltens über mich. Ich wußte natürlich, daß es anmaßend und dilettantisch sein würde, sogenannte „welthistorische Perspektiven" aufzureißen oder „Asien im Wetterleuchten" zu zeigen. Bei der nur punktuellen Berührung, die ich arme Tangente mit dem asiatischen Kreis gehabt habe, wäre ich doch nur auf das bloße Nachplappern sehr viel kundigerer Kommentatoren angewiesen geblieben.

Forschungsreisende erleben sehr viel mehr, und solche, die lange in fremden Ländern lebten, sind unvergleichlich tiefer eingedrungen. Aber auch der „erste Eindruck" hat seine Reize, wenn er mit einiger Wachheit registriert wird. Manchmal läßt er einen sogar Dinge sehen, die der Experte oder auch der Ureinwohner nicht mehr bemerkt, weil sie ihm viel zu selbstverständlich geworden sind. Das gilt vor allem von den „gewöhnlichen" Menschen, Dingen und Stimmungen, mit denen man auf Reisen zu tun hat. Und wenn es mir hie und da gelungen sein sollte, etwas Hintergründiges zu sehen, dann sicher nur so, daß mir eben dieses Alltägliche transparent wurde. Das Außerordentliche und die sogenannten Sehenswürdigkeiten des Tourismus haben mich sträflich wenig interessiert.

Ich verfolgte auch keine bestimmten Zwecke mit dieser Reise: Ich besuchte weder einen Kongreß (das ist für einen Akademiker vielleicht das Ungewöhnlichste an dieser Fahrt!), noch wollte ich fremde Religionen oder sonst etwas Bestimmtes studieren. Ich bin ganz einfach losgefahren, weil die Hamburg-Amerika-Linie – oder besser: einer ihrer Direktoren, Werner Traber – die nette Idee hatte, mich zu dieser Reise einzuladen, und weil mir gerade ein Freisemester zustand. Außerdem hatte ich lange recht asketisch gelebt und in mehrjähriger Arbeit den dritten Band meiner „Theologischen Ethik" abgeschlossen.

Statt dessen reizte es mich, das Phänomen einer Schiffsreise mit ihren sehr speziellen Erlebnisformen einzufangen.

Neben dem aber, was so jenseits der Reling an Land- und Wasserwelten eingefangen wird, ist auch der Mikrokosmos des Schiffes selber ein Endliches, in dem man nach allen Seiten greifen und des Interessanten genug erhaschen kann. In den stillen Tropennächten habe ich mit Offizieren und Matrosen viele Gespräche geführt. Denn da verkroch man sich nicht in seine Kammern, sondern setzte sich unter den südlichen Gestirnen an Deck zusammen. Die Art, wie ganz anders gebaute Menschen existieren, die Gesetze der See und des engsten monatelangen Zusammenlebens haben mich aufs höchste interessiert und mir ebensoviel neue Aspekte geöffnet wie der Blick in fremde Städte, in Dschungel und exotische Gesichter.

Diese scharf umgrenzte und höchst eigenartige Erlebniswelt als eine Totalität zu erkennen und dann auch sichtbar zu machen, habe ich mich all die Monate über bemüht und dadurch neue Reichtümer empfangen.

Es geht mir sicher ebenso wie vielen meiner Leser: Aus Büchern und Zeitungen weiß ich eigentlich mehr über die bereisten Länder, als ich von ihnen gesehen habe, vor allem über das politische Brodeln im Nahen und Fernen Osten, über das Rütteln an den Kolonialketten oder das rasselnde Nachschleifen der schon gelösten Ketten, über die Anfälligkeit der Entwicklungsländer für die sowjetische Heilsbotschaft und vieles andere mehr. Ich durfte dieses uns allen geläufige Wissen aber nicht künstlich in meine Tagebücher hineinstopfen. Denn mir stand ja nur zu, von dem zu erzählen, was ich selber gehört und gesehen hatte. Darum mußte ich die Last und den Segen der Einseitigkeit willig auf mich nehmen.

17. Juli 1958

Seit einem Tag liegen wir hier in **Antwerpen**. Gestern konnte nicht geladen werden, weil es den ganzen Tag nur so schüttete. Es war wie die Sintflut. Die Menschen im Hafen, die völlige Stille, die nur von dem immer gleichen Rauschen untermalt war, der Blick auf die benachbarte Hafenstraße, die im Regen schwarz glänzte und auf der frierende Autos dahinflitzten – das alles war beklemmend. An Rausgehen konnte man nicht denken. Ich tröstete mich damit, daß uns die allgemeine Überschwemmung jedenfalls den Keller nicht vollaufen lassen könne, wie sie es sicher bei unserem Hamburger Haus täte. Wir werden wie die Arche Noah inmitten der Fluten immer obenauf sein.

18. Juli

Im Kanal, kurz vor Dover. Diese Nacht um 1 Uhr haben wir in Antwerpen abgelegt.

Vielleicht lag es an der reichen Skala der Wetterformen und auch der Stimmungen, die ich in diesen beiden Tagen durchlaufen hatte, ganz sicher aber an der Nachbarschaft zu dem Ufercafé, in dem ich vom Schiff aus schließlich jeden Ober kannte, daß ich mich in das gemütliche Antwerpen schon sehr eingewöhnt hatte, und daß der Hafen mich nun in Gedanken noch immer begleitet.

Vor allem gilt das von den Beobachtungen beim Laden. Im Hafen von Antwerpen geht es noch sehr altväterisch zu. Die hydraulischen Kräne am Ufer sind uralte Möbel, die der Arbeit mehr im Wege stehen, als daß sie ihr dienlich sind. Darum wird die Ladung mit bordeigenen Kränen in die Luken gebracht. Auch die kleinen Elektrokarren, die auf schmalen Gabeln riesige Gewichte heben und verlagern, gibt es hier nicht. Man zieht die Lasten mit Hilfe von Treckern auf schlittenartigen Brettern hin und her. Die einzige Modernisierung besteht darin, daß Dieselmotoren an die Stelle der Gäule getreten sind. Trotzdem geht die Ladung flink vonstatten. Die Schauerleute von Antwerpen haben einen guten Ruf.

Wenn man stundenlang von der Reling aus den Ladearbeiten zusieht, bildet sich unter der Hand eine Art Weltanschauung, nach der das Leben in einem immerwährenden Einladen, Ausladen und Transportieren besteht. Das Leben als Transport: das wäre eine Spezialisierung der These vom Immer-strebenden-Bemühen und von der ewigen Unruhe des Menschen. Was ist schon alles geschehen, um die Drahtseilrollen, Werkzeugkisten, um die Säcke mit künstlichem Dünger und die Autos in die Güterwagen hineinzuspedieren, aus denen jetzt alles in das Schiff umgepackt wird? Auf wie vielen Fließbändern, Handkarren, auf wie vielen unter- und überirdischen Schienen sind die Teile gerollt, bis sie zusammengefügt wurden, um dann aufs neue transportiert zu werden? Der Augenblick der Herstellung ist geradezu winzig dagegen. Vorbereitung und Transport sind fast alles. Man kocht länger als man ißt. Das

Leben als eine sehr umständliche lange Geschichte, in der alles auf wenige Pointen abgestellt ist: zu einer solchen Philosophie kann einen der Hafen veranlassen.

Überhaupt wird mir klar, daß das **Schiff** etwas Metaphysisches in sich birgt und darum auch immer symbolbildend gewirkt hat:

Der Mikrokosmos des Schiffslebens zeigt alles in übersehbaren Ausmaßen. So wurde mir dieser Tage ein Stück Soziologie klar. Es gibt nicht nur „Latrinen"-, sondern es gibt auch „Bord"-Gerüchte: „In Colombo bleiben wir wahrscheinlich vierzehn Tage liegen, weil da immer Streiks sind", sagt da einer. „Ja, so ist es, und sie kommen bestimmt nicht pünktlich zum Semester zurück", bestätigt ein anderer. „Die Russen haben in Jordanien Fallschirmjäger niedergelassen", steuere ich selbst bei, weil ich mich im belgischen Rundfunk verhört habe. (In Wirklichkeit waren es die Engländer.) „Der Suezkanal soll schon wieder gesperrt sein. Wir werden um Afrika herummüssen", so unkt ein Matrose, mit dem ich klöne. Lauter beunruhigende Gerüchte.

Plötzlich wird mir das Gesetz klar, das solche Gerüchte entstehen läßt: Die Ruhe im Hafen bei strömendem Regen, die erzwungene Untätigkeit lassen in Verbindung mit dem gehemmten Reisetrieb der Zugvögel solch trübe Gedanken aufkommen. Langeweile schafft sich mit Hilfe von Sorgen wenigstens Gemütssensationen.

Aber noch eine andere Vorbedingung muß erfüllt sein (und gerade sie ist es, die hier ein Stückchen Soziologie aufhellt): Man muß ungenügend oder nur halb unterrichtet sein, damit aus diesem trüben Gewässer Blasen aufsteigen können. Genau das war bei uns der Fall: Kapitän und Funker – die Leute also, die an guten Nachrichtenquellen saßen – konnten sich in diesen ersten Tagen nicht bei uns sehen lassen. Das kümmerliche Kofferradio reichte nicht aus und die Zeitungen waren schon zu alt. Wir lebten in einer zweigeteilten Gesellschaft, die in solche zerfiel, die Bescheid wußten, und in solche, die nur vermuteten. Das ist der Nährboden für dunkle Parolen. Alle Gerüchte waren plötzlich zur Unwirklichkeit zerblasen (man muß ordentlich Anstrengung darauf verwenden, um sich überhaupt an sie zu erinnern), als wir gestern abend mit Kapitän und Erstem Offizier im Rauchsalon zusammensaßen und mit soliden Meldungen versorgt wurden.

19. Juli

Morgens. Im Golf von Biskaya. Gestern war wohl der strahlendste Seetag, den ich je erlebte. Die alten Hasen sagen: Eine so ruhige, sonnige Kanaldurchfahrt, bei der auf beiden Seiten Land zu sehen ist und Frankreich und England zugleich herübergrüßen, sei nur ganz selten. Tiefblaues Meer, leichte Brise, funkelndes Licht. Alles war wohlgelaunt. Statt des nervösen Ausgucks in undurchsichtigem Nebel, statt des dumpfen Heulens der Nebelhörner, das von vielen Schiffen zurückgegeben wird, herrschte nur heitere Unbesorgtheit.

Der Kapitän ist überaus nett und väterlich und ruft uns auf die Brücke, um den Passagieren die strahlenden Kreidefelsen von Dover zu zeigen. Das Schild „Zutritt verboten", das seine Wirkung auf uns deutsche Gemüter mit ihrem Behörden-Trauma bisher nicht verfehlt hatte, wurde von ihm als „rein platonisch" bezeichnet. Wir bekamen Pauschalerlaubnis für den jederzeitigen Besuch der Brücke, sei es bei Tag, sei es bei Nacht.

Die unerhörte vitale Erfülltheit bei diesem Wetter scheucht jeden Gedanken an die etwas trübe und besorgniserregende Weltlage fort. Plötzlich kommt eine vegetabilische Unbesorgtheit über einen. Wir schwimmen durch die Elemente Wasser, Luft und Licht, die unzerstörbar scheinen. Und die lange physikalische Überlegung, daß auch diese Urgerüste der Welt von Menschenhänden zum Einsturz gebracht werden könnten, ist im Augenblick unerschwinglich. Die Überwältigung durch die Anwesenheit der Elemente ist jeder Reflexion überlegen.

Die Passagiere haben sich unterdessen schon zusammengefunden: Außer mir ist noch Frau V. mit ihren beiden Töchtern an Bord; dazu Herr N., der als Beamter an die Deutsche Botschaft in Tokio versetzt ist. Frau V. ist in Japan aufgewachsen, spricht japanisch als zweite Muttersprache und fährt jetzt mit den beiden jungen Damen nach Hongkong, wo ihr Mann in den nächsten Jahren seine Firma vertreten wird. Schon die ersten Unterhaltungen zeigen, daß Frau V. eine Säule unserer kleinen Schiffsgemeinschaft sein wird: Sie ist eine höchst gebildete Kennerin der Länder, in die wir reisen. Ich freue mich, mit ihr und dem Kapitän, der ebenfalls ein alter Ostasienfahrer ist, an einem Tisch zu sitzen. Ein Land gleichermaßen von innen und außen zu sehen, es sowohl an seinen eigenen Maßen messen zu können als auch über die Maßstäbe und Kategorien einer anderen Kultur zu verfügen: das ergibt sicher die fruchtbarsten Aspekte. Eine bessere Vorbereitung auf den Fernen Osten kann ich mir nicht wünschen.

Als Lektüre hole ich zunächst Thomas Manns „Joseph und seine Brüder" aus dem Koffer. Hier auf See hoffe ich endlich wieder den langen Atem zu haben, um ähnlich wie einst in meiner Kindheit weiträumige Epen zu lesen, aber die vorüberziehenden Schiffe und die fernen Küsten sind für das Auge zu aufreizend, als daß einen der Liegestuhl halten könnte. So läuft man treppauf und treppab, von Backbord nach Steuerbord, um nichts zu versäumen. Und zwischendurch gibt es immer wieder einen kleinen Klön mit den Matrosen. Sie wollen zum guten Teil auf die Seemannsschule, haben vielfach klare Lebenspläne und verraten trotz allen Schimpfens doch einen gewissen Enthusiasmus für ihr Element. „Wer einmal in dieser Mangel steckt, kommt nicht wieder heraus", sagt einer.

Abends. Heute haben wir nach dem gestrigen Sonnentag den West-Monsun erlebt, der weißschäumende Brecher über Deck schickte und das Schiff schlingern und stampfen ließ. Die Damen haben sich zurückgezogen. Bei diesem Wetter stand ich mit Wonne stundenlang auf der Brücke, um den Tanz der Elemente anzuschauen und es zu genießen, wie das Schiff den anders wollenden Winden unbeirrt seinen Kurs abzwang. Ich finde es schön, aus dem Gepfeife und Gespritze, dem Donnern und Rauschen von Zeit zu Zeit in den Salon zurückzukehren und gepflegt zu essen. Einen Augenblick überlegte ich mir, ob das ein Snobismus der Zivilisation sei, entschloß mich dann aber doch, diese Freude am Gegensatz anders zu deuten:

Gerade die paar Schritte aus Wind und Wetter an den wohlgedeckten Tisch lassen einen die Kultur als Stätte der Geborgenheit und als Umfriedung erleben. Kultur bedeutet ja, daß der Mensch die Natur nicht einfach hinnimmt und sich willenlos von ihr treiben läßt, sondern daß er sich in Distanz zu ihr begibt und sein Eigensein wider sie behauptet. Die Odyssee, die ich jeden Tag in wohldosierten Stücken in mich aufnehme, schenkt einem immer neu diesen Innenraum, in dem die Überhöhung stattfindet. Das homerische Wort von den „bauchigen Schiffen"

drückt genau diese embryonale Umhüllung aus, die dem Seefahrer Geborgenheit inmitten der Elemente schenkt. Die Nähe zu den inhumanen Naturmächten läßt das, was Distanz und Überhöhung ist, mit großer Intensität spüren. Ich merke, wie meine Lektüre in diesen Tagen dem „deinón" (der Fruchtbarkeit und Gewalt) des Menschen gegenüber der Natur genau entspricht: Gottfried Benns „Provoziertes Leben" ist diesem elementaren Druck gewachsen (sein ganzes Werk ist ja eine einzige Auseinandersetzung mit ihm), und ebenso Wilhelm Raabes „Schüdderump" und erst recht die Odyssee. Wie schön, daß ich dies alles bei mir habe und zu wiederholten Malen lesen kann.

20. Juli
Strahlender Sonntag. Schon beim Aufwachen umfächelt einen zum ersten Male der linde Zephirhauch des Südens. Die Matrosen laufen in kurzen Hosen und mit bloßem Oberkörper herum. Nach der Trübe des Hamburger Sommers ist diese Sonne ein einziges Fest. Man merkt es sofort, daß alle hochgestimmt sind und die Verheißung unserer fernen Ziele spüren.

An Backbord begleiten uns — etwa auf der Höhe von Lissabon — lange die Kreidefelsen Cabo de Rocca, die wir mit dem Fernrohr absuchen, wenn es auf der anderen Seite nicht gerade ein Schiff zu sehen gibt. Da wir als Wanderer in Distanz außerstande sind, den Wein all der Länder, an denen wir vorüberziehen, zu probieren, so mache ich doch mit meinem kleinen Gerät wenigstens Stichproben, um ihre *Musik* zu hören. Von der spanischen Küste klingt immerfort die Wildheit des Tanzes und das Klappern der Kastagnetten herüber.

Abends findet im Speisesaal, während die Haut von der empfangenen Sonne brennt und glüht, das große Begrüßungsmahl mit Kaviar im Eisblock, Seezungenfilet in Weißwein mit Champignons und Brüsseler Mastpoularde, mit feinen Gemüsen umlegt, statt. Man müßte der Thomas Mann der „Buddenbrocks" sein, um über Lust und Fähigkeit zu verfügen, das Erlebnis dieser Mahlzeit in gepflegte Prosa zu transponieren. Passagiere in full-dress, Kapitän und Offiziere in strahlend weißer Uniform. Ein festlicher Abend nach diesem Fest des Lichtes.

Irgendwann am Nachmittag aber — das muß noch nachgetragen werden —, als wir durch den Sonnenglast dahintrieben, überfiel mich plötzlich

die Erinnerung daran, daß heute der gleiche 20. Juli ist, an dem 1944 mit dem mißglückten Attentat auf Hitler die deutsche Widerstandsbewegung zusammenbrach und an dem viele meiner Freunde in die Schrecken von Folter und Tod gerissen wurden. Es ist dieselbe Welt, in der beides möglich ist: diese entrückte Seligkeit im südlichen Glast und die Qual in den Folterkammern. Mir fällt der letzte Vers des 104. Psalms ein — dieses Liedes, in dem Erdreich und Wolken, Licht und Winde transparent werden für die majestätische Güte des Schöpfers. Und dieses Lied schließt — so abrupt, daß die Philologen den Schlußvers für unecht halten — mit dem bestürzenden Wunsche: „Der Sünder müsse ein Ende werden auf Erden."

Nur an der einen und einzigen Stelle, die vom *Menschen* spricht, klingt ein balladenhafter, dunkler Ton auf. Es liegt in der Tat nahe, daß dieser Vers hier auf mich zudrängt: Inmitten der Elemente, die in unbewußter Feier den Schöpfer loben, zieht dieses Schiff dahin mit uns menschlichen Wesen an Bord, die als einzige — und darum einsam unter allen Kreaturen! — ihre Vergangenheit mit sich tragen, die im Jetzt mit der Fracht ihrer Freiheit beladen sind, und die zugleich sorgend und hoffend, weil mit Wissen belastet, ihrer Zukunft entgegensehen: ein winziger Punkt des Bewußtseins inmitten des Ozeans, der nur bewußtlos und kreatürlich einfach „ist". Ich denke jeden Tag an die Brüder, die in östlichen Gefängnissen leiden, vor allem Sch. Es bedarf einer gewissen Anstrengung der Meditation, um lebendiges Gedenken in sich zu erzeugen. So polar sind die Situationen.

Woran mag es liegen, daß dies Gedenken hier viel weniger quälend ist als sonst? Ist es die Euphorie des Augenblicks, die den Ernstfall beinahe zur Unwirklichkeit verweht? Oder ist es ein Stück jener „natürlichen Theologie", die mir theoretisch so fragwürdig ist und die sich hier, aller Theorie zum Trotz, mit Übermacht aufdrängt: jener natürlichen Theologie, die im Erlebnis verdeutlicht, wie wir alle in diesen Kosmos eingestückt sind, und wie der Kosmos selber von ewigen Händen gehalten ist? Vielleicht ist es auch die tägliche Lektüre der Odyssee — dieser Seefahrtsgeschichte, die von der tröstenden und bedrohenden Anwesenheit göttlicher Mächte berichtet —, die mir dieses Wissen der Geborgenheit zuraunt. Was wäre das Meer, wenn nicht die schöpferische Phantasie der Dichter es für unseren

125

Blick aus der formlosen Urflut in ein gestaltetes Bild verwandelt hätte, an dem unser Erleben nun Maß nimmt und selber Ordnung empfängt? Homer hat die ungebärdigen Elemente der Welt urbar gemacht. Nun erst wird aus dem flammenden Himmel der Tagesfrühe das Signal der rosenfingrigen Eos, wird die Bewegung der Wellen zum Rhythmus eines gesteuerten Geschehens und wird der Horizont zur Grenzlinie eines Unerforschlichen, das sich schrittweise enthüllt.

21. Juli
Nach apollinischer Nacht, die uns Gelassenheit und Weite schenkte und uns noch lange an Deck hielt, ist heute ein etwas trüber Tag. Man empfindet diese Verteilung von Trübe und Helle als glückliche Dosierung, weil ein weiterer Sonnentag dieser Größe fast zu mächtig wäre.

Um 11 Uhr passieren wir den Felsen von Gibraltar. Ich spüre ordentlich das asketische Dasein der Soldaten, deren Wohnungen in die Felsen hineingebettet sind, in ein ernstes karges Gestein, unfruchtbar und ohne Grün, ein Symbol trauriger Notwendigkeit und gleichsam ein steingewordenes Mißtrauen. Wie wenn diese Gedanken bestätigt werden sollten, blinkt ein Scheinwerfer herüber, der Auskunft über unser Woher und Wohin heischt.

Die Ost-Schräge des Felsens besteht zum großen Teil aus einer gewaltigen glatten Betonwand, die Regenwasser auffangen soll. Auch Meereswasser wird aufbereitet, um hier menschliches Leben zu ermöglichen. Im leichten Nebel und unter einer dicken Wolkenwand fahren wir an diesem drohenden Meerberg vorüber. Kaum aber sind wir im Mittelmeer, ist die Sonne wieder da.

22. Juli
Morgens 10 Uhr auf der Höhe von Tunis. Gestern fuhren wir von Mittag an etwa durch plötzlich einfallenden dichten Nebel, der in einer schmalen Schicht von etwa dreißig Metern auf das Wasser gepreßt war. Darüber war blauer Himmel. Die Maschine lief nur mit halber Kraft. Manchmal schlichen wir noch langsamer.

Sofort wurde die Laune etwas schlechter. Vor allem das brüllende Nebelhorn, das alle paar Minuten aufheulte, ging einem auf die Nerven und tat auch den Ohren weh. Zwischendurch riß der Nebel immer wieder auf, und wir waren jäh in gleißendes Sonnenlicht entrückt. Kaum aber hatten wir für einige Meilen voll

aufgedreht, brach die Waschküche wieder über uns herein.

Doch nach dem Abendessen lichtete sich alles. Anstelle der Schwüle, die den rauchigen Atem der Dampfsirene sich klebrig auf unseren Hemden niederschlagen ließ, wehte uns nun ein unbeschreiblich linder südlicher Lufthauch an. Backbord tauchte in der hereinfallenden Dämmerung noch die riesige Silhouette der Sierra Nevada auf. Delphine tummelten sich mit einer Lebenslust, die ansteckend wirkt. Der Sternenhimmel zog hoch über uns auf. Bis Mitternacht stand ich auf der Brücke und unterhielt mich mit Erwin, dem Wachmatrosen, einem kleinen Oberbayern aus Traunstein. In dieser südlichen Nacht bayrischen Dialekt zu hören, war überaus reizvoll. Er wechselte den Ausguck alle zwei Stunden mit Harry, einem Kölner Jungen, der so südländisch wirkt, daß er in Mexiko von den Mädchen als Einheimischer anerkannt wurde – allerdings nur so lange, bis er den Mund auftat.

Doch bis dahin hatte er jeweils – wie er berichtete – die Herzen schon genügend entflammt. Die ambrosische Nacht löste die Zunge und wir sprachen so über das Leben im allgemeinen, wozu es da ist, und was man tun kann, daß es einem gelingt.

Ich freue mich, wie bewußt und planvoll einige dieser Jungen das Leben ansehen und anpacken. Sie wissen inzwischen, daß ich Theologe bin, und sicher richten sie ihre Gespräche manchmal darauf ein. Ich habe aber nicht den Eindruck, daß sie mit ihren Gedanken Theatermonologe äußern, viel eher empfinde ich es so, daß sie mir eine Seite ihres Wesens zukehren, die sie sonst sorgfältig verhüllen, die ihnen aber doch eigen und darum echt ist. Ich gebe ihnen die eine oder andere kleine Schrift von mir, und es ist sicher nicht nur Höflichkeit, wenn sie dann bei der nächsten Gelegenheit darüber reden.

Heute beim Frühstück ein Erlebnis, das einem unter die Haut geht. Peter, der kleine Steward, stürzt herein: Ein Hapag-Schiff kommt. Mit einem Satz sind wir am Fenster und tatsächlich: In geringem Abstand fährt unser Schwesterschiff „Leipzig" an uns vorbei. Die Nebelhörner stimmen eine brüllende Begrüßung an, die Flaggen werden gedippt, und auf beiden Seiten winkt man aus Leibeskräften herüber. Es ist ein unbeschreiblich festlicher Anblick, die „Leipzig" vor dem Hintergrund der bergigen Küste Afrikas vorüberzie-

hen zu sehen. Die gemeinsame Heimat wird plötzlich jenseits aller Sentimentalität ein Bindeglied, das erst die Fremde manifest werden läßt.

Immer wenn ich das Radio aufdrehe, scheinen Moschee-Liturgien aufzuklingen. Wahrscheinlich klingt die Musik für unser europäisches Ohr nur so muselmanisch. In Wirklichkeit mag es Unterhaltungsmusik sein.

Wenn wir mittags im Liegestuhl liegen, stolziert die kleine zahme Taube um uns herum, die auf dem Schiff Zuflucht gesucht hat. Alle lieben sie, und immer wieder rennen Passagiere und Matrosen ans Küchenfenster, um etwas Futter für sie zu holen. Auch für sie ist das Schiff der Ort der Geborgenheit. Seine umfriedete Trockenheit verbindet dies kleine Tier mit uns Menschen. Wir leben beieinander wie auf der Arche Noah. Aber wenn die Taube auf das Meer hinausäugt, wie auch wir Menschen das tun, dann sieht sie es weder ästhetisch noch als ein Element, das Aufgaben stellt und zum Kampfe herausfordert, sondern dann ist es für sie der Bereich des Feindlichen und Tödlichen. Vielleicht ist die Taube in diesem Punkte den biblischen Menschen näher als wir. Denn auch für sie ist das Meer ein Element des Chaos und des Verschlingenden.

21. August
Brütende Hitze. Versucht man zu schreiben, so klebt das Papier am Arm fest. Klebt es nicht, so fliegt es vom Winde weg. Das Schiff ist ganz erfüllt von der Erwartung Japans. Kein anderes Land übt auf alle – vom Jungmann bis zum Kapitän – eine solche Faszination aus. Wir fahren noch etwa vierzehn Stunden bis Yokohama.

Heute morgen begegneten wir einem größeren amerikanischen Flottenverband, der wohl durch die Formosa-Krise zitiert wurde. Ein großer Flugzeugträger war von U-Booten und Zerstörern umgeben. Eine Menge Flugzeuge schwirrte in der Luft, darunter einige Helikopter. Wir beobachteten gespannt das Starten und Landen der Flugzeuge. Sie umflogen grüßend unser Schiff. Wir antworteten mit dem Flaggengruß.

Nach dem knallheißen Tag ist die abendliche Brise lind und erfrischend. Die Sterne flimmern sanft. „Still ruh'n oben die Sterne und unten die Gräber" – was mag der Meeresgrund alles bergen! So gehe ich noch auf das Vorderdeck, auf dem es völlig dunkel und still ist, und wo das Schiff wie ein leiser Kahn durch eine

Die folgenden Farbfotos wurden von Herrn
Professor Thielicke während dieser Reise
gemacht und wurden uns liebenswürdiger-
weise von Frau Marie-Luise Thielicke aus
seinem Nachlaß zur Reproduktion zur Verfügung gestellt.

Sie stellen nur eine kleine Auswahl derjenigen
Menschen dar, die ihm auf dieser Reise begegnet sind und die im Mittelpunkt seiner
vielschichtigen Reisebeschreibung standen.

sommerliche Nacht zu gleiten scheint. Ob die Kinder schon aus dem Urlaub zurück sind? Was jetzt meine Studenten machen? Es liegt ein kleiner Schmerz darin, daß die Hörsaal-Gemeinschaft zweimal im Jahr zerbricht und in alle Winde auseinanderstiebt. Wenn ich heimkomme, werden es wieder neue Gesichter sein.

23. August

Tokio. Gestern kurz nach sechs Uhr – wir steuerten Yokohama an – kam der Lotse an Bord und überbrachte mir die Mitteilung, daß ich im Union Theological Seminary in Tokio um zehn Uhr zur Vorlesung erwartet würde. Über das Thema und die Sprache enthielt der Zettel keine Angaben. Das war mir ein ziemlicher Schlag. Vor Monaten hatte man mich freilich um einige Vorträge gebeten. Ich bat aber kurz vor der Abfahrt, davon Abstand zu nehmen, weil ich die Tage in Japan gern ausschließlich auf Reisen, Sehen und Besprechen verwenden wollte. Die acht Tage, während deren ich in Japan herumreisen kann, bis das Schiff mich in Kobe wieder aufnimmt, sind ja selbst bei sehr überlegter Disposition reichlich kurz.

Nun blieben mir noch zwei Stunden, in denen ich meine Papiere durchwühlen konnte, um etwas Passendes zu finden. Ich wählte ein Thema über Historismus und Existentialismus, das ich auch in englischer Fassung besaß. Während ich so „maikäferte", bemerkte ich nicht, daß wir inzwischen eingelaufen waren, und war sehr überrascht, als ich von einem Vertreter der Botschaft, der Ev. Akademie, der Ostasienmission und meinem Physiker-Freunde Tadasu Suzuki in meiner Kabine aufgesucht und gleich zur Fahrt nach Tokio abgeholt wurde. Mit dem jungen Japaner kam es zu einem besonders herzlichen Wiedersehen: Er hatte in Hamburg meine Vorlesungen gehört und hat eines meiner beiden japanischen Bücher übersetzt.

In etwa einstündiger Fahrt bringt uns das Auto nach Tokio. Je näher wir kommen, um so verwirrender wird der Autoverkehr. Ich habe den Eindruck, daß dieses motorisierte Gekribbel und Gekrabbel auf den Straßen selbst noch amerikanische Verhältnisse übertrifft. Schon kurz nach Beginn der Fahrt fällt mir auf, daß ich zum ersten Male wirklich in einem exotischen Lande bin. Denn während man in Penang, Singapore und Hongkong immer wieder englische Inschriften auf den Straßen eingestreut fand, ist hier kein westlicher Buchstabe zu entdecken.

Als ich den Freunden das sage, weiß jeder – außer dem Japaner natürlich – über Abenteuer zu berichten, die er bestehen mußte, wenn er irgendeine Adresse finden oder einem Taxifahrer sein Ziel klarmachen wollte. Mir entfährt ein Stoßseufzer der Erleichterung, daß ich in der Hut zuverlässiger und wegekundiger Begleiter bin.

Bald fahren wir bei der Fujimo-Kirche vor, wohin das Union Seminary die Vorlesung verlegt hat, und ich bin ganz erstaunt, wie viele Professoren und Studenten verschiedener Hochschulen sich trotz der Ferien eingefunden haben. Schon unterwegs hatte ich zu meiner Erleichterung erfahren, daß ich deutsch sprechen kann und daß ein vorzüglicher Übersetzer zur Verfügung steht.

Tatsächlich ist es erstaunlich, mit welcher Gewandtheit der Kollege den nicht ganz leichten Text ins Japanische überträgt. Ich merke an der Diskussion, wie genau und sachkundig seine Arbeit gewesen sein muß.

Wegen der schrecklichen Hitze, die durch den Zivilanzug noch drückender ist, werde ich immer angefächelt, und auch im Publikum sind die Fächer in ständiger Bewegung.

Bei der Diskussion stelle ich mit Erstaunen fest, in welchem Maße deutsche Fachliteratur, auch meine Bücher, bekannt sind. Sehr viele Japaner, die kein Wort Deutsch sprechen und auch das mündliche Deutsch kaum verstehen, sind doch imstande, die gedruckte Sprache in sich aufzunehmen. Es mag mit den japanisch-chinesischen Schriftzeichen zusammenhängen, deren „Charakter" und Bedeutungsgehalt nicht an Sprachgrenzen gebunden ist und die darum eine größere Verständigungsmöglichkeit als das gesprochene Wort bieten, daß der Japaner ganz anders als wir die Sprache von der Schrift her erfaßt.

Als ich mich verabschiede, um zur Deutschen Botschaft zu fahren, empfange ich einen ersten Eindruck von der japanischen Fähigkeit, einen Dank auszudrücken und in eine sinnfällige Form zu kleiden. Von der Tür bis zu dem etwas entfernt stehenden Auto bilden die Studenten Spalier und verneigen sich beim Vorbeigehen tief. Dabei strahlen sie vor Freude und Herzlichkeit.

Der stellvertretende Botschafter – der Hausherr selber ist noch auf Europa-Urlaub – empfängt mich wie einen alten guten Bekannten und hat meinen japanischen Freund gleich mit eingeladen. Er zeigt mir das Botschaftsgebäude, erklärt mir die „Ahnengalerie" und führt mich auf das brütend heiße Dach, von dem aus man einen guten Überblick über Tokio hat.

Dann fahren wir mit einigen Herren der Botschaft zum Mittagessen in ein ausgesprochen japanisches Restaurant: Tempura-an. Man möchte mir einen ersten Eindruck von Japan verschaffen, der mir diese neue Welt gleich von einer möglichst charakteristischen Seite zeigt.

Am Eingang erwarten uns zwei zierliche Kellnerinnen in Geisha-Tracht, die sich auf Knien immer wieder bis zum Boden verneigen und uns Pantoffel hinhalten. Man kann ja unmöglich ein japanisches Haus im Straßenschuhwerk betreten. Als sie feststellen müssen, daß mir keines der zierlichen Fußmöbel paßt und ich deshalb auf Strümpfen hineingehe, freuen sie sich königlich und lassen ein girrendes, zierliches Gelächter erklingen.

Für uns sind zwei Speiseräume reserviert. Aber ehe wir uns in dem einen an der Tafel niederlassen, die nur wenige Zentimeter über den Boden erhöht ist, sehe ich mich in dem weiten kultivierten Raum um. Das, was mir nun von Tag zu Tag vertrauter werden muß, begegnet mir hier zum ersten Male. Darum meint man förmlich das Rauschen und Schäumen zu vernehmen, mit dem das Neue jede Minute neu in einen einströmt. Der Raum ist von Schiebewänden aus Papier und Holzgittern begrenzt. Die edlen einfachen Linien dieses Raumes, der ohne Mobiliar ist und nur durch sich selber wirkt, strahlt eine ruhevolle Kultur aus.

Als die Schiebetüren nun geöffnet werden, um die Luft besser hereinzulassen, sitzen wir plötzlich inmitten eines der berühmten japanischen Gärten, der den Mikrokosmos einer Landschaft mit Bäumen, kleinen Bergen, Flüssen und Brücken darstellt. Und überall plätschert Wasser, das die Suggestion von Kühle vermittelt.

Wir nehmen vor dem Tisch auf Strohmatten Platz. Die Mädchen sprechen mit den japanisch redenden Herren in ihren zwitschernden, sanften Lauten und bringen uns zunächst auf schönen Schalen feuchte Tücher, mit denen wir unser Gesicht erfrischen und die sie während der Mahlzeit immer wieder erneuern. Sie reichen die Speisen in zierlichen Gefäßen und Schälchen, jeweils mit feierlich wirkenden zeremoniellen Gebärden, stets auf den Knien und mit unzähligen Verneigungen.

Als es mir nach der kleinen Übung, die ich in Hongkong absolviert habe, diesmal besser gelingt, mit den Stäbchen zu essen, klatschen sie begeistert und doch zierlich verhalten in ihre Händchen und lassen wieder ihr silbernes Gelächter ertönen. Während der Koch vor unseren Augen das Essen bereitet, während er kocht und mixt, während er streut und begießt, werden immer neue Kleinigkeiten und Herrlichkeiten serviert, und ich bin eigentlich erstaunt, daß mir die vielen rohen Fische, der Seetang und die scharfen Gewürze und Tunken sehr gut munden.

Es gibt unter anderem Maki-zushi, das ist Reiskuchen mit Ingwer, vermischt mit Gemüse und kleinen Aalstücken, das Ganze in dünne Seetangscheiben eingerollt; ferner in Lackschalen servierte japanische Rettiche in Salzlake mit Rosinen, Daiku genannt, und gehacktes Schweinefleisch mit Karotten, Bambussprossen und Tarowurzeln in Soya-Sauce. Zu den Spezialitäten dieser gepflegten Gaststätte scheinen Krebse zu gehören, die in Teig getaucht und in Öl gebacken werden. Man nennt sie Tempura. Die Heiterkeit, die das Auge genießt, wenn der Blick durch den schönen stillen Raum geht oder in die Spielzeugwelt des kleinen Gartens hinausschweift, die Zeremonien, das Servieren und Kochen und nicht zuletzt die gelöste Freundlichkeit der Menschen in diesem Raum tragen sicher dazu bei, daß der an sich fremde Geschmack verklärt wird.

Nach dem Essen holen mich einige Japaner ab, die mir Tokio zeigen wollen. Obwohl sie schon lange im Haus angekommen waren, ohne daß wir eine Ahnung hatten, melden sie sich nicht, sondern warten mit stiller Ergebung und rührend rücksichtsvoll in einem Nebenraum, bis wir von uns aus aufstehen. Schon an diesem ersten Tage bin ich immer wieder vom Zartgefühl der japanischen Menschen angerührt.

Obwohl die Botschaft schon einen Plan ausgedacht hatte, wie sie mich durch Tokio führen könne, haben die japanischen Freunde nicht nachgegeben: Sie möchten mir selbst ihre Stadt zeigen. Außer Freund Suzuki sind es der Internist Dr. Odagiri, der Nationalökonom Dr. Watanabe und der Theologieprofessor Sakaeda. Ich freue mich, daß sie deutsch kön-

nen und einen großen Teil meiner Arbeiten gelesen haben. So gibt es von vornherein viele Gesprächsthemen, die uns verbinden.

Wir besuchen vor allem eine Anzahl von Shinto-Schreinen, in denen berühmte Japaner als Gott verehrt werden. Besonderen Eindruck macht mir das zum Heiligtum ausgestaltete Haus des Generals Nogy (Nogyjinjya), der beim Tode des großen Restaurationskaisers Meiji im Jahre 1867 Harakiri machte. Ein balkonartiger Steg, von dem aus man durch die verschlossenen Fenster in die Innenräume sehen kann, führt um das ganze Haus herum. Man sieht die Schlaf- und Wohnräume im altjapanischen Stil und auch den Raum, in dem der General mit seiner Frau den rituellen Selbstmord beging. Der Tempel des Kaisers Meiji selbst liegt inmitten von ausgedehnten parkähnlichen, feierlich wirkenden Anlagen, auf deren breiten und wohlgepflegten Wegen sich eine wahre Völkerwanderung bewegt. Der Sengaku-ji-Schrein, der an siebenundvierzig Samurai-Ritter erinnert, die 1867 Harakiri begingen, ist mit einem Museum verbunden, in dem die Ritter in abenteuerlichen und furcherregenden Holzplastiken, mit Panzern und kostbaren Gewändern bedeckt, ausgestellt sind: eine höhere und durch Tradition geweihte Form des Panoptikums.

Um zu diesen Shinto-Schreinen zu gelangen, bewegt man sich durch drei hohe, in weitem Abstand voneinander aufgebaute Portale, die entweder aus gewaltigen Holzstämmen gezimmert oder aus Bronze gegossen sind (wie bei Kaiser Meiji), und betritt dann meist breite Alleen, die einem sofort auf eine nicht erklärbare Weise den Eindruck des Numinosen vermitteln. Man fühlt sich der Ausstrahlung des Sakralen überantwortet.

Ehe man an den Schrein selbst kommt, trifft man auf ein überdachtes Wasserbecken, an dem die Menschen mit Schöpflöffeln ihre Hände begießen, um sich kultisch zu reinigen. Ich habe aber den Eindruck, daß man sich diesem Brauche weniger aus zeremoniellen Gründen als vielmehr deshalb unterzieht, weil man sich bei der Hitze etwas abzukühlen wünscht. Dieser Eindruck verstärkt sich, als ich sehe, wie die Menschen sich vor den Schreinen selbst verhalten. Es sind fast nur ältere Menschen, die sich etwa vor dem Schrein des Kaisers Meiji verneigen und zu Beginn und Ende ihrer Andacht in die Hände klatschen. Die

meisten gehen als Museumsbesucher vorüber und zeigen nur ein historisches Interesse. Die Schreine und Tempel scheinen aus religiösen zu mehr nationalen Heiligtümern der japanischen Geschichte geworden zu sein, und die riesigen Besucherscharen erklären sich vielleicht so, daß der Japaner hier eine Art Kult mit seinem historischen Selbstbewußtsein treibt. Die junge Generation weiß offenbar überhaupt nichts mit einem als Gott verehrten Menschen anzufangen und scheint der religiösen Dimension dieser Kultstätten hilflos gegenüberzustehen.

Einige Jugendliche beobachte ich, die zwar die zeremoniellen Verrichtungen der älteren Leute imitieren. Aber sie tun das wohl nur aus Ulk und scheinen sich dabei sehr zu amüsieren. Sie schauen mich während ihrer Verneigungen interessiert an, machen alle möglichen Kapriolen und wollen offenbar herauskriegen, ob mir das Ganze nur entfernt so viel Spaß macht wie ihnen selbst.

Die Säkularisation scheint die ganze Welt und alle Religionen erfaßt zu haben. Was geblieben ist, dürfte die Kategorie des Religiösen selbst sein, die eine gewisse Sehnsucht nach den psychischen *Neben*wirkungen der Religion wach erhält und die Menschen nach wie vor zu der monumentalen, Sammlung und Besinnlichkeit schenkenden Einfalt der Shinto-Anlagen treibt. Auch der Mensch, der keinen unmittelbaren Kontakt mit der religiösen Wirklichkeit selbst mehr hat und der sich aus ihrem Engagement entlassen fühlt, kann sich schwerlich der distanzierenden Wucht und zugleich der einladenden Gebärde der erhabenen Shinto-Tore entziehen. Hier meldet sich die Unzerstörbarkeit des numen tremendum et fascinosum*.

Aus allen diesen etwas lastenden Gedanken und Gesprächen werde ich immer wieder dadurch herausgerissen, daß die Vorübergehenden mich wie einen Goliath von einem anderen Stern beäugen und sich schrecklich freuen, wenn ich mich bücken muß oder mir den Kopf blutig stoße. Meine Begleiter amüsieren sich über dieses Erstaunen des Volkes sichtlich, und sie tragen dies unser gemeinsames Spießrutenlaufen (gemeinsam deshalb, weil sie mir als kontrastierende Wichtelmännchen beigegeben zu sein scheinen) mit Humor: „Wenn Sie wären Japaner, Sie müßten werden Ringer."

* Das Heilige in seiner erschreckend abweisenden und zugleich anziehenden Eigenschaft. Dieser Begriff ist durch den Religionsphilosophen Rudolf Otto geprägt.

Von der Erschlaffung durch die übermäßige Hitze und die Überfülle der Eindrücke erholen wir uns in dem riesigen, sich in fünf hohen Stockwerken übereinander türmenden Café-Palast „Weiße Kutsche", wo ich wieder einmal das kühlende Labsal der Klima-Anlage genieße. Der gewaltige Kasten besitzt keine Fenster. Die einzelnen Stockwerke sind um einen durchgehenden Schacht gruppiert, dessen obere Grenze ein Deckengewölbe in buntem angestrahltem Mosaik bildet, während er unten in einer erleuchteten Vertiefung endet, wo bunte Vögel flattern und ebenso farbige Fische hinter gläsernen Wänden spielen. Wenn der Chinese Synthesen mit dem Amerikanismus eingeht, scheint er unsicher zu werden, während der Japaner das eher zustande bringt und einen Schuß von Eigenem hineinzumixen weiß, das sich widerspruchslos in die fremde Konzeption einfügt. Vielleicht liegt das daran, daß der Chinese origineller ist und sich darum nur um den Preis der Selbstaufgabe angleichen kann. (Wird es darum auch zu einer Selbstaufgabe kommen, wenn er dem fremden Gewächs des Kommunismus begegnet und sich mit ihm einläßt?) Demgegenüber scheint der Japaner eine lichtempfindliche Platte zu sein, die in mehr rezeptiver Weise Eindrücke und Gedanken von außen her aufnimmt, ohne daß er dieses Andrängende oder auch sich selbst dabei verbiegt. Natürlich ist das alles undifferenziert gesagt. Denn sicher gibt es auch bei ihm Originelles und ebenso auch Verbiegungen.

Während wir über alles dies sprechen, traue ich meinen Ohren kaum, als die Kapelle plötzlich Mozarts Kleine Nachtmusik spielt. Meine Freunde lächeln sich vielsagend zu. Dies Lächeln ist nur einer von mehreren Indizienbeweisen, daß sie es mir bestellt haben. Aber sie sagen es nicht. Mich macht die Zartheit ihrer Gastfreundschaft fast noch glücklicher als die vertrauten Töne. Sie strahlen, als sie merken, wie ich mich freue. Einen Dank anzubringen, haben sie mir mit dem Raffinement ihrer Höflichkeit unmöglich gemacht.

27. August
Kyoto. Für heute abend ist der Taifun „Grace" angekündigt, der seit Tagen durch alle Radio- und Pressemeldungen geht. Ein Anruf bei der Agentur, zu dem mich die Sorge um unser Schiff treibt, ergibt, daß es ebenso wie die anderen Schiffe Befehl erhalten hat, aus dem Hafen von Kobe auszulaufen und den Taifun draußen zu überstehen. Im Hafen ist der Auf-

enthalt zu gefährlich, weil die Taue reißen, die Bordwände an den Kais eingedrückt und die Schiffe möglicherweise sogar an Land geworfen werden können. Ich denke sehr an die Menschen auf dem Schiff, mit denen ich so gute Kameradschaft halte, und bin traurig, daß ich jetzt nicht bei ihnen bin.

Den Vormittag verdöse ich in der Hotelhalle. Ich muß einfach ein bißchen verdauen und verschnaufen. Und das bewegte Leben in einer solchen Halle, das man von einem bequemen Sessel aus als passiver Zuschauer genießt, versetzt einen genau in den Mittelraum zwischen völliger Ruhe und blinzelnder Beobachtung, wie sie aus dem Leben der Katze vertraut sind …

Schließlich kommt Professor Ito wieder zu mir und kurze Zeit später Pfarrer K., der Dozent an den Universitäten von Kyoto und Tokio ist und mit dem ich mich vom ersten Kennenlernen an blendend verstehe. Hier ist wieder – wie bei J. – der Typus eines Missionars, der das Gegenteil jeden klerikalen Funktionärstums ist. Bei aller Erfülltheit von seinem Auftrag setzt ihn ein hohes Maß wacher Selbstkritik instand, das Göttliche und das Menschlich-Allzumenschliche, das Ewige und das Zeitbedingt-Vergehende an seiner missionarischen Position zu erkennen und auch die Anfechtung auszuhalten, in die das vorbehaltlose Eindringen in die fremde Wertwelt führen kann. Was er an Sendungsbewußtsein in diesem Schmelztiegel opferbereiten Verstehens hat läutern lassen, ist echt, substantiell und glaubwürdig. Hier gibt es keine halbgebildete Besserwisserei und keinen Glauben, dem es durch Weltfremdheit leicht gemacht ist. Hier ist jemand – unter den großen Missionaren gibt es das –, der in den Abgrund des Relativismus geblickt hat, so daß der Abgrund – wie Nietzsche sagt – fast auch in ihn zu blicken drohte, der sich aber gnadenvoll und immer neu von ihm zurückgerissen weiß. Diesem Manne werde ich jedes Wort glauben.

Er lädt mich ein, und ich bleibe den Rest meiner Zeit in Kyoto in seinem gastlichen und behaglichen Haus, das westliche und östliche Kultur gleichermaßen birgt. Herr K. ist Schweizer, und ich freue mich, das vertraute Schwyzer-Dütsch hier zu hören. Nun habe ich anstelle von Freund J., der zu einer dienstlichen Reise wegfahren mußte, wieder einen Mentor. Ob wir in diesem solid gebauten Hause den Taifun über-

haupt spüren werden? Das Radio verfolgt seinen Weg in stündlichen Meldungen und gibt Verhaltensvorschriften. Bisher sind fünf Menschen umgekommen. Alle Ortschaften an Flüssen, die er auf seinem Wege berührt, sind evakuiert worden.

Ehe aber der Taifun zwischen acht und neun Uhr abends über Kyoto hinweggehen wird – der erste übrigens, seit fünf Jahren –, soll für mich noch ein Höhepunkt meines Japanaufenthaltes kommen:

Ein großer – vielleicht der größte – Meister und Erforscher des Zen-Buddhismus hat mich in seinen Tempel und zu einem Gespräch eingeladen. Er nennt sich als Autor in der Öffentlichkeit Hoseki und heißt mit seinem bürgerlichen Namen S. Hisamatsu. Drei japanische Professoren und mein schweizerischer Gastgeber begleiten mich. Professor Ito hat wieder die Aufgabe des Dolmetschers übernommen.

Der wilde Regen hat glücklicherweise für kurze Zeit nachgelassen, als wir das weitläufige Tempelgelände betreten und durch mehrere Höfe, überdachte Gänge und schließlich durch einen mit dichtem Gebüsch bewachsenen Garten über gepflegte Moosteppiche zu der kleinen überaus abgeschiedenen Residenz des Zen-Meisters gelangen. Ob dieser Garten hier den Sinn einer botanischen Waberlohe hat, die abschirmen und die Kontemplation des Meisters behüten soll? Daß sich mir das Bild von der Waberlohe nahelegt, mag auch daran liegen, daß die Vorhut des Taifunsturmes schon in das Gebüsch fährt und es auseinanderbiegt und zusammenschlägt, es gleichsam „züngeln" läßt.

Eine Frau steht wartend auf der kleinen Terrasse. Wir werden ihr auch später nicht vorgestellt, so daß ich sie für einen dienstbaren Geist halte. Aber einer der Kollegen erzählt mir nachträglich, daß es die Gattin des Meisters gewesen sei. Als wir dichter an die Terrasse herangekommen sind, fällt sie nieder und verneigt sich, sooft einer von uns vorübergeht, bis zur Erde. Dann läßt sie uns in einen sehr schlichten, schönen Raum – der wiederum kein einziges Möbelstück enthält – auf geflochtenen Matten im Kreise Platz nehmen. Bäume und Buschwerk schmiegen sich dicht an das Haus heran, so daß wir zuerst, solange die Wände noch aufgezogen sind, auf einer kleinen Lichtung zu sitzen meinen.

Der Sturm bewegt die Bambus-Rollos, die die Grenzen des Raumes andeuten. Sicher würden wir bei diesem Grade des Windes hier kaum sitzen können, wenn das dichte Gebüsch uns nicht schützte.

Kaum hocken wir auf dem Boden, tritt der Hausherr ein, und es beginnt ein überaus feierliches und umständliches Begrüßungszeremoniell. Meine Begleiter verneigen sich mit besonderer Ehrfurcht und also besonders tief vor dem Meister. Er selbst in seiner großen Bescheidenheit – sie ist hier sicher nicht *nur* Form, sondern Ausdruck seines Wesens – scheint die Ehrfurcht dadurch abzuweisen, daß er sich seinerseits *noch* tiefer verbeugt und sich wiederholt zur Erde niederwirft. Es ist merkwürdig: Sonst haben mich diese wechselseitig erwiesenen Reverenzen nur „interessiert", hier aber ergreifen sie mich. Man spürt, daß die Form hier bis zum Rande mit dem angefüllt ist, was sie ausdrücken soll. Schließlich hocken wir uns wieder hin, und der Meister in seinem schlichten grauen Gewand hat an der Rückseite des Raumes in der Mitte Platz genommen. Während der allgemeinen Eröffnungskonversation, die sich auf das Wetter und meine Rede bezieht und die also zu meiner Beruhigung sehr allgemein menschlich und konventionell ist, kann ich ihn beobachten. Er ist ein Mann zwischen sechzig und siebzig, zierlich, mit lebhaftem, ungekünsteltem Mienenspiel. Er hat nicht das Gemeißelte, Konzentrierte und Verhaltene von Professor Nitschitani, sondern überaus aufgelockerte Gesichtszüge. Und genauso, wie er aussieht, ist auch seine Gesprächsführung: Er zelebriert kein Weisheitskolleg, sondern behält den Ton schlichten Geplauders bei, auch wenn wir auf die tiefsten Fragen zu sprechen kommen. So nimmt er den Besuchern nach kurzer Zeit jede Befangenheit.

Als kleines Gastgeschenk überreiche ich ihm die englische Übersetzung meines Buches „Zwischen Gott und Satan", in die ich nach japanischer Sitte meine Visitenkarte gelegt habe. Er bedankt sich rührend und mit neuen Verbeugungen dafür und führt nacheinander Buch und Karte an die Stirne. Dieses Beieinander von besonders ausgeprägtem Zeremoniell und leichtem, natürlichem Fluß der Wechselrede macht mir in formaler Hinsicht den stärksten Eindruck.

Nach dieser Ouvertüre gibt Hoseki seiner Frau mit einem Glöckchen das Zeichen, daß die Teezeremonie beginnen kann. Sie vollzieht sich zunächst unter Schweigen. Immer, wenn Frau Hoseki die Tasse einem der Gäste reicht, verneigen sich beide bis zum Boden. Das ist hier keine Besprechung, die vom Minutenzeiger der Uhr diktiert würde, und in der man möglichst schnell medias in res zu steigen versuchte. Hier wird erst mit Umsicht die Haltung präpariert, aus der heraus ein gutes Gespräch stattfinden kann, hier wird erst Kommunikation gestiftet, um die zu besprechende Sache in Bereitschaft zu empfangen. Denn die Teezeremonie soll ein Exerzitium sein, das die „Manieren der Seele" ausbildet. Wir Westler empfinden es in der Regel als sachlich, wenn wir die Gegenstände distanziert und also ohne Rücksicht auf die Person betrachten; hier ist es umgekehrt: Hier wird die Sache an die Person gebunden. Darum muß die Person ein Training durchlaufen, bis sie der Sache begegnen darf. Ich vermute, daß es bei geschäftlichen Besprechungen auch in Japan *nicht* mehr so ist. Aber hier bei dem Zen-Meister ist das Wissen der Tradition noch gegenwärtig und in Kraft.

Der Meister hat mir die Ehre zuteil werden lassen, daß ich bei der Teezeremonie seine eigene Tasse bekomme, die er auch auf seinen Reisen mit sich nimmt. Das wundert mich, denn sie ist sicher drei- oder viermal so schwer wie die üblichen Teeschalen, mit dicken Wänden, völlig asymmetrisch geformt und durch ihre fast groteske Plumpheit beinahe ein wenig befremdlich.

Vielleicht hat Hoseki ein leichtes Staunen bei mir bemerkt, als er mir so verrät, daß dies seine eigene Schale sei. Denn er erklärt mir, daß der Zen-Buddhismus – das geht bis in die Grundrisse seiner Tempel – die Asymmetrie liebt. Er zerbricht sozusagen die Harmonie der Formen und gibt ihnen fast den Anflug des Mangelhaften, um damit zu verhindern, daß die Form durch ihre Vollkommenheit Selbstzweck wird. Die Form soll immer nur Weg und Brücke zur Gestalt sein, sie muß transparent bleiben und die „Uneigentlichkeit" des bloßen Symbols behalten. Sie darf nur Dienerin sein.

Einen Augenblick lang kommt mir der etwas abenteuerliche Gedanke, ob (ausgerechnet!) Bert Brecht in seiner Schauspiellehre mit dem sogenannten „Verfremdungseffekt" nicht etwas ganz Ähnliches gemeint haben könnte. Warum wandte er sich so leidenschaftlich gegen Per-

fektion und Virtuosität des Schauspielers, warum mochte er nicht die ausgebildeten Konzertstimmen der Sänger, sondern wählte sich – etwa in der Dreigroschenoper und für seine Songs überhaupt – Leute, die Rostflecken in der Stimme und rauhe und ungepflegte Kehlen hatten? Er fürchtete sich davor, daß die vollkommene Form dem Spießer im Parkett zu glatt einginge, daß er ästhetisierend im Vorhof der Form stehen bleibe, und daß die Perfektion ihm also behilflich sei, dem Engagement auszuweichen. Darum muß der Hörer durch „Asymmetrie" schockiert werden. Eben das ist sein Verfremdungseffekt. Und will Kierkegaard mit seinem Gedanken vom Skandalon und vom Ärgernis nicht etwas Ähnliches? Er möchte wiederum verhindern, daß das Evangelium zu eingängig, zu harmonisch-erbaulich wird; er möchte nicht, daß der Hörer sich seinem An- und Wider-Spruch entzieht, daß er nur Selbstbestätigung angelt, daß er sich also ästhetisch und nicht ethisch verhalten kann ...

... Es ist ein faszinierender Augenblick des Gesprächs, als wir vor diesem Ungenüge unserer Begriffssprache stehen. Der Mann, der da während seiner Rede gelassen seinen Fächer kreisen läßt, hat nicht nur eine andere Form des Denkens, sondern er schöpft auch aus anderen Quellen des Denkens. Er existiert woanders. Er hat sowohl seine Erkenntnisse wie auch sich selbst aus den Quellen einer Versenkung empfangen, die uns fremd sind. Wir sind nicht entfernt soweit, einen Standpunkt ihm gegenüber beziehen oder mit „kritischen Würdigungen" einsetzen zu können, sondern wir müssen zunächst einfach standhalten und zu verstehen suchen. Wenn ich von „Wir" spreche, dann meine ich nicht die anwesenden Japaner, denen das alles ja sehr vertraut ist, sondern uns zwei europäische Christen, meinen Freund K. und mich.

Wie wenn Hoseki unser Zögern und unser geheimes Bemühen bemerkt hätte, fährt er in seinem Gedankengang fort und sucht uns das Gemeinte an einigen klassischen Symbolen des Zen-Buddhismus zu verdeutlichen, die mir schon von meinem Philosophie-Lehrer Eugen Herrigel ein wenig vertraut sind (dessen Buch über die „Kunst des Bogenschießens" hier in hohem Ansehen steht). Das erste Modell, auf das er uns hinweist, und das in dieser Situation und aus seinem Munde für mich eine ganz neue Lebendigkeit empfängt, ist das Beispiel des Reiters:

Der vollkommene Reiter bildet mit seinem Pferde eine Einheit. Nur darum kann er überhaupt vollkommen sein. Und nur deshalb kann er das Pferd „handhaben". Gerade weil er mit ihm eins geworden ist, hat er die Beziehung der Vollmacht zu diesem Stück Wirklichkeit, das „Pferd" heißt. „Das eins in allem" heißt also, auf diesen Fall angewandt: „Es ist kein Reiter über dem Sattel und kein Pferd unter dem Sattel." Man kann die Einheit, um die es geht, eben nur durch lauter Negationen ausdrükken. Diese Negationen stammen aber nicht daher, daß hier auf ein objektives Nichts gedeutet würde, sondern nur auf ein Nichts in Relation zu den Beziehungen, die uns in der Alltäglichkeit geläufig sind.

Hoseki verdeutlicht das gleiche an der Kunst des Bogenschießens: Es ist bekannt, daß der aus dem Zen-Exerzitium kommende Bogenschütze auf etwa sechzig Meter punktgenau sein Ziel trifft und daß er dann einen zweiten, dritten und vierten Pfeil in den ersten hineinzuschießen vermag. Das beruht nicht auf einem artistischen Training, sondern ist eine mystische Kunst, bei der „Es" den Pfeil abschießt und zum Ziele führt, während der Schütze diesem Vorgang nur als Instrument dienstbar ist. Daß er das aber sein kann, gründet wieder in geheimen Zuordnungen, die ein Einssein bewirken: Der Schütze ist eins mit dem Bogen, der Pfeil ist eins mit dem Ziel, der Bogen ist eins mit dem Pfeil. Aus dieser mystischen, der Versenkung entstammenden Einsicht in den Urkontakt aller Seinselemente wird es möglich, daß Schütze, Pfeil und Ziel Eines *werden,* weil sie schon Eines *sind.* Die unerhörte Treffleistung des mystisch trainierten Bogenschützen stammt folglich – entgegen aller westlichen Denkweise – nicht aus einer kämpferischen „Auseinander"-Setzung mit dem Ziel, dessen Erreichung man erzwingt, sondern jene Leistung entstammt der „Zusammen"-Setzung mit dem Ziel, die nichts anderes ist als der Nachvollzug und die Vergegenwärtigung einer schon *gegebenen* Seins-Einheit.

„Ich muß mich also", sagt der Meister, „als selbständigen Faktor aufgeben, ich muß ein formloses Selbst werden." Dieser Terminus „formloses Selbst" kehrt in seinen Darlegungen immer wieder. Er ist einer seiner Standard-Begriffe.

Auf meine nochmalige Frage, ob es bei diesem formlosen Selbst denn überhaupt noch zu wirklichen Begegnungen von Mensch zu Mensch, Mensch und Tier, Mensch und Ding kommen könne, ob dieses Aufgeben des Selbst noch eine „geschichtliche" Gemeinschaft ermögliche, die im Gegensatz zum bloßen Kollektiv aus personenhaften Einzelnen, ihrem Wider- und Füreinander und ihrer gegenseitigen Respektierung bestünde, und ob statt dessen nicht so etwas wie Geschichtslosigkeit drohe, antwortet Hoseki: „Vielleicht sind Sie immer noch ein wenig durch das Vorurteil belastet, daß das Beispiel von dem Bogenschützen doch eine heimliche zeit- und geschichtslose Identität, also ein konturenloses Einerlei habe aussprechen wollen. Es kommt hier alles darauf an, Sie zu überzeugen, daß ich es anders meine. Es geht gar nicht um eine Einerlei-Setzung, die spannungsvolle Begegnungen zerschlüge oder nicht einmal aufkommen ließe, sondern es geht um das Erlebnis eines kommunikativen Bezuges, in dem alle Seinselemente – also auch Ich und Außenwelt – zueinanderstehen und auf Grund dessen Begegnung und Konfrontation, Umgang und Handhabung allererst *möglich* werden."

Mir fallen verschiedene Denkvorgänge unserer eigenen Geistesgeschichte ein, die möglicherweise dem, was er meint, analog sind. Ich weise auf sie hin, um ihn zu fragen, ob er hier verwandte Anstrengungen des Denkens spüre. So erwähne ich einen Gedanken aus Diltheys Hermeneutik, daß man nur das verstehen könne, was „in der auffassenden Lebendigkeit bereits enthalten" sei. Es gibt also eine vorgegebene Gemeinschaft zwischen einem Text, den wir verstehen möchten, und den Normen, Fragestellungen und Kriterien dessen, der ihn verstehen will; und ebensogut gibt es eine prästabilierte Harmonie zwischen der Struktur der Welt und der Struktur der die Welt verstehenden Vernunft. „Wär' nicht das Auge sonnenhaft, die Sonne könnt' es nie erblicken ...": Dieses Wort Goethes scheine doch auch auf eine vorgängige Einheit von Innen und Außen zu deuten, die jede Verstehbarkeit allererst bedinge.

Plötzlich fällt mir ein, daß der Begriff des formlosen Selbst und der Freiheit eine ganz andere und viel bessere Chance bietet, um Christentum und Buddhismus zu einer Begegnung zu führen und – jenseits aller formalen Analogien – ihre Botschaften aufeinanderprallen zu lassen. Ich erwähne das Wort Luthers von der Freiheit eines Christenmenschen und frage Hoseki, ob er von dieser Freiheitslehre wisse, oder ob ich sie ihm kurz umreißen und dann bitten dürfe, sich von seinem Standpunkt aus zu äußern.

Er gibt zu verstehen, daß ihn das interessiere, und so deute ich ihm das Entscheidende kurz an: Diese Freiheit bedeutet, daß der Glaubende niemandem und nichts mehr untertan ist und daß er trotz seines Innestehens in allen Engagements der Welt (als Leidender, Liebender, Arbeitender, Sterbender usw.) „Haben kann, als hätte er nicht" (1. Kor. 7, 29f.). Er ist also nicht mehr „fixiert", weder durch den Mammon und ein falsches Sicherheitsbedürfnis noch durch seine Endlichkeit, die ihn der Angst überantwortet, noch durch den Zauber der Triebe oder auch des Geistes, der ihn Weltbilder dichten läßt, die ihn nicht mehr in Frage stellen, sondern statt dessen bestätigen.

Dem Meister scheint das paulinische Wort vom „Haben, als hätte man nicht" besonderen Eindruck zu machen. Er unterstreicht es geradezu und möchte es sich wie einen Ausdruck *seiner* Grundhaltung zueigen machen. Ich vermute, *warum* er dies Wort als Geist von seinem Geist verstehen mag: Buddha vertritt zwar die Loslösung von den äußeren Dingen, aber er meint damit nicht, daß man sich nun von ihnen und ihrer aktiven Handhabung auch de facto zurückziehen müsse. Im Gegenteil: Gerade der innerlich Gelöste erhält damit die Freiheit, an der Welt zu handeln, ohne ihr noch zu verfallen. Dieses Wissen um eine neue Möglichkeit des In-der-Welt-Seins wurde Buddha charakteristischerweise nicht zuteil während der Zeit, wo er sich schwersten Kasteiungen unterzog und Kälbermist aß, um Erleuchtung und Erlösung zu erzwingen. Sondern dies Wissen wurde ihm zuteil, als er die *Aussichtslosigkeit* des asketischen Weges entdeckt hatte, als er wieder zu essen begann und sogar Einladungen zu einem gepflegten Mahl annahm. „Haben, als hätte man nicht": darin kommt das Innestehen in der Welt und zugleich die Distanz von ihr zum Ausdruck ...

Es ist wunderbar, wie der Meister zuhören kann, und ich habe nicht den Eindruck, daß es nur höfliche Geduld ist. Obwohl ich, seit wir am Kern des Gesprächs angekommen sind, hin und wieder ins Monologische verfallen bin und doch lieber gerade hier hingehört und gelernt als selber geredet hätte, so tröste ich mich damit, daß Hoseki sich immer wieder erkundigte und mich zu meinen Einwänden und zum Aussprechen meiner Position ermunterte, ja fast nötigte.

133

Vielleicht hat dieser Verlauf des Gesprächs aber auch einen tieferen Grund: daß das Evangelium eben aus dem Worte lebt und das Wort sucht, während der Zen-Buddhismus das Wort flieht und sich in völlig anderen Regionen aufhält. So haben wir beide innerhalb eines Gespräches, das sich des Idioms der Sprache bedienen muß, jeweils einen anderen Ort ...

... Das Gespräch hat sich schon lange ausgedehnt. Regen und Sturm sind stärker geworden, und die papiernen Wände werden zugezogen. Die Stimmung des kleinen Raumes ist noch konzentrierter geworden. Nur für Augenblicke erinnere ich mich, was draußen vorgeht, sonst sind wir alle in unser Thema versunken. Selbst der Schmerz in den Beinen, den das ständige Hocken bewirkt, wird mir kaum noch bewußt.

Ich habe mir vorgenommen, dem Meister noch eine Frage vorzulegen, die Romano Guardini einmal in einem Vortrage aufwarf. Guardini vertrat die These, daß die östlichen, gerade aus dem Buddhismus lebenden Völker wahrscheinlich die Welt der Technik besser bewältigen würden als die säkularisierten Westler. Denn die westlichen Menschen seien weithin ihrer inneren Substanz beraubt, sie seien so der Außensteuerung hilflos erlegen und würden darum – das Schicksal des Goetheschen Zauberlehrlings wiederholend – von der Technik entführt. Die östlichen Völker dagegen lebten noch mehr aus der Innensteuerung und würden dem technischen Phänomen insofern mit größerer Gelassenheit und Distanz begegnen. Und wenn ich auch wisse – so füge ich meinem kleinen Referat hinzu –, daß die Weisheit und das Nach-Innen-Gewandtsein, wie er, Hoseki, es vertrete, zur Ausnahme gehöre und die „Säkularisation" auch in Japan grassiere, so habe mir Guardinis These doch eingeleuchtet. Die Nachwirkung alter Traditionen sei in Form größerer Ruhe und in vielen zeremoniellen Formen der Gelassenheit für den Besucher deutlich zu spüren.

Der Meister freut sich sehr, daß ich Guardini erwähne, und wir verbreiten uns einen Augenblick über unsere Befriedigung, in ihm einen gemeinsamen Bekannten zu besitzen. Dann bejaht er sehr bescheiden und vorsichtig die Vermutung Guardinis. Man spürt seinen Worten, die den westlichen Gast offensichtlich nicht verletzen sollen, deutlich an, wo er die Hauptgefahren unserer inneren Situation sieht.

In diesem Zusammenhang muß ich aber nun doch zu einem kleinen Angriff übergehen und ihn etwas fragen, womit ich auch als christlicher Theologe noch nicht entfernt fertig bin. Ich sage ihm nämlich: „In unserer christlichen Ethik spielt die Frage natürlich ebenfalls eine große Rolle, welche inneren Gegengewichte gegen den Außendruck der technischen Welt durch den Glauben zur Verfügung gestellt werden. Das Thema ‚Meditation' und ‚geistliches Exerzitium' hat deshalb bei uns eine erhöhte Aktualität gewonnen. Und nicht wenige fragen, was etwa solche Meister wie Sie uns dabei zu sagen haben könnten. Ich muß aber gestehen, daß mir diese Frage, so ernst ich sie nehme, nicht entfernt mehr genügt. Ich glaube vielmehr zu sehen, daß die Probleme nicht nur in unserem inneren Verhalten zur Technik liegen, sondern auch im objektiven Bereich der Technik und der Großstruktur unserer Gesellschaft selbst. Wir haben so etwas wie eine gewisse Eigengesetzlichkeit von Vorgängen erkannt, die sich durch ethische Entscheidungen nur bedingt beeinflussen lassen. So ist etwa ein Forscher – sagen wir ein Atom-Physiker – gar nicht vor die Entscheidung gestellt, ob er sich ein bestimmtes Problem erwählen soll. Sondern dieses Problem ‚ergibt sich'. Ebensowenig ist die *Anwendung* von Erkenntnissen etwas, das auf dem Entschluß zur Verwirklichung beruht, sondern der Trend zum technischen Effekt liegt schon in der theoretischen Überlegung. Das aufregende Problem, das sich mir von hier aus ergibt, lautet so: Welche ethischen Steuerungsmöglichkeiten bestehen überhaupt bei eigengesetzlichen Vorgängen? Wie kann ich also nicht nur mein *inneres* Verhältnis zum technischen Prozeß beeinflussen, sondern wie kann ich den technischen Prozeß *selbst* beeinflussen? Bezieht sie, die ethische Verantwortung, sich nur auf den ‚inneren' Sektor oder auch auf den Verlauf der Dinge selbst? Und wie deuten wir als Theologen und Ethiker die Eigengesetzlichkeit selbst? Ist sie ein zwangsläufiges Geschehen im Sinne von Naturgesetzen? Liegt also hier der Einbruch eines wertneutral Naturhaften vor, und wird folglich die Humanität auf ein ethisches Minimum beschränkt? Hat sich der Zen-Buddhismus – das würde mich jetzt sehr interessieren – ebenfalls mit diesem Problem der Eigengesetzlichkeit auseinandergesetzt?"

Ich brauche kaum zu erklären, warum ich hier auf die Antwort des Meisters so gespannt bin: Denn der Zen-Buddhismus verlegt zwar das Schwergewicht des existentiellen Geschehens in Bereiche, die tief unterhalb der Schicht des Handelns liegen. Aber aus diesen Bereichen strahlt er nun in das Handeln ein, macht es in gewissem Sinne möglich und hat eine so aktive Kultur wie die japanische entscheidend geprägt. Mich interessiert es nun aufs höchste, ob der Zen-Buddhismus sich nur um den *inneren* Fundus bekümmert, von dem der Handelnde zehrt, oder ob er sich auch um die Struktur – etwa die eigengesetzliche Struktur – jener *Wirklichkeit* bekümmert, an der der Handelnde handelt. Die Bedrohung der Freiheit kann ja von innen *und* außen kommen. Hat der Zen-Buddhismus für beide Formen der Bedrohung eine Antwort? Daran, daß er nickt und auch sonst seine Beteiligung verrät, merke ich, daß Hoseki an diesen Überlegungen sehr Anteil nimmt. Aber er äußert dann doch eine merkwürdige Fehlanzeige. Er sagt nur, daß er mit seinen Schülern immer wieder über diese Frage der Eigengesetzlichkeit nachgedacht habe, weil er ihre schicksalhafte Bedeutung durchaus sehe. Aber er könne sich dazu noch nicht äußern, weil ihm eine Lösung nicht gewiß sei und er noch viel darüber nachdenken müsse. Als er mich fragt, wie wir Christen denn zu dieser Frage stünden, deute ich ihm kurz an, welche Gedanken ich mir bisher darüber gemacht habe*, bekenne aber offen, wie sehr ich meinerseits noch mit dieser Frage ringe, und daß wir hier alle nur Wanderer auf dem Wege seien.

So geht das gewichtige Gespräch allmählich zu Ende. Obwohl es stundenlang gedauert hat, haben wir alles nur anrühren können und mußten manche Spannungen und Brüche ungeklärt stehen lassen. Immer war die starke Ausstrahlung dieses Mannes zu spüren, der so gar nicht aus dem Intellekt lebt und dessen Lebenstraining sich auf ganz andere Dimensionen seines Ich bezieht. Trotz aller Konzentration, die das Gespräch erfordert, bleibt er von einer aufgelockerten Liebenswürdigkeit, die in einem reizvollen Kontrast steht zu dem gleichsam potenzierten japanischen Zeremoniell seines Hauses. So weiß er unserem Zusammensein ein humanes Klima mitzuteilen. In seinem Aussehen wirkt er eigentümlich übergeschlechtlich. Er könnte auch eine weise alte Frau sein.

Angesichts dieses Mannes und sei-

---

* Vgl. Das Kapitel über das Wesen der Eigengesetzlichkeit, Theologische Ethik, Band II, 2, S. 88 ff.

nes Ranges – ich erlebe diesen Rang verstärkt durch den Widerschein der Ehrfurcht, die ihm vor allem meine japanischen Begleiter entgegenbringen – wird mir sehr deutlich, was Albert Schweitzer meinte, wenn er für Missionare jede Halbbildung ablehnt und nur Männer von theologischem und kulturellem Rang für geeignet hält, den Beruf des Missionars auszuüben. Gegenüber dieser höchsten Ausgipfelung einer uralten Kultur müßte es absurd und abgeschmackt wirken, wenn jemandem hier nichts anderes einfiele, als die Diagnose „finsteres Heidentum" zu stellen, und wenn er ohne Gespür für die Größe und sein Gegenüber auch nur zu ermessen, eine Bekehrungsattacke unternähme. Das wäre so, wie wenn eine Maus einen Montblanc annagte.

Zum Schluß führt uns der Meister noch durch seinen Tempel. Wir bleiben vor einer Glocke stehen, die früher einmal in einer christlichen Kirche hing und auf die Wirksamkeit des Jesuiten-Missionars Franz Xaver im 16. Jahrhundert zurückgeht. Die Kirche Jesu Christi wird bestehen bis zum Jüngsten Tage. Aber die Kirchen können vergehen. Der Platzregen des Evangeliums, von dem Luther sprach, kann vorüberziehen. Ich ergreife den Klöppel, der neben der Glocke hängt, sehe den Meister fragend an, und als er es mir erlaubt, rühre ich die Glocke mit einigen Schlägen an. Ihr heller Ton klingt durch den buddhistischen Tempel. Vor Jahrhunderten hat er eine christliche Gemeinde gerufen. –

Bei dem feierlichen Abschiedszeremoniell überreicht mir Hoseki einen Fächer, auf den er das Wort „Nichts" in ornamentalen japanischen Schriftzeichen gemalt hat, und erinnert damit an manche Stadien unseres Gesprächs. Dazu gibt er mir eine Rolle von japanischem Papier, die er ebenfalls mit eigener Hand beschriftet hat. Professor Ito übersetzt und deutet die Zeichen so: „Durch großen Zweifel – und also wieder durch die Konfrontation mit dem Nichts! – zu großer Fragestellung und Erkenntnis."

29. August

Nach einem Abschied von K. und seiner liebenswerten Familie, der mir nicht leicht gefallen ist, hat mich der Zug in rasender Fahrt nach Kobe und an mein Schiff gebracht. Unterwegs unterhielt ich mich mit Studenten verschiedener asiatischer Länder, die von einem Universitätskurs kamen und den ganzen Wagen erfüllt. Sie suchten mir rührend in allen

Gepäck- und Fahrplannöten zu helfen und wurden nicht müde, mich auszufragen.

Die Heimkehr aufs Schiff war ein kleines Fest. Ich wurde wie ein verlorener Sohn empfangen. Es war mir kaum möglich, in meine Kabine vorzudringen, weil mich immer wieder jemand anhielt, der mir erzählen wollte, wie sie den Taifun auf dem Schiff erlebt hatten, oder der mich nach meinen eigenen Erlebnissen ausfragte. An den nächsten Abenden wird es uns, wenn wir an Deck zusammenhocken, nicht an Gesprächsthemen fehlen.

Kobe ist von der einen Seite durch eine hohe Bergkette, von der anderen durch Hafen und Meer eingerahmt. Nachmittags fährt mich die Taxe in steiler Fahrt den Rokko hinauf, wo ich Freund J. in seinem Hause wiedertreffe. Er wohnt an einem Steilhang hoch über der Stadt.

Von der Terrasse aus, auf der wir die wohltuende Kühle der Höhe genießen, geht der Blick weit über das Meer und sieht ferne Schiffe vorüberziehen. Ich lasse meine Eindrücke immer wieder von diesem tiefdringenden und kritischen Analytiker kommentieren und zurechtrücken und freue mich nachträglich darüber, daß ich in diesen Tagen so gründlich mit japanischen und westlichen lang eingesessenen Freunden zusammen war. Die verschiedenen Kategorien des Sehens, die beide mit sich bringen und an denen sie mir im Rahmen des Möglichen Anteil gewähren, vermitteln in der Synthese eine erhöhte Plastik und geben der durchmessenen Welt so etwas wie Tiefenschärfe. Auch wenn ich als eiliger Wanderer stark im Indirekten bleiben muß, so sind mir doch zwei geometrische Örter gegeben worden, die mich den Schnittpunkt wenigstens ahnen lassen.

Es ist mir heute so, als ob ich schon lange dagewesen wäre, und es ist so, als ob Japan noch einmal grüßen und locken wollte.

Von einer benachbarten Schule klingt der Lärm spielender Kinder herüber: die typischen internationalen Lautzeichen, daß Pause ist und daß man sich spielend auf dem Schulhof herumtreibt. Unterbewußte Erinnerungen lassen mich auf die schrille Schulglocke warten, die das Lämmerhüpfen beendet und zum Ernst einer neuen Stunde ruft. Aber es ist wirklich so: Japan grüßt noch einmal mit seinem Charme: Statt der erwarteten Schulglocke er-

tönt ein geflötetes Signal. Es sind einige Takte eines melodischen Volksliedes. Statt der Trillerpfeifen und rasselnden Schalmeiklänge – poetische Zäsuren in der Arbeit, die dadurch ja nicht weniger seriös ist. Das ist Japan. Und auf dem Schiff ist es genauso: Auch die einzelnen Arbeitsgänge der Schauerleute werden nicht an- und abgepfiffen, sondern der Vormann bläst auf seiner Flöte, und jede Gruppe hat ihre Spezialmelodie. Man kennt nicht „die Stimme seines Herrn", sondern man kennt die Melodie seiner Gruppe. Diese Klänge sind wie das japanische Lächeln, das die Züge auch dann überspielt, wenn Schmerz oder Unbehagen oder Müdigkeit die Seele überfallen haben. Die Form aber, die im Gleichnis das Eigentliche des Lebens abbildet, wird unter allen Umständen gehalten. Der Gruß aus dem Hintergrund des Daseins wird hochgehalten. Man darf nicht Knecht des Augenblicks werden und sich vegetierend gehen lassen.

Es wäre sicher wichtig und auch lohnend, einmal über das Geheimnis der Form im japanischen Leben nachzudenken. Was heißt es, wenn man sagt, das sei alles nur Höflichkeit? Wenn sie nur eine vordergründige Spielregel zur Erleichterung des zwischenmenschlichen Kontaktes ist, dann wäre sie so labil wie bei uns und würde aussetzen, wenn sie sich nicht mehr „lohnt". Wenn sie im japanischen Leben eine fast heilig gehaltene Konstante ist, dann wird das wohl daran liegen, daß die Form – wie es im griechisch-aristotelischen Sprachgebrauch ja auch ist – die Repräsentation des Wesens selbst bildet. Indem man sich in Form hält, bewahrt man sein Wissen – und eben gerade nicht nur die Fassade! – und rettet es durch die Anfechtung, durch das Alltägliche, Banale, Verzehrend-Routinemäßige oder auch durch den Schmerz hindurch. Das alles darf dann nicht Herr über mich werden. Meine Form ist mein Sieg und meine Selbstbehauptung.

Ich weiß nicht, ob ich mit alledem recht habe. Aber der Instinkt drängt mir das übermächtig auf. Es geht in alledem, so meine ich, nicht um Arabesken am Rande des Alltags und um einen kleinen Zierat, der die harten Züge des Lebens überschminkt, sondern es geht um die Anwesenheit dessen, was der Japaner als Sinn und Wesen empfindet.

30. August

Bis zuletzt standen heute noch die Händlerbuden auf der Pier vor unserem Schiff. Sagenhaft billige optische Geräte und Koffer, feilgeboten durch höfliche und denkbar unmarktschreierische Verkäufer, lockten zum Kramen und Mitnehmen. Aber schließlich geht auch dieser Abschiedszauber zu Ende. Die Sirene tutet. Zum letzten Male klingt die Schalmei und holt die Hafenarbeiter von Bord, die Gangway wird eingezogen und die Budenbesitzer verladen ihre Schätze auf unwahrscheinlich kleine Wägelchen.

Aber wie sollte ein Abschied von Japan sich nur in sachlichen Manipulationen und im Papierkrieg der Hafenbehörden erschöpfen können! Wie sollte es nicht auch hier den hintergründigen Komfort eines zusätzlichen Symbolischen geben? Und siehe: es ist da und es geht uns an die Nieren:

Am Ufer stehen die Freunde und sind mit uns durch lange bunte Papierstreifen verbunden. Wir können uns damit nicht anseilen und zu einem etwaigen Aufenthalt aneinander binden, aber wir halten die Kontakte, solange es geht. Und als das Schiff langsam ablegt und dann das Ende der Pier erreicht, wandern die Zurückbleibenden mit bis ans äußerste Ende, und wir halten noch immer die bunten Papierschlangen in der Hand. Und schließlich kann es denn nicht anders sein: eine nach der anderen zerreißt, und die Enden fallen ins Wasser, aber mit dem anderen Ende winken wir uns noch zu, bis wir füreinander zu fernen Punkten geworden sind und das Schiff leise in den Raum des Meeres hinausgleitet.

Nun sind wir wieder auf See. Noch nie, wenn wir ausliefen, habe ich so lange auf der Brücke gestanden und mir im Rückschauen die Augen fast wund gesehen, bis auch der letzte Schimmer des geliebten Landes dem Blick entschwunden war.

Danksagung, Anmerkungen und Quellen

Diese Dokumentation der Ostasienfahrt der Hapag-Lloyd AG basiert auf einer Reihe von früheren Veröffentlichungen und Publikationen des Unternehmens und der Gründergesellschaften zum Thema sowie auf deren Geschäftsberichten, Akten und Bildmaterial aus ihren Archiven. Verantwortlich für Inhalt und Kommentierung der Sachzusammenhänge zeichnet jedoch ausschließlich der Verfasser.

Gestalterisch haben an dieser Broschüre in der Hapag-Lloyd AG maßgeblich mitgewirkt: Horst Rickmann und Jürgen Wetzel, Leiter und stellv. Leiter der Abteilung Werbung; Dirk Möller, Grafik; Erika Lisson und Rolf Finck, die Leiter der Archive in Bremen bzw. Hamburg, bei Zusammenstellung und Auswahl des Bildmaterials und durch Zurverfügungstellung benutzter Quellen. Jörg Reitmann und Hilde Feige, Fotolabor, bei der Bildaufbereitung; sowie Kerstin Giessen an der umfangreichen Texterstellung und Eva Gjersvik und Helmut Hirsinger bei kritischer Durchsicht des Manuskriptes.

Dank gebührt jedoch auch all denjenigen Damen und Herren, die uns außerhalb des eigenen Unternehmens in großzügigster Weise durch Zurverfügungstellung ihrer Archive und Übersendung von Unterlagen sowie durch Abdruckgenehmigung von Auszügen aus ihren eigenen Veröffentlichungen zum Thema bei der Zusammenstellung des Text- und Bildmaterials ihre Hilfe und Unterstützung bei der Verwirklichung dieser anspruchsvollen Dokumentation zukommen ließen. Hier gilt unser besonderer Dank den Herren Herbert Leclerc und Erich Kuhlmann sowie Frau Inge Wissner von den Bundespostmuseen in Frankfurt und Hamburg, Herrn Prof. Dr. Hans-Dieter Loose, Leiter des Staatsarchivs der Freien und Hansestadt Hamburg, Frau Eva Lembcke, stellv. Leiterin der Commerzbibliothek, Hamburg, Frau Dr. Brunhild Staiger vom Institut für Asienkunde, Hamburg, dem Ostasiatischen Verein Hamburg-Bremen e.V., dem Archiv der Lufthansa AG, Köln, und der Bibliothek des Norddeutschen Rundfunks, Hamburg, Herrn Heinz Evers für Material aus seinem Privatarchiv sowie Frau Marie-Luise Thielicke für die Zurverfügungstellung der Reisebilder (Farbdias) von Herrn Professor Thielicke, aber auch den Autoren Dr. Walter Kresse und Arnold Kludas unter anderen für Abdruckgenehmigung aus ihren Büchern. Ihnen allen sowie auch den in- und ausländischen Verlagen gilt unser Dank für wertvolle Hilfe.

Da in dieser Jubiläumsschrift die sog. „Ozeanische Epoche", das heißt ein geschichtlicher Zeitraum von fast fünfhundert Jahren, behandelt wurde, konnten manche bedeutsamen Ereignisse nur schlaglichtartige Erwähnungen finden. Für den interessierten Leser, der sich eingehender mit der Materie vertraut machen möchte, haben wir daher eine sorgfältige Auswahl einschlägiger Quellen — teilweise unter Quotierung besonders markanter Aussagen — in fortlaufender Numerierung zum Text auf den folgenden Seiten angefügt.

1) siehe K. M. Panikkar: „Asien und die Herrschaft des Westens", Zürich 1955, S. 9–12; S. 11: „Für uns hat der Pfeffer vielleicht nur geringe Bedeutung, aber in jenen Läuften war er das wichtigste Konservierungsmittel und wurde gleich Edelsteinen geschätzt und bezahlt. Die Menschen nahmen alle Gefahren der Seefahrt auf sich. In seiner gründlichen Schrift ‚Europa und China' schildert G. F. Hudson die Situation folgendermaßen: ‚Spezereien und Gewürze, die für Europas Ernährung immer dringlicher wurden, waren ausschließlich aus Indien und Indonesien zu beziehen, mußten durch Persien oder Ägypten transportiert werden und bildeten infolgedessen nicht nur die Ursache zahlloser diplomatischer und kriegerischer Auseinandersetzungen, sondern auch den mächtigsten Antrieb zur europäischen Expansion im fünfzehnten Jahrhundert.

Vor der Bekehrung der Karachaniden zum Islam ermöglichte die tartarische Herrschaft in Persien den italienischen Seefahrern und Kaufleuten direkt mit Indien zu verkehren, das ägyptische Zwischenhandelsmonopol zu durchbrechen und dessen Preise zu unterbieten, welche die vielbegehrte Ware um gut dreihundert Prozent verteuerten. Seitdem kannten die Europäer sowohl die direkten Bezugsquellen als auch die effektiven Kosten, und als sie durch den ihnen feindlichen Islam und die ständigen Kriege in der Levante vom Markt abgeschnitten waren, standen ihnen sehr deutlich all die Vorteile und das Glück vor Augen, das einer Seemacht winkte, die einen neuen Weg nach dem Land, wo der Pfeffer wächst, ausfindig machen könnte.'"
(G. F. Hudson: „Europe and China", London 1931).

vgl. hierzu auch Walther Vogel/Günter Schmölders: „Die Deutschen als Seefahrer" – Kurze Geschichte des deutschen Seehandels und Seeverkehrs von den Anfängen bis zur Gegenwart, Hamburg 1949, S. 94–95, sowie insbesondere auch Matthias Schmitt: „Die befreite Welt" – Vom Kolonialsystem zur Partnerschaft. Baden-Baden 1962, S. 28–29.

2) Ebd., S. 6–7, 30–31, 97.

3) Otto Mathies: „Hamburgs Reederei 1814–1914". Hamburg 1924, S. 1–2, u. Vogel/Schmölders aaO., S. 92–93, 96–98, 100:
„Die Machtmittel der Städte hielten mit denen der Nationalstaaten nicht Schritt. Dazu kam seit der Reformation die konfessionelle Entfremdung der meisten führenden Hansestädte von dem katholisch gebliebenen Kaisertum. Diesen Bedrängnissen von allen Seiten konnte die Hanse als handelspolitische Gemeinschaft nicht standhalten." (S. 96).

4) Schmitt, aaO., S. 99–100, Anm. 28:
„Sogar die Weltmacht Spanien mußte holländische Schiffe mieten, um ihren überseeischen Verkehr aufrechterhalten zu können. Noch 1625 mußten die englischen Kroninsignien für 300.000 Pfund in den Niederlanden verpfändet werden. Um diese Zeit, so hatte Colbert berechnet, gehörten von 20.000 Kauffahrteischiffen der Welt allein 16.000 den Holländern. Das hielt für eine so kleine Nation über alles Verhältnis zu viel – und so war Holland ebenso für Frankreich wie für England der Feind und Rivale, den es zu vernichten galt."
vgl. A. T. Mahan: „Der Einfluß der Seemacht auf die Geschichte", 1. Bd. 1660–1783, Berlin 1898, 2. Aufl., S. 89–90, sowie Panikkar, aaO., S. 42–45.

5) Friedrich List: „Das nationale System der politischen Ökonomie", 5. Auflage, Jena 1928, S. 143, sowie Schmitt, aaO., S. 100–101 und S. 100, Anm. 30, u. S. 66 (Methuen-Vertrag Englands mit Portugal von 1703 galt als „Meisterstück der englischen Handelspolitik"); siehe auch A. T. Mahan, aaO., Bd. 1, S. 143, S. 162, insbesondere aber auch Alfred Stenzel: „Seekriegsgeschichte in ihren wichtigsten Abschnitten mit Berücksichtigung der Seetaktik, 3. Teil, Hannover und Leipzig 1910, S. 197, S. 231f.

6) vgl. Stenzel, aaO, Bd. 3, S. 141f., S. 200–202.

7) Vogel/Schmölders, aaO., S. 104f.
vgl. Mathies, aaO., S. 3–4, sowie Hermann Wätjen: „Aus der Frühzeit des Nordatlantikverkehrs", Leipzig 1932, S. 5–6, u. Erwin Wiskemann „Hamburg und die Welthandelspolitik von den Anfängen bis zur Gegenwart", Hamburg 1929, S. 133;
bezüglich der bewaffneten Neutralität siehe u.a. Eckart Klessmann: „Geschichte der Stadt Hamburg", Hamburg 1981, S. 156–165, und vor allem Stenzel, aaO., Bd. 3, S. 20–22.

8) Mathies, aaO., S. 8–9, 13, vgl. auch die denkwürdige Dokumentation „Das abenteuerliche Leben des Jens Jacob Eschels aus Nieblum auf Föhr als Walfänger, Matrose, Kapitän u. zuletzt als Reeder u. Tabaksfabrikant in Altona" von ihm selbst erzählt (1832), Hamburg 1966, 332 S.

9) Stenzel, aaO., 3. Teil, S. 38:
„Die Stellung des über alle Meere ausgedehnten und alle anderen Flaggen beiseite drängenden holländischen Seehandels war der Anlaß zum Kriege; derjenige Hollands verhielt sich zum Handel von England etwa wie 5 zu 1 und ähnlich verhielt es sich mit der Fischerei bis zum Jahre 1636, als Karl I. die holländische Fischerflotte, die in der Nordsee unmittelbar an der englischen Küste den äußerst lohnenden Heringsfang mit mehr als 3.000 Fahrzeugen betrieb, gewaltsam verjagt hatte. Die Erlaubnis dazu hatte er dann wieder gegen hohe Zahlungen gestattet; diese Abmachung war aber in den Zeiten der Revolution wieder ignoriert worden. Schon im Jahre 1651 berief man die beiderseitigen Gesandten ab."

„Die **Navigationsakte** vom Oktober 1651 verfügte, daß der Seehandel nach England fortan nur noch unter englischer Flagge oder unter der des Ursprungslandes der Ware betrieben werden durfte, und zwar nur auf direktem Wege, ohne Anlaufen eines Zwischenhafens. Kapitän sowohl als Dreiviertel der Besatzung mußten englische Nationalität sein. Schiff und auch Ladung sollten konfisziert werden, falls dagegen verstoßen würde. Ähnlich waren die Bestimmungen wegen des Handels mit den Kolonien und über den Fischerei-Betrieb. Auch wurde den Fremden der Küstenhandel verboten, und die Zölle wurden in bestimmten Fällen fernerhin noch erhöht."

Die wohl tiefschürfendste und umfassendste Publikation über die Geschichte der Ozeanischen Epoche bietet auch zu diesem Thema Matthias Schmitt, aaO., im zweiten Kapitel: Das „Colonialsystem" des Merkantilismus, 3. Die Mittel Der Ausschließungspolitik durch das Transportmonopol, das Handelsmonopol und schließlich das Produktionsmonopol, S. 51–54.

10) Ebd., S. 56f., u. Panikkar, aaO., S. 42–43; vgl. auch Sir George Dunbar, „Geschichte Indiens" – von den Ältesten Zeiten bis zur Gegenwart. München und Berlin 1937, S. 183–185:
„Eine außerordentliche Preissteigerung des Pfeffers durch die Holländer veranlaßte eine Gruppe Londoner Kaufleute mit einem Kapital von 72.000 Pfund eine Kompanie zu gründen, die mit dem Osten Handel treiben sollte. Am 31. Dezember 1600 bestätigte Königin Elisabeth die ursprüngliche Urkunde, die der Kompanie auf 15 Jahre das englische Handelsmonopol vom Kap der Guten Hoffnung bis zur Magalhaesstraße verlieh: ‚zur Ehre der Nation, zur Bereicherung des Volkes, zur Ermunterung ihrer unternehmenden Untertanen, zur Vermehrung der Schiffahrt und des gesetzmäßigen Handels.' Jakob I. verlängerte dessen Gültigkeit auf unbestimmte Zeit und behielt sich Widerruf mit dreijähriger Kündigungsfrist vor." Die privilegierten Handelsgesellschaften als Vorläufer der Aktiengesellschaften, siehe Schmitt, aaO., S. 58, Anm. 26.

11) Ebd. S. 57–59.

12) Mathies, aaO., S. 6–8.

13) Ebd. S. 3; vgl. auch Baasch, Ernst: „Die Hansestädte u. die Barbaresken". Kassel 1897. S. 130f.

14) A. T. Mahan, „Der Einfluß der Seemacht auf die Geschichte". 1. Bd. 1660–1783, 2. Bd. 1783–1812, Berlin 1898, 2. Aufl. 544 S., 1 Faltkarte; die Zeit der Französischen Revolution u. d. Kaiserreichs, Berlin 1899, 704 S., mit Karten u. Plänen (auf Veranlassung d. kaiserl. Oberkommandos der Marine übersetzt v. d. Vizeadmiralen Batsch u. Paschen).

15) Schmitt, aaO., S. 86, zitiert nach Schramm, P.E., „Deutschland und Übersee", Braunschweig 1950, S. 51.

16) „Das freie Meer befreit den Geist,
Wer weiß da, was Besinnen heißt!
…
Man hat Gewalt, so hat man Recht.
Man fragt ums Was? und nicht ums Wie?
Ich müßte keine Schiffahrt kennen:
Krieg, Handel und Piraterie,
Dreieinig sind sie, nicht zu trennen."
Goethe, Faust I., Mephisto

17) Heinrich Kraft: „Ostasiatischer Verein Hamburg – Bremen zum 60jährigen Bestehen" (13. März 1960), S. 17–18; F.E.A. Krause: „Geschichte Ostasiens", Göttingen 1925, 2. Teil, S. 41f., S. 46–47, S. 49, S. 53. Panikkar, aaO., S. 56–57 (Portugiesen), S. 62–64 (Engländer):
„1685, als durch kaiserlichen Erlaß der Hafen von Kanton dem Handel geöffnet wurde, erhielt die East India Company, die damals das britische Handelsmonopol in den asiatischen Gewässern besaß, das Recht zur Eröffnung einer Handelsniederlassung bei Kanton und errichtete auch bei Ningpo (südlich Shanghai) eine Handelsstelle. Nach der Fahrt des ‚Macclesfield' im Jahr 1700 gewannen beide Orte sehr an Bedeutung. Die Schiffe liefen Jahr für Jahr Kanton an. 1715 wurde dort eine ständige, feste Handelsniederlassung errichtet und mit dem kaiserlich chinesischen Zollkommissar (dem Yueh hai kan pu, in England kurzweg Hoppo genannt), eine feierliche Vereinbarung getroffen, die den Handel in gesicherte Bahnen leitete."
Vgl. auch Theodor Bohner: „Der deutsche Kaufmann über See" – Hundert Jahre deutscher Handel in der Welt. Berlin 1939, S. 318–319.

18) Ebd., S. 320f.; Kraft, aaO., S. 18; Krause, aaO., S. 49.

19) Bohner, aaO., S. 321–322; Kraft, aaO., S. 19; insbesondere aber Panikkar, aaO., S. 65–66: „Ihren klassischen Ausdruck findet die chinesische Einstellung zum Außenhandel in einem Dekret des Vicekönigs von Kanton, worin es heißt: ‚Die Himmlische Majestät ernennt die Zivilbeamten, um das Volk zu regieren, und Militärbeamte, um die Übeltäter zu schrecken. Die kleinlichen Handelsaffären sollen von Kaufleuten selber entschieden werden; die Behörden schenken solchen Dingen keine Beachtung.'"

20) Sir Evan Cotton: „East Indiamen" – The East India Company's Maritime Service. London 1949, 234 S.

21) Krause, aaO., S. 54–57f., S. 58–61 (Opiumkrieg); Bohner, aaO., S. 323–325; insbesondere Panikkar, aaO., S. 106–115; S. 106:
„Die Bedingungen, denen sich der ausländische Handel in Kanton fügen mußte, waren tatsächlich unwürdig. Wie bereits bemerkt, durften Frauen nicht mit in die Faktoreien genommen werden, und noch 1830 drohte die chinesische Behörde mit einem Außenhandelsverbot, falls einige Engländerinnen nicht sofort nach Macao zurückkehrten. Das war typisch, aber längst noch nicht alles. Ausländer durften keine chinesischen Diener engagieren, keine Sänfte benutzen, sondern mußten zu Fuß gehen, durften ihre Wünsche, Anträge oder Klagen nicht direkt an die Amtsstelle richten; es war ihnen nur gestattet, Petitionen durch ihre chinesischen Vormünder, die Co Hong, einreichen zu lassen."

22) Kraft, aaO., S. 42–43; Panikkar, aaO., S. 115–116; Krause, aaO., S. 62–63 (Vertrag von Nanking).

23) Panikkar, aaO., S. 181–182; Krause, aaO., Bd. 2, S. 228–231; Käthe Molsen: „C. Illies & Co.", 1859–1959. Hamburg 1959. S. 11–15.

24) Panikkar, aaO., S. 72–73

25) Ebd., S. 182; Kraft, aaO., S. 60

26) Kraft, aaO., S. 21–24

27) Kraft, aaO., S. 24–25:
„Um diese Stützpunkte auch machtmäßig zu sichern, faßte der Prinz Eugen damals den Plan, eine deutsche Flotte ins Leben zu rufen und Ostende sowie Triest zu Haupthafenplätzen des Deutschen Reiches zu ma-

chen. Bevor diese Pläne zur Ausführung kamen, setzte sich die feindselige Haltung der damaligen Seemächte durch. Der Kaiser, der die Unterstützung der Engländer zur Pragmatischen Sanktion brauchte, sah sich veranlaßt, die seiner Gesellschaft gewährten Privilegien zunächst für sieben Jahre aufzuheben. Den Engländern in Indien gelang es, in dieser Zeit die Mohammedaner gegen die Siedlungen der Österreicher aufzuhetzen. Wegen der Aussichtslosigkeit, sie mit Erfolg fortzuführen, wurde die Kompagnie 1732 liquidiert. Ähnlich erging es einer zweiten österreichischen privilegierten Handelsgesellschaft, die im Jahre 1775 begründet wurde: die Ostender Indische Handelskompagnie, die 1785 ihren Bankrott erklären mußte."

28) Walter Ried: „Deutsche Segelschiffahrt seit 1470", München 1974, S. 114–116:
„Die Geschäfte kamen danach noch einmal auf völlig privater Basis in Gang. Eine Firma von Emder Reedern und Berliner Teilhabern hatte in den Jahren 1782-88 wieder fünf Segler in der Ostasienfahrt. Dieses richtungsweisende und erfolgversprechende Unternehmen kam leider durch den Tod seines Protektors, Friedrich II., und die politischen Zeitumstände zum Erliegen, nachdem es den großen Seestädten wie ebenfalls schon die ‚Preußische Seehandlung' gezeigt hatte, daß den Deutschen sehr wohl die weite Welt für Seehandel und Schiffahrt offenstand."

siehe auch:
Dieter Glade: „Bremen und der Ferne Osten", Bd. 34 der Veröffentlichungen aus dem Staatsarchiv der Freien Hansestadt Bremen, Bremen 1966, S. 16–20: Carl Philipp Cassel und seine Untersuchungen.

Kraft, aaO., S. 25–26.

29) Ebd., S. 27; Ried, aaO., S. 115–116, 160–161.

30) Bohner, aaO., S. 328–334.

31) Ebd., S. 334.

32) Ebd., S. 334–336; Kraft, aaO., S. 66–67:
„Die neuen Verträge, die die Großmächte in den Jahren 1858 und 1860 mit China geschlossen hatten, enthielten nicht mehr die Bestimmung, daß die darin zugesicherten Vorteile auch den Angehörigen anderer Nationen zukommen sollten … Da Hamburg und seine Schwesterstädte mehrfach verspürt hatten, daß ihr Ansehen von ihrer – nicht vorhandenen – realen Macht bestimmt wurde, entschloß man sich, die hanseatischen Interessen der preußischen Eulenburg-Expedition anzuvertrauen. Anders als im Falle Japans sollte dieses Beginnen Erfolg haben … Auf besonderen Wunsch der Hansestädte wurde in einem Separatartikel das Recht zur Ernennung von eigenen Konsuln gewährt, wodurch die Institution der kaufmännischen Konsuln verankert werden sollte."

siehe auch Glade, D.: „Bremen und der Ferne Osten", aaO., S. 60–67.

33) Kraft, aaO., S. 69–70, insbesondere auch S. 32: „Die Idee des Freihandels, die das bisherige Schutz- und Abschließungssystem bekämpfte, setzte sich vor allem in Großbritannien immer mehr durch, eine natürliche Folge auch der zunehmenden Industrialisierung des Landes, das für den Absatz seiner Produkte immer mehr auf den entstehenden ‚Weltmarkt' blickte. Durch die Reformbestrebungen weitschauender Männer wurden die aus der Vergangenheit stammenden Schutzwälle niedergelegt, zunächst in Großbritannien, gegen den starken Widerstand der Landwirtschaft und sonstiger privilegierter Schichten in Gewerbe und Handel. Mit den Reformen Robert Peels setzte sich die Manchesterschule durch, und die unmittelbare Folge war die völlige Aufhebung der veralteten Schiffahrtsakte im Jahre 1849. Erst die zweite Hälfte des Jahrhunderts brachte jedoch den eigentlichen Durchbruch zum freien Welthandel, der das Gesicht der Erde veränderte."

Horst Claus Recktenwald: „Adam Smith – sein Leben und Werk", München 1976, 312 S., siehe hierzu auch Trevelyan, George Macaulay: „British History in the Nineteenth Century and After" (1782–1919). London 1974, p. 264ff.

Vgl. auch: Reiners, Ludwig: „Roman der Staatskunst" – Leben und Leistung der Lords. München 1955, S. 112ff.: „Die Liberalen Reformer".

siehe hierzu insbesondere Schmitt, M., „Die befreite Welt", aaO., S. 151–159; S. 156: „So tritt an die Stelle der alten gebundenen Wirtschaftsverfassung die sogenannte Wirtschaftsfreiheit, d.h. die Freizügigkeit von Menschen, Waren und Kapital. Es beginnt in Europa das Zeitalter des wirtschaftlichen Liberalismus."

S. 158: „Der Theorie des Freihandels liegt ebenso wie der Forderung nach Wirtschaftsfreiheit im Innern die Auffassung vom Primat der Wirtschaft und ihrer Eigengesetzlichkeit zugrunde. Die autonome Wirtschaft wird so, da staatliche und völkische Grenzen für sie nicht bestehen, eine Weltmarktwirtschaft, weil sie alle wirtschaftlichen Probleme und Zusammenhänge nur vom Markt her, und zwar vom Weltmarkt her sieht. Die ökonomische Betrachtung steht nicht mehr allein unter dem Aspekt der besonderen Lage einer bestimmten Volkswirtschaft, auch rein binnenwirtschaftliche Vorgänge werden unter den gestaltenden Einfluß von Tatbeständen des Weltmarktes gestellt – unbekümmert um alle anderen Notwendigkeiten der Völker, also ohne Rücksicht auf die Erfordernisse der Wehrhaftigkeit und nationalen Verteidigung, ohne Rücksicht auf die sozialen Belange aller Art usw."

S. 185: „So die Manchesterlehre – nicht so die Manchesterpolitik. Der gesunde Instinkt des britischen Volkes und der britischen Politik hat die extreme Einseitigkeit der Theorie überall dort mit Entschiedenheit abgelehnt, wo dies den britischen Interessen zuwiderlief, dagegen ihre Forderungen überall da im praktischen Leben erfüllt, wo sie mit den britischen Interessen übereinstimmten. Nichts ist hierfür bezeichnender als das britische Verhalten in der Kolonialpolitik … Wurden doch gerade die beiden hervorragendsten Vertreter des Liberalismus, das viktorianische Königtum in England und das liberale Kaisertum in Frankreich, in eben dieser liberalen Zeit die Begründer der beiden größten Kolonialreiche des ganzen Jahrhunderts."

34) siehe Ebd., S. 255: „Der moderne Imperialismus ist eine **gesamteuropäische** Erscheinung. Von Gesamteuropa aus gesehen ist er die politische Sicherung der überseeischen Welt für Europa, nachdem dessen Existenzgrundlage sich infolge der industriellen Umwandlung des 19. Jahrhunderts von der kontinentalen auf die interkontinentale Ebene verlagert hat. Von den einzelnen Staaten aus gesehen ist er ein Ausfluß des Autarkiewillens und äußert sich wirtschaftlich in dem Streben nach stetig wachsenden Anteil an der Weltwirtschaft. Dabei wird unter ‚Weltwirtschaft' der ‚Inbegriff' der durch ein **hoch entwickeltes Verkehrswesen** ermöglichten und durch internationale Verträge sowohl geregelten wie geförderten Beziehungen und Wechselwirkungen zwischen den Einzelwirtschaften der Erde verstanden." Vgl. Harms, B.: „Deutschlands Anteil an Welthandel und Weltschiffahrt". Stuttgart 1916.

„Bei der Verflechtung der auswärtigen Interessen aller Staaten der Welt untereinander handelt es sich nicht mehr um die Vorherrschaft eines Volkes, sondern um eine Auslese der Nationen, die eine führende Stellung in der Weltpolitik und Weltwirtschaft einnehmen. Daraus entsteht die imperialistische Konkurrenz der großen Mächte."

hinsichtlich der **westlichen Ausschreitungen** siehe: Krause, F.E.A.: „Geschichte Ostasiens", aaO., 2. Bd., S. 70–74 u.a., und Panikkar, K.M.: „Asien und die Herrschaft des Westens", aaO., S. 120–122, S. 149ff., S. 158 (Kanonenbootdiplomatie), 159–162 (Exterritorialität u. Aggressionen), 165–166 (Pig Trade):

„Für die Beurteilung des Verhältnisses der Europäer zu China und den Chinesen ist auch der sogenannte Pig Trade (‚Schweinehandel') von entscheidender Bedeutung. Ab 1847 wurden ungeachtet eines bestehenden Verbots und trotz aller Proteste der kaiserlichen Regierung chinesische Arbeiter in die Kolonien verschifft, um dort Sklavenarbeit zu leisten. Bis 1863 waren auf diese Weise allein nach San Francisco

108.471 Chinesen transportiert worden. Die portugiesischen und spanischen Besitzungen sowie Australien und Kalifornien waren die Hauptabsatzgebiete für diese Ware, ‚Schweine' genannt. Ihre Rekrutierung erfolgte durch Unternehmer, die für jede Person, die sie am Depot ablieferten, ein ‚Kopfgeld' erhielten. Sobald die Unglücklichen erst einmal dort waren, gab es für sie keine Rettung mehr. Der Transport erfolgte in Schiffen, den ‚schwimmenden Höllen'. Die Sterblichkeitsquote stieg während der Fahrt oft auf 45 Prozent. Das ganze System, das kaum vom Sklavenhandel zu unterscheiden war und auf Menschenraub und Verschleppung beruhte (1859 ließ der chinesische Vicekönig von Kanton acht überführte Kidnapper hinrichten), erregte einen unerhörten Skandal. Doch als die Chinesen als Vorbedingung für die ihnen zugemutete Aufhebung des Auswanderungsverbots auf einer Regelung dieser unmöglichen Zustände bestanden, wurde der ‚Pig Trade' diskret auf die der winzigen portugiesischen Kolonie Macao (südwestlich Hongkong) verlegt, von wo in einem einzigen Jahr 5.200 gekidnappte chinesische Arbeitskräfte nach Kuba und 8.400 nach Peru verfrachtet wurden."

35) hierzu Kraft, H.: „60 Jahre Ostasiatischer Verein", aaO., S. 57:
„Außerordentlich eindrucksvoll schilderte die Gedanken, die damals die deutsche Kaufmannschaft bewegten, eine Aufforderung des Comités des Vereins Hamburgischer Rheder an die deutschen Reeder vom April 1840. Es werden eindringlich Beschwerden geführt über die ‚zahlreichen Fesseln', die der deutschen Schiffahrt angelegt seien durch die unterschiedliche Behandlung seitens der anderen Mächte, denen gegenüber die zersplitterten Deutschen machtlos sind. ‚Nur mit der Ursache des Übels kann das Übel selbst behoben werden, und wenn alle deutschen Staaten sich vereinigt gegen die Bedrückung des Auslandes erheben, werden sie imstande sein, denselben ein mächtiges Gegengewicht in die Waagschale zu legen. Die Einigung der deutschen Staaten zur Aufrechterhaltung ihrer gemeinsamen Interessen, zum gegenseitigen Schutz ihrer Flaggen, müßte unfehlbar den Verhandlungen mit fremden Nationen einen bisher stets entbehrten Nachdruck und den gemeinsam zu treffenden Maßregeln die nötige Kraft verleihen.'"

Ebd., S. 58: „Richard von Carlowitz hat in Ostasien den mangelnden Rückhalt an der Heimat sehr stark empfunden und mit Worten auch deutlich Ausdruck gegeben." Dieser gebürtige Sachse und Mitbegründer eines der ältesten und bedeutendsten deutschen China-Häuser – er wurde 1847 zum preußischen, sächsischen und hanseatischen Konsul in Kanton ernannt – schrieb am 18. Juni des gleichen Jahres: „Man kann nur im Ausland recht inne werden, wie unbedeutend Deutschlands Auftreten ist und wie wenig es gerade den Punkt am Herzen hat, der die Wohlfahrt einer Nation begründet: ich meine den Nationalhandel nach außen hin. Als Handelsvolk müssen wir uns verstecken, denn wir gelten im Ausland gar nichts. Haben auch einige unserer Fabrikate einen Namen, so kommen sie doch in andere Hände, und was hilft es uns, wenn man die militärische Haltung der preußischen Soldaten bewundert, auch allenfalls den Deutschen im Ausland einen guten Charakter und wissenschaftliche Ausbildung beimißt. Als Nation gelten wir nichts, und die genannten Vorzüge tragen zum Nationalwohlstand nichts bei."

36) Ebd., S. 32–33, S. 35–37.

37) Ebd., S. 38, insbesondere aber Baasch, Ernst: „Die Anfänge des modernen Verkehrs Hamburgs mit Vorderindien u. Ostasien." aus Mitteilungen der Geographischen Gesellschaft in Hamburg. Bd. XII. Hamburg 1897.

38) Ebd. S. 107–109, vgl. auch Kraft, aaO., S. 39.

39) Ebd., S. 40; Baasch, aaO., S. 98, 100–101, 111–112; über den Bremer Handel siehe Gade, D.: „Bremen und der Ferne Osten", aaO., S. 37.

40) Sehr eindrucksvolle detaillierte Statistiken hierüber bei Baasch, aaO., S. 115–119; vgl. insbesondere auch Kresse, Walter: „Die

Fahrtgebiete der Hamburger Handelsflotte 1824–1888." Hamburg 1972. S. 99–100, 179, 182–189, 194–195 (Trampfahrt), 241–251, auf dessen Untersuchungen sich der Verfasser vornehmlich basiert.

41) Ebd., S. 184.

42) Ebd., S. 184, 186–187; Baasch, aaO., S. 116–119.

43) Kresse, aaO., S. 187–189 u. a.

44) Bohner, aaO., S. 392–396; Kraft, aaO., S. 61–62.

45) Ebd., S. 63–64; Bohner, aaO., S. 398.

46) Ebd., S. 399; Kraft, aaO., S. 64
Baasch, aaO., S. 124: „Wie es etwa 75 Jahre vorher Preußen gelungen war, mit den unlängst zur Unabhängigkeit gelangten Vereinigten Staaten von Amerika einen Vertrag zu schließen, während die Hansestädte, die weit mehr praktisches Interesse an einem solchen hatten, dazu nicht gelangten; so war es auch hier: Preußen, dessen Flagge in den ostasiatischen Gewässern allerdings nicht unbekannt war, aber weit hinter der Frequenz der hamburgischen und bremischen zurückstand. Preußen hatte seinen Vertrag; die Hansestädte aber, die weit mehr als alle anderen deutschen Staaten an einem Vertrage mit Japan interessiert waren, hatten alle Ursache über das Scheitern ihrer Hoffnungen sehr betrübt zu sein." (vgl. „Die preußische Expedition nach Ostasien", Bd. II. 144)

Laut Kraft (S. 58) kennzeichnete am 1. Februar 1844 der Präses der hamburgischen Commerzdeputation, Geffcken, die Situation der Hansestädte treffend wie folgt: „Hamburg ist ein schwacher Staat, wenige Quadratmeilen ist nur unser Gebiet, keine mächtigen Flotten schützen unsere Flagge. Das Gewicht der Gewalt können wir nicht in die Waagschale legen. Nur das Gewicht der nominellen Bedeutung, und deren Lebensprinzip ist möglichst freie Bewegung des Handels."

Baasch kommentiert diese Entwicklung der Hansestädte am Beispiel Hamburg „am Ende einer vielhundertjährigen Epoche, in der es die Autonomie besessen hatte, völkerrechtliche Verträge zu schließen", wie folgt: „Zum Schluß trifft im Ringen nach dem japanischen Vertrag noch einmal alles zusammen: die Ohnmacht nach Aussen, die Notwendigkeit des Anlehnens an das Ausland; auf der anderen Seite kommerzielle Rührigkeit und das Bewußtsein, bei kräftiger autoritärer Unterstützung durch einen Staat den meisten Nebenbuhlern wirtschaftlich gewachsen zu sein." (S. 126)

47) Bohner, aaO., S. 399–400

48) Kraft, aaO., S. 66, S. 74;
Baasch, aaO., S. 122–124, S. 126–127

49) Kraft, aaO., S. 75–78

50) Ebd., S. 82; Panikkar, aaO., S. 183–186

51) Kraft, aaO., S. 78; Bohner, aaO., S. 411ff. (C. Illies & Co.), S. 416ff. (H. Ahrens & Co.); Käthe Molsen: „C. Illies & Co." 1859–1959. Ein Beitrag zur Geschichte des deutsch-japanischen Handels, Hamburg 1959.

52) Kraft, aaO., S. 67–68; Seligo, Irene: „Zwischen Traum und Tat". Englische Profile. Frankfurt 1938. S. 360–393: Der weiße Raja Sir James Brooke.

53) Kraft, aaO., S. 103. Die Firma Windsor & Co. wurde seit der Jahrhundertwende auch mit der Agentur für die Anschlußlinien des NDL von Singapore nach Bangkok für den Reichspostdampferdienst betraut.

54) Ebd., S. 103–104.

55) Panikkar, aaO., S. 209–217; Semjonow, Dr. Juri: „Die Eroberung Sibiriens". Berlin 1937. 396 S.

56) Kraft, aaO., S. 84–85.

57) Ried, aaO., S. 197.

58) Baasch, aaO., S. 128–129: „Im Jahre 1859 wurden auf der Reiherstiegs-Schiffswerft in Hamburg, die damals der Firma J. C. Godef-

froy & Sohn gehörte, 4 Dampfschiffe gebaut, die für die Fahrt auf dem Amur bestimmt waren; auf dem Godeffroyschen Segelschiff ‚San Francisco' verladen, wurden sie auf einer Fahrt von 144 Tagen (um das Kap Horn) nach dem Amur geschafft." (S. 128)
Kraft, aaO., S. 74.

59) Kraft, aaO., S. 87.

60) Bohner, aaO., S. 361, 363–364; Kraft, aaO., S. 87–88.

61) Baasch, aaO., S. 113–115 (Hamburg); Glade, aaO., S. 31–32 (Bremen).

62) Kraft, aaO., S. 53. Möring, Maria: Siemssen & Co., Hamburg 1971, 139 S.

63) Ebd., S. 210; Bohner, aaO., S. 365–369, sowie Neubaur, Dr. Paul: „Die deutschen Reichspostdampferlinien nach Ostasien und Australien in zwanzigjährigem Betriebe" – Eine wirtschaftspolitische Studie. Berlin 1906. S. 62: „Sehr glücklich und leicht konnte die Agenturfrage in den beiden Anlaufhäfen Chinas, Hongkong und Schanghai, erledigt werden. Hier bestand seit dem Anfang der sechziger Jahre eine Bremer Firma, die sich zu einem Welthause ersten Ranges entwickelt hatte und schon damals zu den allerersten Firmen im Verkehr mit Ostasien gehörte, nämlich das Haus Melchers & Co. Seine dominierende Stellung unter den Kaufhäusern in China, die Beziehungen der Chefs des Hauses zu den chinesischen Behörden, der Umstand, daß das Mutterhaus sich in Bremen befand, daß die Firma außerdem aber in London und New York wichtige Niederlassungen besaß sowie im Innern Chinas am Haupthafen des Yangtsekiang, nämlich in Hankau, machte die Wahl der Firma Melchers & Co. als Vertreter des Lloyd zu einer selbstverständlichen."

64) Kraft, aaO., S. 54.

65) Kresse, aaO., S. 246.

66) Baasch, aaO., S. 129–130; Harms, aaO., S. 112–113; Kresse, aaO., S. 245–246. Jaensch, „Die deutschen Postdampfersubventionen", ihre Entstehung, Begründung und ihre volkswirtschaftlichen Wirkungen; 1907, S. 47, 97ff.

67) vgl. Schmitt, aaO., S. 161: „Der große englische Aufschwung der Industrie liegt ganz eindeutig in dem Zeitraum 1815–1870, während er bei den festländischen Staaten Europas und besonders bei Deutschland in den Zeitraum von 1870–1914 fällt." Vergleich der Industrieproduktion siehe Ebd., S. 164 Anm. 5), sowie Barnett, Correlli; „Anatomie eines Krieges" – eine Studie über Hintergründe und entscheidende Phasen des Ersten Weltkrieges. München 1963, S. 226–227:
„Die bedeutende Schwerindustrie aus der frühviktorianischen Epoche englischer Vorherrschaft sollte langsamer wachsen und ihre Produktionsmethoden sich langsamer ändern als die Schwerindustrie Deutschlands oder Amerikas ... hinsichtlich neuer Entwicklungen wie beispielsweise der Elektroindustrie und der chemischen Industrie oder der Automobilindustrie war die britische Schwäche besonders augenfällig. Laut Professor Clapham: ‚Ohne Frage war die Schaffung dieser Industrie (Elektroartikel und -ausrüstung) die größte industrielle Einzelleistung des modernen Deutschland. Die Welt stand vor einer neuen Gruppe wissenschaftlicher und wirtschaftlicher Probleme. Bei der Behandlung dieser Probleme nahm Deutschland die führende Position ein ... Der Lohn seines Erfolges war der Export von Erzeugnissen der Elektroindustrie, an dem kein anderes Land herankommen konnte.'

Welthandel in Prozenten:

Jahr	England	Deutschland
1880	23	9
1913	17	12

Stahlproduktion (in metrischen Tonnen):

Jahr	England	Deutschland
1880	3.730.000	1.548.000
1910	7.613.000	14.794.000

Die Grundlagen der Sprengstoffherstellung und der im 20. Jahrhundert erfolgenden Entwicklung von Kunststoffen bildeten synthetische Farbstoffe. 1913 produzierte Deutschland 150.000 short tons (1 short ton

= 907,185 kg), England nur 5.600 short tons."

68) Schmitt, aaO., S. 140–141; Stürmer, Michael: „Deutscher Flottenbau und europäische Weltpolitik vor dem Ersten Weltkrieg". Deutsches Marine Institut, Herford 1985, S. 56: „Gemessen an Investitionen, Beschäftigungszahl und Wertschöpfung rückte zwischen 1885 und 1895 die Industrie an die erste Stelle vor die Landwirtschaft."
„Reichskanzler v. Caprivi … hat seit 1890 die deutsche Politik aus der Richtung des kontinentalen Agrar- und Militärstaats in die Richtung friedlicher Weltwirtschaftspolitik gedreht. Innere Reform und vorsichtige Weltpolitik sollten einander ergänzen, tragen und abstützen, die chronisch negative Zahlungsbilanz Deutschlands ausgleichen, die Industrie aus der langen Depression der Bismarckzeit herausführen und neue Arbeitsplätze schaffen, um den Strom der Auswanderung anzuhalten, der Jahr um Jahr hunderttausend Menschen nach Nordamerika trieb. Caprivi im Reichstag: ‚Wir müssen exportieren. Entweder wir exportieren Waren oder wir exportieren Menschen. Mit dieser steigenden Bevölkerung ohne eine gleichmäßig zunehmende Industrie sind wir nicht in der Lage weiter zu leben.' Caprivi verkörperte das deutsche Staatsinteresse, im Zeitalter der Maßlosigkeit ein Mann des Maßes und der Nüchternheit. Er begriff die Bismarcksche Lektion, daß Elsaß-Lothringen zu annektieren ein Fehler gewesen war und daß im russisch-französischen Bündnis von 1892, das die europäische Landkarte revidieren wollte, eine tödliche Gefahr für Deutschland lag. Er brauchte die andere Lektion nicht erst zu lernen, daß die Sicherheit Deutschlands von England abhing: Je weniger nach Osten und Westen noch Bewegungsraum blieb, desto wichtiger wurde Großbritannien. Die Insel entschied über Gleichgewicht oder Hegemonie auf dem Kontinent, über Matt oder Remis auf dem europäischen Schachbrett und damit über den Bestand des Deutschen Reiches. Das war der Grund, warum die handelspolitische Offensive der Deutschen, abgestützt auf die technisch-wirtschaftliche Leistung der Pharma-, Farben-, Elektro-, Optik- und Maschinenbauindustrie, sicherheitspolitisch abgefangen werden mußte."

69) Jahrbuch des NDL 1910/11: „Die Reichspostdampferlinien nach Ostasien und Australien in 25jährigem Betriebe", S. 3ff.
Kraft, aaO., S. 72: „Das Vordringen der europäischen Zivilisation und des europäischen Einflusses wurde weitgehend getragen von den Fortschritten der Technik und der wirtschaftlichen Organisation. Weltwirtschaft und Weltverkehr – Begriffe, die man vorher noch gar nicht gekannt hatte, weil sie sich dem Vorstellungsvermögen entzogen – wuchsen zusehends. Das **Dampfschiff** und der **Telegraph** leiteten den Verkehr in neue Bahnen und wurden maßgebende Förderer der internationalen Zusammenarbeit. Mit der **Eröffnung des Suez-Kanals im Jahre 1869** rückten Südostasien und der Ferne Osten mit einem Schlage nahe an das Mittelmeer und Europa heran. Gleichzeitig wurden in den neu erschlossenen Ländern **Eisenbahnen** gebaut, die bis dahin entlegene Gebiete an den internationalen Wirtschaftskreislauf anschlossen. Ebenso entwickelte sich, auf der Grundlage des Goldes, die **Geld- und Kreditwirtschaft**. Immer mehr nahmen die Banken Einfluß auf die nationale und auf die zwischenstaatliche Wirtschaft. Vermehrte Bedeutung gewann fernerhin die **Versicherung**, die den Kaufmann von den Risiken des Geschäftslebens weitgehend entlasten konnte.

In Europa entwickelte sich auf der Basis von Dampfkraft und Elektrizität in einem fast stürmischen Tempo die Industrie, deren zunehmende Produktion bald auf den heimischen Märkten keinen vollen Absatz mehr fand. Die überseeischen Märkte mit ihren oft übertrieben vorgestellten Möglichkeiten erschienen damit als ein verheißungsvolles Ziel. Vermittler beim Absatz der Industriewaren wurden im 19. Jahrhundert vor allem die Kaufleute, die sich in Übersee etabliert hatten. Sie waren die Kenner der Länder und Märkte, deren sich die Industrie in jener Zeit gern, zum Teil sogar ausschließlich bediente. Für lange Zeit bildete sich derart eine fruchbare Zusammenarbeit zwischen Handel und Industrie heraus."

70) Neubaur, aaO., S. 27–30; auf den Seiten 19–20 heißt es hierzu ergänzend: „Wenn die ersten Jahre nach dem Kriege dazu erforderlich waren, eine innere Konsolidierung der deutschen Interessen vorzunehmen, so ist es doch ein Beweis für die außerordentliche Weitsichtigkeit der deutschen Regierung, daß schon im Jahre 1880 das Deutsche Reich einen Vertrag mit China abschließt, der nicht bloß etwa eine Ergänzung zu dem Vertrage des Deutschen Zollvereins von 1861 bildet, sondern als direkter Vorläufer der Reichspostlinien anzusehen ist. Dieser Vertrag, datiert vom 31. März 1880, ratifiziert am 16. September 1881, ist im wesentlichen ein Schiffahrtsvertrag auf Grundlage der bereits bestehenden englischen und französischen Schiffahrtsverträge mit China. Er enthält aber außerdem einige sehr wichtige Punkte, welche bereits auf die Anbahnung der deutschen Reichspostlinien hinzielen. In dem Vertrage wird stipuliert, daß zu den bereits geöffneten Vertragshäfen Wusong hinzukommen soll und daß Deutschland berechtigt sein soll, in Wusong Landungsbrücken, Kauf- und Lagerhäuser zu errichten, eventuell auch Trockendocks anzulegen. Er bestimmt ferner, daß alle deutschen Dockmaterialien zollfrei eingeführt werden sollen, und schlägt in den Spezialbestimmungen vor, zunächst in Schanghai den Versuch mit Zollspeichern (zollfreien Niederlagen) zu machen. In der Tat hat die deutsche Reichsregierung, worauf gleich näher eingegangen werden wird, schon im Jahre 1881 beim Reichstag eine Vorlage auf Einrichtung von Subventionslinien eingebracht, die damals zurückgestellt, aber im Jahre 1885 neu eingebracht wurde."

Kraft, aaO., S. 112: „Inzwischen war 1885 die vom Deutschen Reich subventionierte Reichspostdampfer-Linie nach Ostasien unter der Flagge des Norddeutschen Lloyd ins Leben gerufen worden. Diese Verbindung hatte eine lange Vorgeschichte. Schon 1872 hatte Wm. von Pustau in diesbezügliches Projekt ausgearbeitet, das auch von Bismarck vorgelegt wurde. Danach sollte eine Schiffahrtsgesellschaft mit einem Aktienkapital von 10 Mill. Talern gegründet werden, die mit dreizehn Schiffen einen vierzehntägigen Dienst nach Ostasien unterhalten sollte. Dieser Plan kam nun erst viel später in modifizierter Form zur Ausführung."

71) Windmann, Theodor: „Die Reichspostdampferlinien nach Ostasien und Australien", Postgeschichtliche Hefte, Weser-Ems, Band IV, Heft 2 der Oberpostdirektion Bremen 1972. S. 31–32.
Drucksachen des Reichstages 1884 Nr. 111, S. 826–830.

72) Windmann, aaO., S. 31, Drucksachen des Reichstages, 32. Sitzung v. 14. 6. 84, Aktenstück Nr. 16 v. 20. 11. 84, Nr. 208 v. 12. 12. 84 (Bericht der 6. Kom.), 65., 66., 67. u. 68. Sitzungen vom 12., 13., 14. u. 16. März 1885.
Neubaur, 20jähriger Betrieb des deutschen Reichspostdampferlinien, aaO., S. 41–42: „Die Verhandlungen, welche über die große Reichspostdampfervorlage von 1884 im Reichstage stattfanden, sind noch heute in aller Erinnerung. Die Vorlage selbst war in ganz Deutschland mit unzweifelhafter Begeisterung aufgenommen worden.

Um so erstaunlicher ist es, daß im Reichstag gerade von seiten der Parteien, welche sich als die eigentlichen Vertreter von Industrie und Handel gebärdeten, der Regierungsvorlage nicht nur kein Interesse entgegengebracht wurde, sondern daß dieselbe auf ganz erheblichen Widerstand stieß. Gerade die Parteien, welche wenige Jahrzehnte vorher das große Deutsche Reich als eine Naturnotwendigkeit bezeichnet hatten und ihm damals eine Wirkungssphäre über den ganzen Erdball prognostiziert hatten, bekämpften jetzt, nachdem auf wirklich realer Grundlage ein Weg zur Entfaltung deutscher Intelligenz geebnet und wo Deutschland in den Stand gesetzt werden sollte, Früchte aus seiner Arbeit zu ziehen, die Regierungsvorlage mit allen Kräften, aber mit Argumenten, welche sich durchweg nur auf theoretische Erwägungen, nirgends auf Praxis, noch weniger auf persönliche Erfahrung oder auch nur auf ein genaues Studium der tatsächlichen Verhältnisse in Ostasien und Australien stützten."

73) Ebd., S. 45—49.

74) Ebd., S. 49 (voller Wortlaut des Vertrages auf S. 194f. als Anlage 1), bezüglich ausländ. Subventionen vgl. S. 37–38 sowie Windmann, aaO., S. 31.

75) Hardegen, Friedrich: „H.H. Meier – der Gründer des Norddeutschen Lloyd". Lebensbild eines Bremer Kaufmanns 1809–1898; fortgeführt u. abgeschlossen von Käthi Smidt, geb. Meier. Berlin u. Leipzig 1920. S. 249.

76) Müller, Orrie: „Fünfzig Jahre Ostasien- und Australdienste des Norddeutschen Lloyd Bremen". Bremen 1936, S. 7ff.; Neubaur, aaO., S. 56–63.

77) Hieke, Ernst: „Rob.M. Sloman jr.", errichtet 1793. Hamburg 1968, S. 156–158.

78) Neubaur, aaO., S. 60–61.

79) Müller, aaO., S. 7–8.

80) Neubaur, aaO., S. 49–53, 95–99.

81) Müller, aaO., S. 9, sowie Koch, Bernhard u. Gottspenn, Arno, Hamburg 1971: „Sonderdruck der Arbeitsgemeinschaft der Sammler Kolonial-Postwertzeichen im B.D.Ph. und der Arbeitsgemeinschaft Schiffspost im B.D.Ph. über ,Die deutschen Reichspostdampfer im Ostasien-Verkehr mit ihrer Vorgeschichte und ihren Seepoststempeln'". Heft 1, S. 30. (B.D.Ph. = Bund Deutscher Philatelisten e.V.)

82) Windmann, aaO., S. 32–37. Geschäftsbericht des Nordd. Lloyd, Bremen, 1886.

83) Neubaur, aaO., S. 71–76, sowie Windmann, aaO., S. 37–39. Neubaur, S. 73–76: „In richtiger Erkenntnis der Sachlage beantragte der Lloyd vornehmlich mit Rücksicht auf die Passagierfahrt schon 1887 die Erlaubnis zum Anlaufen von **Genua.**
Maßgebend dafür war erstens die überaus bequeme Verbindung, die von ganz Europa nach Genua besteht, und zweitens die Aussicht, **süddeutsche, schweizerische** und **italienische Fracht** für die Hauptlinien heranziehen zu können … Das Anlaufen der beiden wichtigsten italienischen Häfen durch die bereits zu einem Weltruf gelangten Dampfer der deutschen Reichspostlinien nach Ostasien und Australien hat eine noch weitergehende Bedeutung erlangt. Der Lloyd fügte, wie bekannt, zu seinen bisherigen Linien im Jahre 1891 die Linie Genua-Neapel-New York hinzu, durch welche abermals eine außerordentlich wesentliche Vermehrung der deutschen in italienischen Häfen zur Verfügung stehenden Räume erzielt wurde. Die gewaltige Vergrößerung des Schiffsverkehrs des Lloyd hatte dann in erster Linie die Einrichtung eines eigenen Inspektorats in Genua zur Folge, dem die notwendigerweise sich ergebenden, den schiffs- und maschinentechnischen Betrieb angehenden Arbeiten unterstehen … Der ungemein tätigen Lloyd-Agentur in Genua, Leupold Fratelli, bleibt das Passage- und Frachtgeschäft vorbehalten.

Ferner errichtete der Lloyd von Neapel aus Zweiglinien nach einigen Küstenplätzen und nach Capri. Es ist natürlich, daß durch alle diese Verkehrserweiterungen das deutsch-italienische Interesse sich immer enger knüpfen mußte, zumal eine Schädigung italienischer Interessen, insbesondere durch die Reichspostlinien, gar nicht in Frage kam, umgekehrt aber Italien durch diesen Schiffsverkehr sehr nennenswerte Einnahmen erzielt. Es mag an dieser Stelle darauf hingewiesen werden, daß im Jahre 1904 in Neapel nicht weniger als 155 Dampfer des Norddeutschen Lloyd mit 774.241 Registertonnen eingehend und ebensoviel ausgehend verkehrten; die Gesamtzahl der deutschen im Jahre 1904 in Neapel angelaufene Schiffe betrug 360 eingehend und 350 ausgehend, mit zusammen 2.364.268 Registertonnen. Höchst bemerkenswert ist, daß eingehend wie ausgehend die deutsche Flagge im letztgenannten Jahre der englischen Flagge um 200.000 Registertonnen überlegen war.

Vergegenwärtigt man sich, was die deutschen Reedereien, insbesondere der Norddeutsche Lloyd, der ja hier bei weitem an der Spitze steht, in Genua und Neapel an Hafengeldern und dergleichen zahlt, vergegenwärtigt man sich ferner, welche Geldmengen durch Kohlenübernahme, durch

Löschen und Laden der Schiffe, durch Arbeiten aller Art an Bord, durch den riesigen Passagierverkehr dem italienischen Volk zufließt, so darf mit Recht behauptet werden, daß **in dieser Verbindung ein festes, die politischen Interessen Deutschlands und Italiens verbindendes handelspolitisches Glied** zu erblicken ist.

84) Neubaur, aaO., S. 212, Nachtrag vom Mai 1893 zu Artikel 3.

85) Müller, aaO., S. 15–17; Neubaur,aaO., S. 94–115 („Die Entwicklung des Dampfermaterials").

86) Ebd., S. 110.

87) „Norddeutscher Lloyd, Bremen: Denkschrift betreffend die Reichspostdampferlinien nach Ostasien und Australien", 1914. S. 50–52 (unveröffentlichter Druck).

88) Neubaur, aaO., S. 76–80 (Anlage 3, S. 215f.), NDL-Geschäftsbericht 1896.
Müller, aaO., S. 12, aber auch Jahrbuch des NDL 1910/11, herausgegeben von Dr. Paul Neubaur: „Die Reichspostdampferlinien nach Ostasien und Australien in 25jährigem Betriebe", S. 3–9ff.

89) Schmitt, aaO., S. 312–314: „In der 400jährigen Expansionsperiode war China der alleinige Schwerpunkt in Politik und Wirtschaft, das Schicksal dieses Erdteils identisch mit dem der ganzen Welt. Nun aber, da von Übersee her die Gegenbewegung einsetzte, begann sich im Verhältnis Europas zur übrigen Welt ein grundlegender Wandel vorzubereiten. Europa blieb die ‚Antwort' auf diese Herausforderung schuldig …
… Jede Nation lebte ihren eigenen Interessen, die oft nur die vermeintlichen waren. Alle europäischen Staaten hatten durch die liberale Entwicklung des 19. Jahrhunderts mehr und mehr die Ernährungs- und Rohstoffbasis in die überseeischen Länder verlagert, dadurch buchstäblich den Boden unter den Füßen verloren. Die Völker des Kontinents waren – um es so auszudrücken – nicht nur biologisch, sondern vor allem auch wirtschaftlich aus Europa ausgezogen …

Vor allem England, das als die in Europa führende Macht galt und diese Macht auch draußen in der Welt repräsentierte, war mehr und mehr zu einer außereuropäischen Macht geworden. Gegenüber den weiten Herrschaftsgebieten in den anderen Weltteilen – in Kanada und Australien, in Südafrika und Ägypten, in Indien und dem malaiischen Archipel – und im Vergleich zu ihrer wachsenden Bedeutung für das Mutterland als Herz und Hirn eines Weltreiches konnte es gar nicht ausbleiben, daß Europa (d.h. das Festland) in britischer und maritimer Sicht zunehmend an Gewicht verlor, ja schließlich nur noch als Mittel der Aufrechterhaltung der englischen Handels- und Weltherrschaftspolitik diente … Der Empire-Engländer fühlte sich ganz und gar nicht mehr als Glied der europäischen Völkergemeinschaft, er dachte insular und interkontinental …

90) Ebd., S. 315–316: „Die hochkapitalistischen Länder standen im imperialistischen Wettbewerb um koloniale Besitzungen und internationalen Handel. Sie suchten nicht nur – vom Gewinnstreben geleitet – billige Rohstoffe und Arbeitskräfte, sondern ebenso – von Krisenfurcht angetrieben – neue Märkte für die stetig wachsende Produktion ihrer Industrien …
… Zum ersten Male begann man die Enge zu fühlen; der bisher unbegrenzte Lebensraum der Weißen schien begrenzt, ja, er schrumpfte infolge der wachsenden Bevölkerung weiter zusammen. Gleichzeitig waren neue Mächte entstanden, die sich in den beginnenden Endkampf um den Restraum einschalteten und Europa sein koloniales Monopol streitig machten. Gegen Ende des 19. Jahrhunderts ungefähr stehen wir an diesem entscheidenden Wendepunkt."

91) Kraft, aaO., S. 42–45; Panikkar, aaO., S. 116–119; Japan: S. 181–186.

92) Ebd., S. 114–115, 118; Kraft, aaO., S. 43.

93) Ebd., S. 42–43; Panikkar, aaO., S. 116–117, 149–159 (Konzessionen und exterritoriale Rechte).

94) Neubaur, aaO., S. 12.

95) Panikkar, aaO., S. 115–116 (Verträge von 1884), S. 156–157 (Settlements und Konzessionen); Kraft, aaO., S. 50.

96) Krause, aaO., S. 67, 76–79; Panikkar, aaO., S. 150–155.

97) Kraft, aaO., S. 50–51, 90 (Seezollverwaltung); Krause, aaO., S. 64–65, S. 70–74:
„Die Lorcha ‚Arrow' – ‚Lorcha' nennt man ein Schiff von europäischer Bauart mit chinesischer Takelage – wurde im Jahre 1856 beim Einlaufen in Kanton von der chinesischen Behörde angehalten, um einen an Bord befindlichen Piraten zu verhaften. Dabei wurde nun die englische Flagge, die das Fahrzeug unberechtigter Weise führte, gewaltsam herunter geholt. Der englische Consul Parkes forderte Genugtuung für die Beleidigung der englischen Hoheitszeichen, die ihm jedoch vom chinesischen Vicekönig verweigert wurde mit der durchaus richtigen Begründung, daß es chinesischen Fahrzeugen überhaupt nicht zustehe, eine fremde Flagge zu führen.

Da die Verhandlungen über eine Entschuldigung des Vorfalles erfolglos blieben, begannen alsbald die Feindseligkeiten. Admiral Seymour besetzte die Forts an der Bocca Tigris und ließ die Stadt Kanton drei Tage lang bombardieren. Die Chinesen steckten ihrerseits alle Factoreien in Brand, und der Vicekönig setzte einen Preis von 100 Tael auf den Kopf jedes Engländers. Zu einem Sturme auf die Mauern von Kanton aber war Seymour zu schwach. Er mußte sich daher nach der Beschießung auf die Insel Hongkong zurückziehen.

Im Londoner Parlament beantragte jetzt der Earl of Elgin and Kincardine die Entsendung von Truppenverstärkungen nach China. Ihre Abreise wurde aber zunächst verzögert durch den gleichzeitig ausgebrochenen Aufstand in Indien …"
vgl. auch Panikkar, aaO., S. 120 (Vertrag von Tientsin), 121 (Vertrag von Peking), 149, 155f., 165 (Seezollwesen); über die Seezollverwaltung erfahren wir von Kraft auf S. 90: „Auch in der Seezollverwaltung, die ausgezeichnet und einwandfrei arbeitete, war die Zusammenarbeit der verschiedenen Nationen recht gut. Im inneren und äußeren Zoll sowie im Leuchtfeuer- und Betonnungsdienst waren 1893 insgesamt 3.900 Bedienstete tätig, davon 719 Fremde aus aller Herren Länder und 3.181 Chinesen. Die Engländer nahmen mit 170 Beamten keineswegs die dominierende Stellung ein, auf die sie vielleicht hätten Anspruch erheben können."

98) Ebd., S. 167–171 sowie S. 218–219; Krause, aaO., S. 104–106, 400–406; Stenzel, aaO., Bd. 5, S. 225–227, 250ff.

99) Panikkar, aaO., S. 170, 218–219.

100) Ebd., S. 170, 220 (Wilhelm II. Rolle wird hier m.E. überpointiert. Anstoß erfolgte von Petersburg – siehe auch: „Die Große Politik der Europäischen Kabinette 1871–1914", die diplomat. Akten des AA, Bd. 9, S. 239–334), „Der nahe und ferne Osten", Der Ostasiatische Dreibund: Das Zusammenwirken von Deutschland, Rußland und Frankreich 1894–1895.
vgl. Hartung, Fritz: „Deutsche Geschichte 1871–1919". Stuttgart 1952, ausgezeichnet behandelt auch von Krause, aaO., S. 406–409.

101) Kraft, aaO., S. 94–96.

102) Ebd., S. 96–97; insbesondere auch Hubatsch, Walther: „Die Ära Tirpitz" – Studien zur deutschen Marinepolitik 1890–1918. Göttingen 1955. S. 30–35:
„Zunächst galt es, den Begriff ‚Stützpunkt' eindeutig festzulegen. Das Reichsmarineamt stellte an einen solchen Platz folgende Anforderungen:
‚Unter Flottenstationen sind gesicherte Plätze im Auslande verstanden, welche, unter deutscher Gebietshoheit stehend, unseren Schiffen jederzeit die Möglichkeit gewähren, ihren Bedarf an Proviant, Kohlen, Munition, wie überhaupt an Vorräten jeglicher Art zu decken. Werkstätten, Docks, Hellinge sollen die Ausführung von Reparaturen, Lazarette die Aufnahme von Kranken und Verwundeten, Kasernements die Unterbringung von Ersatzmannschaften für die Schiffe ermöglichen. Im Kriege bilden die Stationen die Basis für alle Unternehmungen, sie dienen der Flotte als Sammelpunkt und Rückhalt, den Handelsschiffen als sichere Zufluchtsstätte …
… Tirpitz … schien der Zeitpunkt ungünstig gewählt, da eine Übereinkunft mit Japan als der erste Schritt zu einer Stützpunktpolitik in Ostasien erforderlich gewesen wäre. Im Gegensatz hierzu glaubte die politische Leitung durch die ‚Politik der freien Hand' wirtschaftliche Vorteile ohne engere Bindung erreichen zu können. Mit Kiautschou entstand für Deutschland eine weitere Reibungsfläche mit Rußland, Frankreich und Großbritannien, sondern ein bisher nicht vorhandener Interessengegensatz zu Japan. Das aufblühende Kaiserreich, ängstlich auf äußeres Prestige bedacht, übersah die Mahnung Bismarcks, daß es noch keine Politik sei, wenn man sich in allen Weltteilen betätige, ‚aus dem bloßen Bedürfnis, überall dabei zu sein'."

103) Kraft, aaO., S. 97–99. Krause, aaO., S. 400–412: „Chiao-chou wurde von Deutschland wie das englische Hongkong zum **Freihafen erklärt**. Innerhalb seines Pachtgebietes nahm die Niederlassung von Ching-tao (Tsingtao) rasch einen blühenden Aufschwung. Die Shan-tung Eisenbahn, deren Bau mit Capital der Deutschen Bank ausgeführt wurde, verband den Hafenplatz mit der Hauptstadt der Provinz Chi-nan-fu und erschloß die Kohlen-Felder von Wei-hsien und Po-shan."
Bohner, aaO., S. 376–377.

104) Kraft, aaO., S. 97; Krause, aaO., S. 406–410, 412–415; Panikkar, aaO., S. 171–173.

105) Kraft, aaO., S. 97–98; Krause, aaO., S. 259–260 („offene Tür"), 414–417; Panikkar, aaO., S. 173–174.

106) Krause, aaO., S. 65–68 (historische Bedeutung d. chines. Geheimbünde), S. 417–425 (Boxer-Aufstand); Panikkar, aaO., S. 174–180.

107) Krause, aaO., S. 256–264; vgl. Haintz, Otto: „Der Russisch-Japanische Krieg 1904/05", Berlin 1937, S. 7–22.

108) Mathies, „Hamburgs Reederei 1814–1914", aaO., S. 115–116; Huldermann, Bernhard: „Albert Ballin". Oldenburg i. O., Berlin 1922, S. 108–112; Kludas, Arnold: „150 Jahre Rickmers, 1834/1984", Herford 1984, S. 28, 35–36, 38. Himer, Kurt: „75 Jahre Hamburg-Amerika Linie", Hamburg 1922, II. Teil, S. 44.

109) Mathies, aaO., S. 116.

110) Ebd., S. 116, sowie Hieke, Ernst: Behn, Meyer & Co/Arnold Otto Meyer, Bd. 2, S. 86, Hamburg 1967.

111) Neubaur, aaO., S. 80–82.

112) Huldermann, aaO., S. 112–113.

113) Müller, aaO., S. 18–19; insbesondere aber Neubaur, aaO., Kapitel IX. „Die deutschen Truppentransporte nach China anläßlich des Boxeraufstandes". S. 173–193.

114) Huldermann, aaO., S. 123ff.

115) Ebd., S. 180, 182–183 („Tonkin").

116) Ebd., S. 134.

117) Ebd., S. 134–139.

118) Kludas, Arnold u. Bischoff, Herbert: „Die Schiffe der Hamburg-Amerika Linie". Bd. 1: 1847–1906. Herford 1979, S. 17.

119) Hapag-Geschäftsbericht 1903 (57. Geschäftsjahr).

120) Cecil, Lamar: „Albert Ballin" – Wirtschaft und Politik im deutschen Kaiserreich 1888–1918. Hamburg 1969, S. 77, sowie Huldermann, aaO., S. 146–147.

121) Cecil, aaO., S. 77.

122) Bereits auf S. 28 erwähnten wir unter Thailand die Ostasiatische Kompagni (The East Asiatic Co. Ltd.). Welche Auswirkungen persönliche Verbindungen in Politik und

Wirtschaft haben können, die möglicherweise auch die wahren Hintergründe für Ballins Versorgungsaktion bildeten, verdeutlichen nachstehende Passagen aus Huldermanns Ballin-Biographie:

„Aus dem Jahre 1903 ist ferner noch eine geschäftlich nicht bedeutende, aber in anderer Beziehung interessante Episode zu berichten, nämlich die Anbahnung einer geschäftlichen Verbindung mit einer dänischen Gesellschaft, die sich zunächst auf Westindien, später auch auf Rußland bezog. Dieses dänische Unternehmen war die ‚Ostasiatiske Kompagni‘ in Kopenhagen.

Der Begründer dieser Gesellschaft, Herr Andersen, ist einer der erfolgreichsten Kaufleute, die der moderne Handelsverkehr kennt, der erfolgreichste seines Heimatlandes, zugleich aber auch ein internationaler Geschäftsmann großen Stils. Er hatte in jungen Jahren in Hinterindien ein Geschäft bescheidenen Umfangs aufgebaut, es im Laufe der Zeit durch den Erwerb wertvoller Konzessionen, insbesondere von Teakholzwaldungen in Siam, ausgebaut. Aus diesem Geschäft entstand im Laufe der Jahre eine immer mehr wachsende Reederei, die vermöge jener Konzession den besonderen Vorteil hatte, über eigene Ladung zu verfügen, was in schlechten Zeiten, beim Mangel an anderer Fracht, ein unschätzbarer Vorteil war. Bei diesem Geschäft, das er nach seiner Rückkehr nach Europa in Kopenhagen weiter ausbaute, erfreute sich Andersen der besonderen Förderung der dänischen Königsfamilie, später auch der russischen Kaiserfamilie. Seine besondere Gönnerin und sein Partner war die Prinzessin Marie von Dänemark, die in der Politik als Bismarcks Feindin bekannt geworden ist, insbesondere durch ihren Versuch, zwischen dem Kanzler und dem Zaren Alexander III. Feindschaft zu stiften. Der große Kanzler berichtet darüber im 2. Bande seiner Gedanken und Erinnerungen, wie er diesen Versuch bei einem persönlichen Zusammentreffen mit dem Zaren zu vereiteln wußte. Die ungewöhnliche geschäftliche Gewandtheit der Prinzessin Marie brachte Andersen später auch die Verbindung mit Rußland. Für die Weltklugheit und die einfachen Umgangsformen der Prinzessin ist es bezeichnend, daß sie eines Tages unangemeldet am Kontor der Hamburg-Amerika Linie derart inkognito erschien, daß der Bureaudiener Herrn Ballin nur ‚eine Dame‘ melden konnte.

Im Juni 1904, als der Dampfer ‚Prinzessin Victoria Luise‘ von der Kieler Woche um Skagen nach Hamburg fuhr, besuchte Ballin Kopenhagen und traf dort die Prinzessin Marie und das Königspaar, das ihn auf das Schlosse Bernstorff zur Tafel lud. Ein geschäftliches Ergebnis hatten diese Verhandlungen im Jahre 1905 damit, daß ein gemeinsamer Betrieb für Westindien von der Packetfahrt zusammen mit der Dänisch-Westindischen Co. eingerichtet wurde.

Ferner erwarb die Gesellschaft von den Dänen die Mehrheit der Aktien der ‚Russisch-Ostasiatischen Dampfschiffahrts-Gesellschaft‘, um auch mit dieser Gesellschaft eine Interessengemeinschaft herzustellen. Für diese letztere Angelegenheit hatte sich auch der Deutsche Kaiser interessiert, dem Andersen bei Besuchen des Kaisers in Kopenhagen 1903 und 1905 über die Angelegenheit Vortrag hielt. Man strebte ein enges geschäftliches Zusammenarbeiten zwischen Rußland, Deutschland und Dänemark an, auch zur Entwicklung des russischen Handels, für den man ein wirksames Instrument in der Russisch-Ostasiatischen Gesellschaft großziehen wollte. Leider war diese Interessengemeinschaft für Rußland nicht von langer Dauer. Die russische Bureaukratie machte Schwierigkeiten, wozu vielleicht auch beitrug, daß die Vertreter der Hamburg-Amerika Linie in Rußland nicht mit der nötigen Vorsicht operierten. Jedenfalls war die Hamburger Gesellschaft von ihrer Beteiligung so wenig befriedigt, daß sie schon im Jahre 1906 sie nach Kopenhagen zurückverkaufte, und zwar mit einem erheblichen Verlust."

Über den Marsch des Geschwaders vgl. Stenzel, aaO., 5. Teil, S. 370; sowie Thiess, Frank: „Tsushima“ – Der Roman eines Seekrieges. Berlin 1936, 516 S.

123) Stenzel, aaO., Bd. 5, S. 370–371.

124) Cecil, aaO., S. 76.

125) Ebd., S. 77–78; Huldermann, aaO., S. 147–148.

126) Cecil, aaO., S. 78–79, sowie detaillierter in einem vom gleichen Verfasser 1964 erschienenen Artikel: „Coal for the Fleet that Had to Die“ (Kohlen für die Flotte, die zum Tode verurteilt war), American Historical Review LXIX, Nr. 4 (Juli 1964), S. 990–1005.
Über den Marsch insbesondere Stenzel, aaO., 5. Teil, S. 376–379, sowie Ssemenow, Wladimir, „Tshuschima“, Berlin 1907, 69 S., das Kriegstagebuch des Kapitäns Ssemenow vom Stabe Admiral Rojestwenskis übersetzt und herausgegeben von der Schriftleitung der Marine-Rundschau; Frhr. v. Maltzahn: „Der Seekrieg zwischen Rußland und Japan 1904–1905“, Berlin 1912–1914, 3 Bde.

127) Thiess, aaO., S. 219, 280, 284.

128) Huldermann, aaO., S. 148/149.

129) Ebd., S. 149.

130) Neubaur, aaO., S. 74f., S. 84,87, 105, 141, sowie Petzet, Arnold: „Heinrich Wiegand – ein Lebensbild“, Bremen 1932.

131) Neubaur, aaO., S. 80–90 sowie S. 125–131 (gewaltige Verkehrsentwicklung) über Entwicklung des Dampfermaterials S. 95–115; Müller, aaO., S. 11–14.

132) Neubaur, aaO., S. 125ff. und interne Denkschrift des NDL von 1913 über die Reichspostdampferlinien nach Ostasien und Australien, S. 5, 79.

133) Ebd., S. 84–92 (ostasiatische Küstendienste) – siehe auch Karte über Linien der Orient-Küstenfahrt des NDL auf S. 72; NDL-Denkschrift aaO., S. 10–13, 26–27.

134) Neubaur, aaO., S. 92–94; NDL-Denkschrift, aaO., S. 10–13, 35; Hapag-Lloyd Archiv, Bremen.

135) Hapag-Lloyd Archiv, Bremen

136) NDL- und Hapag-Geschäftsbericht 1914–1920; Bessell, Georg: „Norddeutscher Lloyd“ 1857–1957 – Geschichte einer bremischen Reederei, Bremen 1957, S. 30–39; Himer, Kurt: „Geschichte der Hamburg-Amerika Linie“, 2. Teil; Albert Ballin (1886–1914), Hamburg 1922, S. 124–128.

Eine der brillantesten Analysen der politischen und wirtschaftlichen Hintergründe, die zum Ausbruch des Ersten Weltkrieges führten, liefert Prof. Michael Stürmer in seinem Beitrag „Deutscher Flottenbau und europäische Weltpolitik vor dem Ersten Weltkrieg“ im Sammelwerk Bd. 9 der Schriftenreihe des Deutschen Marine-Instituts, Bonn, und des Militärgeschichtlichen Forschungsamtes, Freiburg/Brsg. „Die Deutsche Flotte im Spannungsfeld der Politik 1848–1985“, Herford 1985, S. 53–78.

137) Bohner, aaO., S. 425.

138) Ebd., S. 426.

139) Ebd., S. 427.

140) Ebd., S. 428.

141) E. Schwartze: „Der Gang nach Ceylon“. Die Gründung des Hauses Freudenberg in Colombo und ihre geschichtlichen Voraussetzungen, Bremisches Jahrbuch, 42. Bd., Bremen 1947, S. 95.

142) Geschäftsberichte von Hapag und NDL 1914–1921; Müller, aaO., S. 24–25; 2. Weltkrieg insbesondere Stödter, Rolf: „Schicksalsjahre Deutscher Seeschiffahrt 1945–1955“, Herford 1982, 1. Kapitel: Die Zerschlagung, S. 11–40; über den Wiener Kongreß von 1815 siehe Prof. Dr. Eberhard Weis: „Der Wiener Kongress und sein Friedenswerk“ in Bd. 4 der Propyläen Geschichte Europas, Berlin 1978, S. 344ff.

143) Müller, aaO., S. 26; Huldermann, aaO., S. 315–320.

144) Müller, aaO., S. 26.

145) Ebd., S. 26.

146) Herbert, Kapitän Carl: „Kriegsfahrten Deutscher Handelsschiffe“. Leistungen der Handelsmarine und ihrer Männer im Weltkrieg, Hamburg 1934, S. 76; Raeder, E.: „Der Kreuzerkrieg in den ausländischen Gewässern“, 1. Bd. Das Kreuzergeschwader. 2. Aufl. Marine-Archiv: „Der Krieg zur See 1914-18“, Berlin 1927, S. 88–124.

147) Herbert, aaO., S. 78–83, S. 29–35.

148) Alexander, Roy: „451 Tage … Die Kaperfahrten des deutschen Hilfskreuzers ‚Wolf‘“, Berlin 1940, S. 309.

149) Huldermann, aaO., S. 168–169; Himer, aaO., Teil 2, S. 124–125 (Hapag); Geschäftsbericht des NDL (57.) f. 1913 (v. 2. 4. 1914), S. 14/15; Hapag-Lloyd Archiv, Bremen, sowie Witthöft, Hans Jürgen: „Norddeutscher Lloyd“, Herford 1973, S. 58.

150) Müller, „Fünfzig Jahre Ostasien- und Australdienste des Norddeutschen Lloyd Bremen“, aaO., S. 28–32; Bessell, aaO., S.130–155, sowie Geschäftsberichte des NDL für die Jahre 1920–1932. Siehe auch Schmelzkopf, Reinhart: „Die deutsche Handelsschiffahrt 1919–1939“ — Chronik und Wertung der Ereignisse in Schiffahrt und Schiffbau, Oldenburg und Hamburg 1974, 276 S.

151) Geschäftsberichte der Hapag der Jahre 1920–1932, Hapag-Lloyd Archiv, Hamburg; Kludas/Bischoff, aaO., Bd. 2 und 3.

152) Hapag-Lloyd Archive; Müller aaO., S. 34–35; Bessell, aaO., S. 162–173.

153) Hünefeld, E. G. Freiherr v.: „Mein Ostasienflug“, der erste Weltflug Berlin–Tokio, Berlin 1929, 159 S.

154) Bessell, aaO., S. 174; Dr. Rudolph Firle: „Schiffahrt und Handel in Ostasien“, Vortrag des Vorstandsvorsitzenden des Norddeutschen Lloyd Bremen am 4. 6. 1934 im Reichsverkehrsministerium in Berlin.

155) Hapag-Lloyd Archiv, Bremen; Müller, aaO., S. 35–39.

156) Hapag-Geschäftsberichte 1935–1939; Neunzig Jahre Hamburg-Amerika Linie, Hamburg 1937, S. 31.

157) Kludas/Bischoff, aaO., Bd. 3, S. 48; Hümmelchen, Gerhard: „Handelsstörer“ – Handelskrieg deutscher Überwasserstreitkräfte im Zweiten Weltkrieg, München 1960, S. 335–347.

158) Schwinge, Prof. Erich: „Bilanz der Kriegsgeneration“. Ein Beitrag zur Geschichte unserer Zeit. Marburg. 11. verbesserte Auflage 1985, 102 S.

159) Witthöft, Hans Jürgen: „HAPAG – Hamburg Amerika Linie“, Herford 1973, S. 84; Witthöft, NDL, aaO., S. 80.

160) Hapag-Lloyd Archive Bremen und Hamburg; Kludas/Bischoff, aaO., Bde. 2 und 3.

161) Hapag-Lloyd Archiv, Bremen.

162) Ruge, Friedrich: „Der Seekrieg 1939–1945“, Stuttgart 1956, 324 S., 19 Karten.

163) Hapag-Lloyd Archive, Hamburg und Bremen; Bessell, aaO., S. 181–182.

164) Stödter, aaO., insbesondere S. 11ff. (Die Zerschlagung), S. 63ff. (Die Übergangszeit) u. S. 91 (Der Kampf um Freiheit).

165) Hapag-Lloyd Archive, Bremen u. Hamburg; Bessell, aaO., S. 180–182.

166) Hapag-Geschäftsbericht über die D-Mark-Eröffnungsbilanz zum 21. Juni 1948, Hamburg, November 1950, S. 5.

167) Hapag-Lloyd Archive u. Geschäftsberichte von Hapag u. NDL der Jahre 1950–1969; Bessell, aaO., S. 183–190; — Konferenzen: Jennings, Eric: „Cargoes“ – A Centenary Story of the Far Eastern Freight Conference, Singapore 1980, 76 S. („Ladungen“ – 100 Jahre Far Eastern Freight Conference).

168) siehe hierzu Deakin, B. M.: „Shipping Con-

ferences" — A study of their Origins, Development and Economic Practices, Cambridge 1973, 261 S., und Herman, Amos, LL. B. S. J. D.: „Shipping Conferences". London 1983, 255 S. Bezüglich Albert Ballins Wirken im Konferenzbereich siehe u.a. Seiler, Otto J.: „Brücke über den Atlantik" — 135 Jahre Nord-Amerikafahrt der Hapag-Lloyd AG (1848—1983), S. 33—34, Hamburg 1983, sowie Murken, Erich: „Die großen transatlantischen Linienreederei-Verbände, Pools und Interessengemeinschaften bis zum Ausbruch des Weltkrieges" — Ihre Entstehung, Organisation und Wirksamkeit, Jena 1922, 741 S.

169) Witthöft, Hans-Jürgen: „Hapag-Lloyd — Über ein Jahrhundert weltweite deutsche Seeschiffahrt im Bild", Herford 1974, 176 S.

170) Kludas/Bischoff, aaO., Bd. 3, S. 96—97.

171) Allerheiligen, Heinz: „Die bremische Ostasienschiffahrt von 1953 bis heute". Vortrag vor dem Ostasiatischen Verein e.V., Bremen am 15. 11. 1985 (ungedrucktes Manuskript).

172) Thielicke, Helmut: „Vom Schiff aus gesehen" — Tagebuch einer Ostasienreise. Gütersloh 1959. S. 11.

173) Dr. Rudolph Firle war von 1934 bis 1946 Vorsitzender des Vorstandes des Norddeutschen Lloyd, Bremen, und machte vom 14. März bis zum 15. August 1954 an Bord des TS „Nabob" als Pensionär mit seiner Frau nach zwanzig Jahren eine weitere Rundreise nach Ostasien, die er ähnlich wie Prof. Thielicke tagebuchähnlich für uns aufgezeichnet hat (unveröffentltes Manuskript).

174) Neubaur: „Die deutschen Reichspostdampferlinien in zwanzigjährigem Betrieb", aaO., S. 6.

175) Hapag-Lloyd Geschäftsbericht für 1970 (1. Geschäftsjahr), Bericht des Vorstandes, S. 13—15.

176) vgl. Kruse, H. J.: „Linienschiffahrt im Containerzeitalter" in „Verkehr", Wien, Nr. 13, 1985: Kombinierter Verkehr, S. 45—49.

177) Kulenkampff-Bödecker, C. P.: „100 Jahre Bremische Ostasien-Linienschiffahrt". Vortrag anläßlich des 85. Stiftungsfestes Ostasiatischer Verein Bremen am 21. Februar 1986.

178) vgl. Kruse, Hans Jakob: „Liner Shipping: New Activities to the Rescue" — Vortrag auf dem Symposium „Shakeout in Shipping" der International Freight Industry Conference am 4. Juni 1985 in Brighton.

179) Hapag-Lloyd Archiv, Hamburg; Kludas, Arnold: „150 Jahre Rickmers 1834—1984", Herford 1984. S. 86—90. Über die verkehrswirtschaftliche Entwicklung der V.R. China siehe insbesondere das grundlegende Standardwerk von Prof. Dr. Willy Kraus: „Wirtschaftliche Entwicklung und sozialer Wandel in der Volksrepublik China", Berlin, Heidelberg, New York 1979, S. 507—508.

180) vgl. Scherff, Klaus: „Luftbrücke Berlin". Die Dokumentation des größten Lufttransportunternehmens. Stuttgart 1976, 246 S., zur Bedeutung des Seeverkehrs i.Vgl. zur Luftfracht und der Eisenbahn siehe bei Gorschkow, Sergej G.: „Seemacht Sowjetunion", Hamburg 1978. S.27 u. S. 45, über das sozialistische Transportsystem vgl. Schelzel „Ökonomie des Seetransports Grundlagen." Berlin 1974, sowie Böhme, Hans: „Die Wirtschaftspolitik der sozialistischen Staaten" — Maritime Wettbewerb im Spannungsfeld der Wirtschaftsordnungen. Kiel 1976, 48 S.

181) „Havelland", „Münsterland", „Spreewald", „Ermland", „Potsdam" und „Osorno" aus Kludas/Bischoff, aaO., Bd. 3.

182) Angaben über „Regensburg" und „Bogotá" stammen von Dr. Arnold Rehm sowie dem Hapag-Lloyd Archiv, Bremen.

Autorenverzeichnis

Autoren	Fußnoten-Nr.
Alexander, Roy	148
Allerheiligen, Heinz	171
Auswärtiges Amt	100
Baasch, Ernst [1]	13
Baasch, Ernst [2]	37—40, 42, 45, 48, 58, 61, 66
Barnett, Correlli	67
Bessell, Georg	136, 150, 152, 154, 163, 165, 167
Böhme, Hans	180
Bohner, Theodor	17—19, 21, 30—32, 44—47, 51, 60, 63, 103, 137—140
Bund Deutscher Philatelisten, e.V.	81
Cecil, Lamar [3]	126
Cecil, Lamar [4]	120, 121, 124—126
Cotton, Sir Evan	20
Deakin, B.M.	168
Dunbar, Sir George	10
Eschels, Jens Jacob	8
Firle, Rudolph	154, 173
Glade, Dieter	28, 32, 39, 61
Gorschkow, Sergej G.	180
Haintz, Otto	107
Hardegen, Friedrich; Smidt, Käthi	75
Harms, B.	34, 66
Hartung, Fritz	100
Herbert, Kapitän Carl	146, 147
Herman, Amos	168
Hieke, Ernst [5] [6]	77, 110
Himer, Kurt	108, 136, 149
Hubatsch, Walther	102
Hudson, G.F.	1
Hümmelchen, G.	157
Hünefeld, E.G. Freiherr v.	153
Huldermann, Bernhard	108, 112, 114—117, 120, 122, 125, 128, 129, 143, 149
Jaensch, Georg	66
Jennings, Eric	167
Klessmann, Eckart	7
Kludas, Arnold [7]	108, 179
Kludas, Arnold; Bischoff, Herbert [8]	118, 151, 157, 160, 170, 181
Koch, Bernhard; Gottspenn, Arno	81
Kraft, Heinrich	siehe Ostasiatischer Verein
Kraus, Willy	179
Krause, F.E.A.	17, 18, 21, 23, 34, 96—98, 103—107
Kresse, Walter	40—43, 65, 66
Kruse, H.J. [9] [10]	176, 178
Kuhlenkampff-Bödecker	177
Lindemann, Moritz	70
List, Friedrich	5
Mahan, A.T.	4, 5, 14
Maltzahn, Frhr. v.	126
Mathies, Otto	3, 7, 8, 12, 13, 108—110
Möring, Maria	62
Molsen, Käthe	23, 51
Müller, Orrie	76, 79, 81, 85, 88, 113, 131, 142—145, 150, 152, 155
Murken, Erich	168
Neubaur, Paul [11]	63, 70, 72—74, 76, 78, 80, 83—86, 88, 94, 111, 113, 130—134, 174
Neubaur, Paul [12]	69, 88
Norddeutscher Lloyd, Bremen	69, 82, 87, 132—134, 150
Ostasiatischer Verein	17—19, 22, 25—29, 32, 33, 35—39, 44—46, 48—54, 56, 58—60, 62, 64, 69, 70, 91—93, 95, 97, 101—105
Panikkar, K.M.	1, 4, 10, 17, 19, 21—25, 34, 50, 55, 91—93, 95—100, 104—106
Petzet, Arnold	130
Raeder, E.	146
Recktenwald, Horst Claus	33
Reiners, Ludwig	33
Ried, Walter	28, 29, 57
Ruge, Friedrich	162
Schelzel, Manfred	180
Scherff, Klaus	180
Schmelzkopf, Reinhart	150
Schmitt, Matthias	1, 2, 4, 5, 9—11, 15, 33, 34, 67, 68, 89, 90
Schmölders, Günter	1, 3, 7
Schramm, P.E.	15
Schwartze, E.	141
Schwinge, Erich	158
Seiler, Otto J.	168
Seligo, Irene	52
Semjonow, Juri	55
Ssemenow, Wladimir	126
Stenzel, Alfred	5—7, 9, 98, 122, 123, 126
Stödter, Rolf	142, 164
Stürmer, Michael	68, 136
Thielicke, Helmut	172
Thiess, Frank	122, 127
Trevelyan, George Macaulay	33
Vogel, Walter & Schmölders, Günter	1, 3, 7
Wätjen, Hermann	7
Weis, Eberhard	142
Windmann, Theodor	71, 72, 74, 82, 83
Wiskemann, Erwin	7
Witthöft, Hans-Jürgen [13] [14] [15]	149, 159, 169

[1] Die Hansestädte und die Barbaresken. [2] Die Anfänge des modernen Verkehrs Hamburgs mit Vorderindien und Ostasien. [3] Coal for the Fleet that Had to Die. [4] Albert Ballin — Wirtschaft und Politik im deutschen Kaiserreich 1888—1918. [5] Behn, Meyer & Co., Singapore. Arnold Otto Meyer, Hamburg. [6] Rob. M. Sloman, jr. [7] 150 Jahre Rickmers 1834/1984. [8] Die Schiffe der Hamburg-Amerika Linie. [9] Liner Shipping: New Activies to the Rescue. [10] Linienschiffahrt im Containerzeitalter. [11] Die deutschen Reichspostdampferlinien nach Ostasien und Australien im zwanzigjährigem Betrieb. [12] Die Reichspostdampferlinien nach Ostasien und Australien in 25jährigem Betrieb. [13] Norddeutscher Lloyd. [14] Hapag-Lloyd — Über ein Jahrhundert weltweite deutsche Seeschiffahrt im Bild. [15] HAPAG — Hamburg-Amerika Linie

Bibliographie der benutzten Quellen

Autoren	Titel	Druckort	Erscheinungsjahr	Seitenzahl	Anzahl Bände
Alexander, Roy	451 Tage … Die Kaperfahrten des deutschen Hilfskreuzers Wolf	Berlin	1940	327	
Allerheiligen, Heinz	Die bremische Ostasienschiffahrt von 1953 bis heute	Bremen	1985	25	
Auswärtiges Amt	Die Große Politik der Europäischen Kabinette 1871–1914, Bd. 9	Berlin	1926		
Baasch, Ernst	Die Hansestädte und die Barbaresken	Kassel	1897	238	
Baasch, Ernst	Die Anfänge des modernen Verkehrs Hamburgs mit Vorderindien und Ostasien	Hamburg	1897	39	
Barnett, Correlli	Anatomie eines Krieges	München	1963	343	
Bessell, Georg	Norddeutscher Lloyd 1857–1957	Bremen	1957	235	
Böhme, Hans	Die Schiffahrtpolitik der sozialistischen Staaten	Kiel	1967	62	
Bohner, Theodor	Der deutsche Kaufmann über See — Hundert Jahre deutscher Handel in der Welt	Berlin	1939	491	
Bund Deutscher Philatelisten, e.V.	Die deutschen Reichspostdampfer im Ostasien-Verkehr mit ihrer Vorgeschichte u. ihren Seepoststempeln	Hamburg	1971	147	
Cecil, Lamar	Coal for the Fleet that Had to Die		1964		
Cecil, Lamar	Albert Ballin — Wirtschaft und Politik im deutschen Kaiserreich 1888–1918	Hamburg	1969	338	
Cotton, Sir Evan	East Indiamen — The East India Company's Maritime Service	London	1949	234	
Deakin, B.M.	Shipping Conferences	Cambridge	1973	261	
Dunbar, Sir George	Geschichte Indiens — von den ältesten Zeiten bis zur Gegenwart	München	1937	426	
Eschels, Jens Jakob	Das abenteuerliche Leben des Jens Jakob Eschels aus Nieblum auf Föhr…	Hamburg	1832	332	
Firle, Rudolph	Schiffahrt und Handel in Ostasien	Berlin	1934	44	
Glade, Dieter	Bremen und der Ferne Osten	Bremen	1966	157	
Gorschkow, Sergej G.	Seemacht Sowjetunion	Hamburg	1978	427	
Haintz, Otto	Der Russisch-Japanische Krieg 1904/05	Berlin	1937	172	
Hardegen, Friedrich & Smidt, Käthi	H.H. Meier — der Gründer des Norddeutschen Lloyd	Berlin	1920	262	
Harms, B.	Deutschlands Anteil am Welthandel und Weltschiffahrt	Stuttgart	1916		
Hartung, Fritz	Deutsche Geschichte 1871–1919	Stuttgart	1952	468	
Herbert, Kapitän Carl	Kriegsfahrten Deutscher Handelsschiffe	Hamburg	1934	192	
Herman, Amos	Shipping Conferences	London	1983	255	
Hieke, Ernst	Behn, Meyer & Co., Singapore. Arnold Otto Meyer, Hamburg	Hamburg	1957	363	2
Hieke, Ernst	Rob. M. Sloman jr.	Hamburg	1968	535	
Himer, Kurt	75 Jahre Hamburg-Amerika Linie	Hamburg	1922	252	2
Hubatsch, Walther	Die Ära Tirpitz	Göttingen	1955	139	
Hudson, G.F.	Europe and China	London	1931		
Hümmelchen, G.	Handelsstörer	München	1960	557	
Hünefeld, E.G. Freiherr v.	Mein Ostasienflug	Berlin	1929	159	
Huldermann, Bernhard	Albert Ballin	Oldenburg	1922	407	
Jaensch, Georg	Die deutschen Postdampfersubventionen	Berlin	1907	160	
Jennings, Eric	Cargoes — A Centenary Story of the Far Eastern Freight Conference	Singapore	1980	76	
Klessmann, Eckart	Geschichte der Stadt Hamburg	Hamburg	1981	608	
Kludas, Arnold	150 Jahre Rickmers 1834/1984	Herford	1984	128	
Kludas, Arnold & Bischoff, Herbert	Die Schiffe der Hamburg-Amerika Linie	Herford	1979		3
Koch, Bernhard & Gottspenn, Arno	Die deutschen Reichspostdampfer im Ostasien-Verkehr mit ihrer Vorgeschichte u. ihren Seepoststempeln	Hamburg	1971	147	
Kraus, Willy	Wirtschaftliche Entwicklung und sozialer Wandel in der Volksrepublik China	Berlin	1976	735	
Krause, F.E.A.	Geschichte Ostasiens	Göttingen	1925		2
Kresse, Walter	Die Fahrtgebiete der Hamburger Handelsflotte 1824–1888	Hamburg	1972	367	
Kruse, H.J.	Liner Shipping: New Activities to the Rescue	Brighton	1985		
Kruse, H.J.	Linienschiffahrt im Containerzeitalter	Wien	1985	4	
Kuhlenkampff-Bödecker, C.P.	Hundert Jahre Bremische Ostasien-Linienschiffahrt	Bremen	1986		
Lindeman, Moritz	Der Norddeutsche Lloyd. Geschichte und Handbuch	Bremen	1892	487	
List, Friedrich	Das nationale System der politischen Ökonomie	Jena	1928		
Mahan, A.T.	Der Einfluß der Seemacht auf die Geschichte	Berlin	1898		2
Maltzahn, Frhr. v.	Der Seekrieg zwischen Rußland und Japan 1904–1905	Berlin	1914		3
Mathies, Otto	Hamburgs Reederei 1814–1914	Hamburg	1924	298	
Möring, Maria	Siemssen & Co.	Hamburg	1971	139	
Molsen, Käthe	C. Illies & Co.	Hamburg	1959	96	
Murken, Erich	Die großen transatlantischen Linienreederei-Verbände, Pools und Interessengemeinschaften bis zum …	Jena	1922	741	
Müller, Orrie	Fünfzig Jahre Ostasien- und Australdienste des Norddeutschen Lloyd Bremen	Bremen	1936	85	

144

Bibliographie der benutzten Quellen (Fortsetzung)

Autoren	Titel	Druckort	Erschei-nungsjahr	Seiten-zahl	Anzahl Bände
Neubaur, Paul	Die deutschen Reichspostdampferlinien nach Ostasien und Australien im zwanzigjährigem Betrieb	Berlin	1906	250	
Neubaur, Paul	Die Reichspostdampferlinien nach Ostasien und Australien im 25jährigem Betrieb	Berlin	1911	4	
Norddeutscher Lloyd Bremen	Denkschrift betreffend die Reichspostdampferlinien nach Ostasien und Australien	unveröffentl. Druck	1914	80	
Ostasiatischer Verein	Ostasiatischer Verein Hamburg—Bremen zum 60jährigen Bestehen 13. März 1900—1960	Bremen	1960	257	
Panikkar, K. M.	Asien und die Herrschaft des Westens	Zürich	1955	477	
Petzet, Arnold	Heinrich Wiegand — ein Lebensbild	Bremen	1932	335	
Raeder, E.	Der Kreuzerkrieg in den ausländischen Gewässern, 1. Bd. das Kreuzergeschwader	Berlin	1927	374	
Recktenwald, Horst Claus	Adam Smith — sein Leben und Werk	München	1976	312	
Reiners, Ludwig	Roman der Staatskunst — Leben und Leistung der Lords	München	1955	524	
Ried, Walter	Deutsche Segelschiffahrt seit 1470	München	1974	272	
Ruge, Friedrich	Der Seekrieg 1939—1945	Stuttgart	1956	320	
Schelzel, Manfred	Ökonomie des Seetransports — Grundlagen	Berlin	1974	157	
Scherff, Klaus	Luftbrücke Berlin	Stuttgart	1976	246	
Schmelzkopf, Reinhart	Die deutsche Handelsschiffahrt 1919—1939	Oldenburg	1974	276	
Schmitt, Matthias	Die befreite Welt — Vom Kolonialsystem zur Partnerschaft	Baden-Baden	1962	464	
Schramm, P. E.	Deutschland und Übersee	Braunschw.	1950	639	
Schwartze, E.	Der Gang nach Ceylon: Freudenberg + Co., Colombo	Bremen	1947	14	
Schwinge, Erich	Bilanz der Kriegsgeneration	Marburg	1985	102	
Seiler, Otto	Brücke über den Atlantik — 135 Jahre Nordamerikafahrt der Hapag-Lloyd AG	Hamburg	1983	78	
Seligo, Irene	Zwischen Traum und Tat, englische Profile	Frankfurt	1938	462	
Semjonow, Juri	Die Eroberung Sibiriens	Berlin	1937	396	
Ssemenow, Wladimir	Tshuschima	Berlin	1907	69	
Stenzel, Alfred	Seekriegsgeschichte in ihren wichtigsten Abschnitten mit Berücksichtigung der Seetaktik	Hannover	1910		5
Stödter, Rolf	Schicksalsjahre Deutscher Seeschiffahrt 1945—1955	Herford	1982	224	
Stürmer, Michael	Deutscher Flottenbau und europäische Weltpolitik vor dem Ersten Weltkrieg	Herford	1985	25	
Thielicke, Helmut	Vom Schiff aus gesehen — Tagebuch einer Ostasienreise	Gütersloh	1959	274	
Thiess, Frank	Tsushima — Roman eines Seekrieges	Berlin	1936	516	
Trevelyan, George Macaulay	British History in the Nineteenth Century and After (1782—1919)	London	1974	512	
Vogel, Walter & Schmölders, Guenter	Die Deutschen als Seefahrer	Hamburg	1949	208	
Waetjen, Hermann	Aus der Frühzeit des Nordatlantikverkehrs	Leipzig	1932	219	
Weis, Eberhard	Der Wiener Kongress und sein Friedenswerk — im Bd. 4 der Propyläen Geschichte Europas	Berlin	1978	4	
Windmann, Theodor	Die Reichspostdampferlinien nach Ostasien und Australien	Bremen	1972	27	
Wiskemann, Erwin	Hamburg und die Welthandelspolitik von den Anfängen bis zur Gegenwart	Hamburg	1929	373	
Witthöft, Hans Jürgen	Norddeutscher Lloyd	Herford	1973	151	
Witthöft, Hans Jürgen	Hapag-Lloyd — Über ein Jahrhundert weltweite deutsche Seeschiffahrt im Bild	Herford	1974	176	
Witthöft, Hans Jürgen	HAPAG — Hamburg-Amerika-Linie	Herford	1973	151	